刘东波 主编

南大日本学研究
第二卷

中国出版集团
中译出版社

图书在版编目(CIP)数据

南大日本学研究. 第二卷 / 刘东波主编. —北京：中译出版社，2023.5
 ISBN 978-7-5001-7282-6

Ⅰ.①南… Ⅱ.①刘… Ⅲ.①日本—研究 Ⅳ.①K313.07

中国国家版本馆CIP数据核字（2023）第071446号

南大日本学研究（第二卷）
NANDA RIBENXUE YANJIU (DI-ER JUAN)

出版发行 / 中译出版社
地　　址 / 北京市西城区新街口外大街28号普天德胜大厦主楼4层
电　　话 / (010) 68359827, 68359303（发行部）；68359725（编辑部）
邮　　编 / 100088
传　　真 / (010) 68357870
电子邮箱 / book@ctph.com.cn
网　　址 / http://www.ctph.com.cn

出 版 人 / 乔卫兵
总 策 划 / 刘永淳
策划编辑 / 范祥镇
责任编辑 / 范祥镇
文字编辑 / 王诗同
排　　版 / 北京竹页文化传媒有限公司

印　　刷 / 北京中科印刷有限公司
经　　销 / 新华书店
规　　格 / 710毫米×1000毫米　1/16
字　　数 / 233千字
印　　张 / 18.75
版　　次 / 2023年5月第1版
印　　次 / 2023年5月第1次

ISBN 978-7-5001-7282-6　定价：79.00元

版权所有　侵权必究
中 译 出 版 社

本书编委会

主　编：刘东波

编　委（按姓氏笔画排列）：

王奕红、叶　琳、吕　斌、庄　倩、刘东波、
李　斌、汪　平、郑墒谟、赵仲明、黄一丁、
崔昌笏、彭　曦、雷国山

编辑助理：蒋云艺

| 代　序 |

浅议外语学科建设发展的新方向
——区域国别研究

刘东波

2022年9月，国务院学位委员会与教育部联合印发了《研究生教育学科专业目录（2022年）》，在交叉学科部分新增了"区域国别学"为一级学科。由此开始，我国探索、实践多年的跨学科、跨领域的区域国别研究迈入了新的发展阶段。如果从2011年教育部启动高校国别和区域研究专项开始算起，我国的区域国别研究已经经过了十余年的建设，在180多所高校备案了400余家国别和区域研究中心。在对这一新学科领域的称呼上，也长期存在着不统一的现象（如"国别和区域研究""区域与国别研究"等）。对于区域国别学这一新学科的理论构建和概念诠释方面，多年来各个领域的专家结合各自的传统研究方向给出了不同见解，也引发了一系列讨论。其中，罗林针对区域国别学在新时代的定位，提出"新时代构建区域国别学的核心是坚持以问题为导向，能够有效回应和解决国家发展进程中的重大复杂的社会性问题和全球性问题，能够推动形成重大学科突破和革命性变革，以创新的学科体系服务于当代国家社会变革和发展实践。[①]"正如罗林所言，今后区域国别学研究的发展，要以服务国家

[①] 罗林："着力构建与我国大国地位相符的区域国别研究"，收入罗林主编：《区域国别学学科建构与理论创新》，北京：社会科学文献出版社，2023年，第7页。

发展为重要任务。

对于区域国别学的学科建设、理论创新、人才培养、研究范式等内容，目前国内已有一定数量的研究。有学者认为区域国别研究本质上与传统的政治学研究内容一致，因此目前也有很多高校将二者进行融合发展，同时，也有很多科研机构将其纳入国际关系学科统筹发展。但是，如果回溯区域国别研究的发展历程便可知，国家长期以来大力支持这个"新"学科的发展都是以服务国家高速发展为背景的。面对错综复杂的国际环境，新时代的新形势要求我们必须要准确把握国际形势，正确认识外部世界，从而服务国家发展大局。钱乘旦在其研究中完整地回顾了我国从20世纪60年代就开始的区域国别研究历史，同时提出从事相关研究的学者应该具备"专业能力""地区整体把握能力""当地语言能力"[1]。此外，罗林和邵玉琢也曾在其论文[2]中以服务"一带一路"为中心，探讨了区域国别研究的发展路径和研究队伍的组建。论文指出，区域国别研究的主要力量为外语专业教学研究队伍，对象国家或地区语言是开展区域国别研究的"根本基础"，并提到"国别和区域研究为外国语言文学的研究力量提供了一个全新的研究方向"。正因如此，教育部首批支持25所高校建设了37个"区域和国别研究培育基地"[3]（以下简称"基地"）。分析首批"基地"的构成可知，正如前文所述，大部分都是依托外国语大学或综合大学的外语学科建设，这也反映出相关外语学科所具备的"天然优势"。

然而，经过十余年的不断建设和发展，区域国别研究这一新学科在不断壮大、发展的同时，也出现了一种"回流"式的发展。越来越多的高校和科研院所都成立了区域国别研究相关的研究中心或研究院，而其主要推动和主导力量

---

[1] 钱乘旦："以学科为纲 推进我国区域国别研究"，载《中国社会科学报》2022年6月16日，第A05版。
[2] 罗林、邵玉琢："'一带一路'视域下国别和区域研究的大国学科体系建构"，载《新疆师范大学学报(哲学社会科学版)》2018年06期，第84–85页。
[3] "区域和国别研究培育基地第一次工作会议成功召开"，载《教育部简报》2012第48期，http://www.moe.gov.cn/jyb_sjzl/s3165/201204/t20120417_134244.html（2023年3月1日查阅）。

已经渐渐回流到了传统的政治学和世界史等大学科中去。因此，如何在"新文科"建设发展潮流中，打破原有学科壁垒，加快人文学科内部各学科的交叉融合（首先要实现文科不同领域的交叉，而非跨越式的文理交叉），增强外语学科的区域国别研究能力便成为了当前的重要课题。首先，这需要外语学科的科研人员加深对"区域国别研究"的理解和认识。一般来说，虽然各类学科的科研人员都有较为丰富的国外教育经历或具备一定程度的外语水平，但要真正实现深度跨文化交流，还需要外语学科的智慧和力量，这也与2011年教育部启动"基地"培育计划的发展态势一致。然而，真正的"区域国别研究"并不是单纯的外语学科所擅长的语言学研究、文学研究或翻译学研究。区域国别研究肩负着服务中央决策，促进各领域交流合作，助推我国大国外交发展的重要使命，需要为制定国家发展战略和政策提供坚实的智力支持，需要能提供相应的政策研究咨询服务。因此，外语学科的科研人员应该发挥所长，一方面积极开展与相关学科的共同研究，另一方面需要加快人才队伍建设，在学科内补充国际关系、世界史相关研究方向的人才。其次，要加快外语学科人才培养体系中"区域国别"方向的课程建设。何宁和王守仁在"新时代高校外语专业的人才培养"[①]一文中提到"新文科建设背景下的外语专业，应该是创新课程体系和教学模式的新外语，培养的是能够传播中国、沟通世界的新型人才。"《国标》和《指南》为外语学科人才培养指明了发展方向，明确提出了要开设区域国别研究方向的课程。对于区域国别研究作为外语学科的"五大方向"之一，许钧在其论文[②]中指出"五大方向的设立是具有前瞻性、战略性和拓展性的。"因此，外语学科有必要在传统的外国文学、外国语言学及应用语言学、翻译学、比较文学与跨文化研究这四大方向之外，加快区域国别学方向的课程建设，在前期师资人才缺

---

① 何宁、王守仁："新时代高校外语专业的人才培养"，载《外语教学理论与实践》2022年第3期，第13–18页。

② 许钧："关于新时代外语学科建设的几点思考"，载《外语界》2022年第3期，第6–11页。

乏的情况下，应联合其他院系开展联合授课，实现教学团队与科研团队的"双建设"。

如上所述，区域国别研究作为外语学科的新方向，应从优化师资（科研）队伍的研究方向、组建跨学科教学（科研）团队、培育精品课程等方面进行加强和突破，培养具有"家国情怀、国际视野"的高水平外语人才，产出一批优质的区域国别研究学术成果，服务国家高质量发展。

在此背景之下，南京大学外国语学院组织出版了《南大日本学研究》，希望在全面推进区域国别研究发展的同时，建设一个高水平研究成果发表平台。正如笔者在前卷[①]所述，纵观国内日本研究相关书籍或学术期刊的发行状况可知，目前我国日本研究相关成果发表的平台较少，且大部分重点关注的是政治或经济等问题。因此，南京大学有必要在依托外国语学院的优势学科基础之上，积极开展跨学科的区域国别研究，努力构筑相关研究成果发表平台。在南京大学社会科学处等部门的大力支持下，除了《南大日本学研究》系列，南大外院正在持续推出"南大日本译丛""南大日本论丛""南京大学——东京大学'表象文化'系列"三大书系，旨在满足市场需求的同时，为国内外活跃在日本研究第一线的学者提供一个展示最新研究成果的阵地，为繁荣我国哲学社会科学研究作出一份贡献。

《南大日本学研究（第二卷）》共收录17篇文章。除了编委会特邀稿件外，本次征稿共收到了51篇论文投稿，经过编委会组织专家审稿，最终选取了其中14篇优秀稿件，通过率为27.5%。较第1卷通过率有所降低，这显示出了我们对学术稿件的高水平要求。2020年全国教育大会召开以来，我国教育部门连续出台多项指导意见，落实破"五唯"倡议，强调要设置更加科学合理的评价指标，持续激发高校教师的积极性和创造力。《南大日本学研究》既是南京大学日

---

① 刘东波主编：《南大日本学研究》，南京：南京大学出版社，2022年，第1—4页。

本学研究相关科研成果转化、传播的重要平台，又与国家提出的立"五维"破"五唯"之发展方向十分契合，必将会以高质量的学术论文推动国内日本研究的发展。本卷收录的论文中，既有通过由南京大学外国语学院主办的学术会议征集而来的稿件，也收到了很多活跃在日本学研究第一线的科研人员投稿。其中既有日本权威学者吉海直人、中国作家协会陈喜儒、南京大学教授叶琳等资深学者的文章，也有一部分刚在国内外获得博士学位，走上独立科研道路的青年学者的文章。此外，本卷特设立了"和平与反战"专题，收录了相关学者对南京大屠杀等重要历史事件的最新科研成果，提醒我们铭记历史、珍惜和平。也设立了"历史记忆"专题，通过老一辈文学研究工作者的文章，记录下中日两国作家交流的珍贵历史资料，这对我们今后研究近现代中日两国文艺界的交流史来说，无疑是极其珍贵的一手资料。

本卷得到了国内外众多研究者的支持，谨此对各位赐稿的研究者以及审稿的相关专家表示衷心的感谢。

目 录

| 特　稿 |

新年号"令和"出典考——"梅花宴"的双重结构　　　　　吉海直人、黄舒蕾（译）003

| 思想文化 |

幕末日本西医术语对译中的中医哲学影响　　　　　　　　　　　　　赵熠玮 023

饮食、文化与国族认同：日本料理的形成与变迁——社会史的视角　施　超 042

| 文献学 |

近代日本对西南地区的调查及文献研究　　　　　　　　　　　刘岩、朱明贤 067

| 文　学 |

论"风雅"与日本人的审美意识　　　　　　　　　　　　　　　　　　叶　琳 093

越境、性别与空间：芥川龙之介《母亲》中的都市空间与女性身体　　周　倩 105

论《蜻蛉日记》的政治性　　　　　　　　　　　　　　　　　　　　黄一丁 121

| 社会学 |

日本慈善事业的基本样貌与宏观动力评述　　　　　　　　　　　　　史　迈 141

从"平等地位"问题探讨日本社会福祉法人制度的存在意义　　　　　孙　琳 165

| 语言学 |

双向参照视角下汉日让步性转折标记"虽"与「が」的
　　思维预期与逻辑语义特点分析　　　　　　　　　　刘颖、钱安儒　181

| 学术争鸣 |

《高丽史・地理志・耽罗县》所载"耽罗国"日本起源考　　　刘均国　201
论佐久间象山与《海国图志》　　　　　　　　　　　　　　洪伟民　220

| 和平与反战 |

日军攻打南京时的俘虏政策　　　　　　　　　　　　　　　雷国山　237
民国报刊中日本反战文献分类与整理研究
　　——以《中国近代中文报纸全文数据库》为核心　　　　李　杨　248

| 历史记忆 |

听井上靖谈孔子　　　　　　　　　　　　　　　　　　　　陈喜儒　267

| 书　评 |

人生似幻化——简评梅崎春生小说集《幻化》　　　　　　　赵仲明　275
日语词汇认知加工新视野——《日语屈折词形态表征机制研究》评介　　朱　虹　281

【特稿】

新年号"令和"出典考
——"梅花宴"的双重结构

吉海直人、黄舒蕾（译）

一、序　言

　　2019年4月1日，日本颁布了新年号"令和"，一时间新闻报道铺天盖地，公布新年号的官房长官菅义伟（新首相）也随之被人们冠以"令和爷爷"的称号。5月1日，德仁皇太子即位，日本从平成三十一年进入令和元年，于是，2019年成了"平成"与"令和"并存的一年。

　　此次年号变更的最大特征在于，过去的年号均出自中国典籍，如"明治"和"大正"出自《易经》，"昭和"和"平成"出自《书经》，而本次则是史上首次选自日本的古典文献《万叶集》。也正是出于这一原因，我们能听到安倍首相在接受采访时反复把"国书"二字挂在嘴边。当然，这种提法本身没有任何问题，毕竟在日本写作、出版的书籍都是"国书"，但是，从中所表现出的具有排他性的国粹主义立场并不妥当。因为日本文化本身就是在与中国文化的融合中诞生的。

　　并且，本次年号的出典，虽称"国书"，但它来自汉语写成的序章部分，并非完全引自日语所写的部分。我们必须充分理解，年号所用的词汇，原本就无法从日语词汇中获得。另外，它引用自文学典籍，而非历史书，所以仅仅停留在汉字的层面解释是不充分的。因此，我将站在日本文学的角度，再详细地论述一下《万叶集》中的出典，并且以此为基础，就如何从文学的视角理解"令和"

一词略陈拙见。

首先我将我的观点分列成以下几条。

（1）作为出典的《万叶集》并非中国典籍，而是日本典籍。

（2）《万叶集》并非历史书或思想书，而是一部和歌集。

（3）"梅花歌"并非和歌，而是用汉语书写的序文的一部分。

（4）该序文借鉴了中国的古典作品，并且该作品是具有反社会性质的思想性著作，对这一点的报道甚少。

（5）"梅花宴"的诗歌借鉴了中国的"梅花篇"，表达了"对京城的思念"。

（6）时代背景可推测为长屋王之变。

（7）据综合考究，"梅花歌"表达了大伴旅人复杂的心境。

（8）大伴家持的《万叶集》本身隐含着对藤原氏的反抗意识。

基于以上观点，我将对"令和"展开具体分析。

二、关于年号

首先，简单解释一下年号。年号的起源可以追溯到年代久远的古代中国，后来传入日本。一般认为，西汉的汉武帝开创了"建元"的年号，因此，历史上年号的起源可以追溯到西汉。当时，受到中国支配的周边各国（包括日本），作为中国的属国（册封国）派遣朝贡使，从中国引进了先进的历法和年号制度。年号是历法的一部分，也被视作支配与被支配的象征。

据史料（《日本书纪》）记载，日本首次使用自己的年号，始于大化改新（646年），显示了作为独立国家的意识。之后，年号似乎还在断断续续地使用，自文武天皇五年（701年）定下"大宝"年号以来，时至今日，日本持续使用年号的历史超过1300年。仔细算来，"令和"是第232个年号（如果加上北朝的话则为第248个），仅这一数字，就十分了不起。

在此期间，年号的始发地——中国，经辛亥革命（1911年）推翻清王朝从而废除了年号。由于韩国以及周边国家（汉字文化圈）也随着国家的独立废除了年号，现在依然使用年号的国家，居然仅剩日本一国。假如第二次世界大战战败后，日本的天皇制被废除的话，日本的年号恐怕也就自动废止了。之所以这么说，是因为年号和君主制（天皇制）的关系密不可分。

当然，作为民主主义国家，日本也曾在战后的国会上讨论过废除年号的问题。当时，热烈宣扬日本年号的文化意义的是历史学家坂本太郎博士。最终，日本于昭和五十四年（1979年）制定了《年号法》，决定了年号的存续。在此期间，惊魂不定的"昭和"年号，也作为天皇的象征得以继续使用。因此，日本今天依然同时使用西方历法和年号（日本历法）。有人认为这样十分不便，主张仅保留西方历法，笔者认为，年号已经成了日本独特的传统文化。

各位读者是否了解明治时期日本曾经变更过年号制度的历史？在此之前，无论天皇是否让位，年号都能随意更改。江户幕府末期，孝明天皇在位的21年间，年号经过了6次更改，分别为：嘉永、安政、万延、文久、元治、庆应。由于过于繁杂，明治政府颁布了"一世一元"的诏书。当时，这一规定与本来的年号多少出现了一些偏差，从结果上而言，"昭和"这一年号成了日本使用时间最久的年号（共64年）。

年事已高的平成天皇曾将皇太子招到身边，传达了年逾80岁后让位的旨意。这是明治以后第一次发生的天皇生前让位之事。随着皇太子（德仁亲王）的即位（第126代），新的年号也随之产生了。与此同时，在位天皇让位后被称作"上皇（陛下）"（太上皇）。

顺带一提，平成天皇经过漫长的皇太子时期，在55岁时即位，曾被认为是日本史上第二高龄即位。这一次的令和天皇即位是在59岁，虽然更加高龄，但仍不能排到第一。排在第一位的是第49代光仁天皇，即位时61岁。这一纪录恐怕会在现皇储秋筱宫即位时被更新吧。

三、"令和"的出典

接下来，笔者想对新年号——"令和"的意义进行简单说明。关于本次的年号史上第一次出自日本的古典文学一事，坂本博士生前就曾提议，是时候从日本的古典作品中选取年号了。说到日本的古典文学，许多著作是仿照汉文典籍写成的，如圣德太子的《十七条宪法》《六国史》《敕撰汉诗集》以及《古事记》等等，应该不缺选取年号的材料。然而，本次年号的选取与往常从汉文中选取不同，出典竟是意料之外的《万叶集》，这是最让人吃惊的一点。此外，本次年号甚至不在一开始选定的备选材料中，而是后来追加进去的。看来，安倍首相不单单是从国书里面选择年号，还对《万叶集》情有独钟。媒体很快报道，这是著名的万叶学者中西进博士的提案。

年号公布后，书店的《万叶集》文库本销量暴增，印刷厂都来不及加印（这与"平成"年号公布时情况明显不同）。好像还有人听说年号出自《万叶集》，便误认为"令和"是某首和歌中的一节。但是正如前文所述，此次年号的出典绝不是和歌中的某一节。"令"一字原本就不是和歌中经常出现的汉字。此外，《万叶集》中不光包含由万叶假名写成的和歌，还有众多用汉文写成的文章，尤其是第五卷，正是以汉文居多为特征。

包含年号出典的《梅花歌三十二首并序》堪称一个典型例子。下文将对此序进行详细的分析。开头部分写道：

> 天平二年正月十三日、萃帅老之宅、申宴会也。于时、初春令月、气淑风和、梅披镜前之粉、兰熏佩后之香。（新编全集《万叶集1》第40页）

可见汉文贯穿了整篇序文。天平二年指的是730年，文中出现的"帅老"

指的是当时66岁（在当时算是超高龄）的大伴旅人，他以帅（长官）的身份至九州的大宰府（福冈县）上任。人们在旅人的宅邸举办"梅花宴"，宴会上咏的就是《梅花歌三十二首》(815~846首)，而出现在这些和歌之前的汉文才是"令和"的出典。此外，虽然主流观点认为举办宴会的旅人宅邸位于现在的坂本八幡宫内，但是迄今为止进行的挖掘调查都未能找到证据（痕迹）证明这一点。虽然月山东地区官迹和大宰府条坊榎社周边也是推测地址，但同样都缺乏关键性证据。

这篇序的作者不详，实属遗憾。乍一看往往会以为这是主办者旅人的作品，但主流观点认为是由旅人精通汉文的部下山上忆良代写。

翻译成现代文：

> 天平二年正月十三日，众宾客聚集在旅人的宅邸，举办宴会。正值初春二月，空气清新，和风习习，梅花犹如镜前略施粉黛的美女一般白皙，兰花（藤袴）就像随身佩戴的香囊一样散发着芳香。

这里描写的是和谐、悠闲的宴会上的景象[①]。补充一点，当时的梅花全部是白梅（红梅在《古今集》以后登场）。由于是从中国传进来的贵重物（中药），所以白梅被种植在庭院内细心呵护。日本文学中，梅花被认为首次出现是在《怀风藻》中葛野王（弘文天皇的皇子）的汉诗里。《万叶集》中，尽管第119首也写到了梅花，但更久远年代的和歌中却不见梅花的踪影，它们全部出现在第三卷以后。如此看来，在被誉为连接中国的窗口的大宰府中，能见到梅花也不算奇事。至少《万叶集》中的梅花并非日本的花，而是中国文化的象征。

[①] 关于这一宴会，益田胜实先生分析道：当年从九国二岛聚集于此的朝集使们，（中略）从正月起要在被称为"远方的朝廷"的府所在的政厅举行拜贺的仪式，身为帅的旅人要设宴招待。今日将官方宴席变更为旅人私宅举办的宴席。（引自：益田勝実「鄙に放たれた貴族『新装版火山列島の思想』東京：筑摩書房、1983年2月、第134頁）。

与"梅"对应的植物便是"兰"。但是,兰花并不在初春盛开。它的花期是夏天和秋天,因此,除非它是假花或出于修辞上的需要,它不可能在正月里绽放。因此,这篇序中出现的兰花,被解释为并非鲜花,而是叶子的香味,即"藤袴"。在此基础上,对"镜前之粉"的解释便是像镜前化妆的美人的脸一样白皙,将白梅之花比喻为涂在脸上的白粉(即美人)。著名诗人白居易的《长恨歌》中也有"六宫粉黛无颜色"的诗句。

包括此次"梅花宴"上的和歌在内,整部《万叶集》中咏梅的和歌多至320首(加上追和的4首)。如此多的咏梅和歌一起出现非常罕见。原因或许是《万叶集》中最初的咏梅和歌是在梅花宴举办的3年前创作的,当时的梅树还只是小树而非大树。

而且,咏梅的和歌,似乎仅限于旅人周围的文化圈(筑紫歌坛),由此可见,大宰府文化圈中的山上忆良、小野老、满誓等文人汉文素养之高。以他们的能力,或许汉诗读起来更加顺口吧。多亏他们创作了和歌,并收录于《万叶集》中,历经岁月,它们成为了"令和"年号的出典。

四、"令和"的意义

上文所介绍的汉文序文中,"初春令月,气淑风和"就是年号的出典,但是很显然,"令和"一词并非现成词语。换言之,它不是单纯的引用,而是分别从"令月"和"风和"的对偶句中,在不同位置上各取一字,组成了"令和"一词(造词)。这是普通的国文(日文)学家做不到的尝试。当然,当下市面上的《万叶集》解说本中即使有对"令月"的说明,也没有半个字是对"令和"进行说明的。因为这个词本身并不存在,人们甚至不会注意到"令和"两个字。现在人们争先恐后购买《万叶集》,里面也不会出现人们期待的解释。

基于以上的背景,笔者将对这两个汉字进行说明。首先,"令"的意思和用法众多，此次年号中的"令"更多是"出色、绝佳、喜悦、美好"的意思，并非"命令、法律、长官、使役"之意。"和"的意思更趋近"安详、平静、柔和"，而不是"平和、调和、和睦"。因此，即便《类聚国史》里出现了"令和之"（"曲宴"）这一使役态的古语，其用法也明显不同，不能将其视作"令和"的出典。综上，如果将"令和"视作一个现成的词语去追根溯源，无异于缘木求鱼，从它是两个独立的汉字"令"与"和"的集合体这一角度去理解的话则简单明了。"令和"其实是很难解释的词语。

"序"原本就是附加在汉诗集中的，日本将其引用进和歌集，也就必然对汉诗中序的形式、构成、文体、用词等进行模仿。既然这篇序是通过模仿创作的，特别是有张衡的《归田赋》中的"仲春令月，时和气清"（《文选》），以及东晋王羲之的《兰亭序》（《兰亭集》的序）中的"是日也，天朗气清，惠风和畅"等模板在前①，那么序的内容和文体也难免落入公式化的窠臼。

不过，兰亭宴是曲水宴，与"梅花宴"的内容不同。《归田赋》中的"仲春令月，时和气清"一句中，不仅包含了"令"与"和"二字，8个字中有5个字与"初春令月，气淑风和"一致，因此《梅花歌三十二首并序》毫无疑问参考了《兰亭集序》（也可以说出典在此）。当然，虽然这篇序引用了汉文典籍，但也没有理由指责它不是纯粹的日文，因为毕竟在当时仿照汉语典籍写出来的文章才被视为素养高的文章。

补充一句，这些先人的作品在当时的中国被视作有反社会的倾向，而模仿这些作品撰写的"梅花宴"也不例外。因此，仅停留于对这篇"序"的字面意思的理解，不能算作真正的鉴赏。这种文字内涵的复杂性也是文学本身应有的特质，"令和"一词同样符合这一特征（后文将展开叙述）。

"令月"的"月"，并非空中的"月"亮，而是年月日层面上的岁"月"，因

---

① 由于《兰亭序》中"快然自足"被直接引用在《梅花歌序》之中，因此《梅花歌序》无疑参考了《兰亭序》（将其作为范本）。但是这并非《梅花歌序》的缺点，相反它象征着作者良好的汉文素养（积极因素）。

此不是皓月当空之意。为之感到喜悦的仅仅是"正月"（初春）这一时节。这里的"令月"和《和汉朗咏集》以及《宴曲集》中的"嘉辰令月"（喜庆的日子）用法相同，是表达喜迎正月的一种修辞法。与此相对，《归田赋》中的"令月"指的是"仲春"，即二月，两者意思明显不同。同样，《归田赋》中的"时和"（气候温和）与《万叶集》中的"风和"（和风习习）的表述也不一样。因此，该序并未原封不动地照搬汉文典籍，而是进行了加工修改。所谓"引用"不正是如此吗？

不管怎么说，一方面，"令"是第一次被使用在年号里的汉字，也是时隔数百年第一次使用"ra"（ら）行汉字。另一方面，"和"则是继"昭和"之后第20次被使用。"令和"一词中包含着祝愿日本成为一个"圆满、和平"的国家的寓意。过去改元如果发生在国难当头之际，年号中便会加入祛除灾祸的愿望。本次改元遵循"一世一元"的规则，情况和以前有所不同，但不可否认，平成年间发生了诸如东北大地震等诸多自然灾害，人们对新的令和时代寄予厚望也在情理之中[①]。

上文多次提到，从《万叶集》中提取的"令和"二字，虽然来自日本的文学经典，事实上它带有强烈的中国文化色彩，刻上了日本身为东亚文化圈一员的历史烙印，走的绝不是特立独行的发展道路。

五、大伴旅人和吉田宜[②]的往来

上文就"令和"的出典，即《万叶集》中"梅花宴"的和歌序进行了说明，但是仅解释出典是远远不够的，序只不过是管中窥豹。文学作品，截取一段文

---

① 令和天皇即位当年，东日本因台风蒙受了巨大损失。冲绳的首里城遭大火焚毁。令和二年，前所未有的新冠病毒蔓延至整个日本，东京奥运会被迫延期。如今新冠病毒感染疫情已经逐渐得到了控制，日本人民都希望这是一个良好的开端。

② 吉田宜于724年被赐姓"吉田连"，后文中"吉田宜"与"吉田连宜"实为一人。

字进行解释，与从作品整体出发进行的解释往往存在较大差异，为此有必要从宏观的角度重新审视，避免以偏概全，正是日本文学研究的铁律。

首先看一下《万叶集》第五卷目录。

大宰帅大伴旅人卿宅宴梅花歌三十二首并序（第815~846首）

（太宰帥大伴旅人卿の宅にして宴する梅花の歌三十二首併せて序）

思故乡歌两首（第847~848首）

（故郷を思ふ歌二首）

后附有追和梅花歌四首（第849~852首）

（故郷を思ふ歌に追和する四首）

可见上述三部分为一组。其后有：

松浦川赠答歌二首并序（第853~854首）

（松浦川に遊ぶ贈答歌二首併せて序）

蓬客等更赠歌三首（第855~857首）

（蓬客等の更に贈る歌三首）

娘等更报歌三首（第858~860首）

（娘等が更に報ふる歌三首）

帅大伴卿追和歌三首（第861~863首）

（帥大伴卿の追和する歌三首）

内容看上去与"梅花宴"的和歌并无关联，似乎是大伴旅人放在从京城写给吉田宜（入籍人，医生）的私信中一起寄给他的（4月6日）。这一点从紧随其后的吉田宜回应旅人的和歌中可以看到。

吉田连宜和梅花歌一首（第864首）

（吉田連宜、梅花の歌に和ふる一首）

吉田连宜和松浦仙媛一首（第865首）

（吉田連宜、松浦の仙媛に和ふる一首）

吉田连宜思君未尽重题歌二首（第866~867首）

（吉田連宜、君を思ふこと未だ尽きず、重ねて題す歌二首）

在研究"令和"的背景时，目光不能只对准与其对应的序，必须将如此众多的资料放在一起进行研究。首先映入眼帘的是列在目录第2排的"思故乡歌"。这里的"故乡"并不是指旅人出生的故乡，而是指平城京（都）。这一点，从和歌《都见》（第848首）中也可以发现。

与之相关的就是吉田宜的回信（7月10日），信中写道：

边城羁旅，怀旧伤志，年矢不停，忆平生，落泪。（辺城に羈旅し、古旧を懐ひて志を傷ましめ、年矢停まらず、平生を憶ひて涙を落とす。）

将其翻译如下：

旅途中在偏僻的大宰府投宿，怀念过去心痛难忍，光阴似箭飞逝，回忆年轻时光，不禁泪流满面。

居住在平城京的吉田宜将旅人所在的大宰府称为"边城"（偏僻之地）（用中国古代的概念来解释的话，这相当于左迁）。接下去的"怀旧伤志"，暗含对两年前死去的旅人之妻（大伴郎女）表达的悲伤之情。

在旅人写给宜的私信中似乎吐露出了在明快的"梅花宴"的和歌中所没有表达的悲伤之情（真心）。虽然有文学上的修饰，但从吉田宜的回信中可以发现，与表面上积极乐观的"梅花宴"恰好相反，旅人在信中表达了思念平城京的悲伤情绪。序的末尾写有"纪落梅篇"（落梅の篇を紀せ），其中的《落梅篇》是基于中国的《梅花落》写成的。该《梅花落》借落花的凋零抒发对京城的思念之情。因此可以推断，身处大宰府的旅人在"梅花宴"上寄托了表里的双重情感①，"令和"一词也应反映了双重意义。

六、大伴旅人的文学虚构

另一点值得深思的是，旅人或是"梅花宴"自身包含的文学式虚构。"梅花宴"，看起来似乎是在梅花盛开的时候举办的宴会，然而，从主办人旅人创作的下面这首和歌中可以看出，字面上咏的是园梅，实质上咏的是堪称"梅花落"的散落之花。

我园中梅花飘落 亦或是天空降下的雪（第 822 首）
（我が園に梅の花散るひさかたの天より雪の流れくるかも）

将梅花凋零比作降雪，因为那是白梅。只是，紧随其后的大伴百代（大伴一族的族人）创作的和歌写道：

何处梅花飘落 看这座城的山上 依然大雪纷飞（第 823 首）
（梅の花散らくはいづくしかすがにこの城の山に雪は降りつつ）

这首和歌揭示了这么一个真相，即不仅见不到梅花飘零，大野山上下着雪，梅花甚至没有开放（与园梅不符）。当然，也可将其视为文学中的修辞手法，将雪比作白梅，但是，新编全集的开头部分的解说中写道：

---

① 参照益田胜实：被下放的贵族（新装版《火山列岛的思想》）。益田氏在书中认为"旅人"这一名字，是对命中注定成为旅人的人的比喻，因此他才更加眷恋平城京。最后他越过了平城京，朝着祖辈的故乡和妻子长眠的墓地的方向踏上了旅途。

现在，大宰府周边的梅花通常在三月上旬盛开。相当于阳历二月八日的天平二年（730）正月十三日这一天，见到落梅的可能性很小。（第 43 页）

并且，大宰府里面梅花盛开的时间要更晚一些（新历 3 月上旬前后）①，因此旅人可能咏的并不是亲眼所见的盛开的梅花。

此外，和歌中所写的地点，或许不局限于梅园，还有官邸的梅花（第 818 首）、田野中的梅花（第 839 首）、山丘边的梅花（第 838 首）等等，不一而足。进一步分析和歌的内容会发现，山上忆良的和歌中有"悦春只一人"（ひとり蜜つや）（第 818 首），说明是独自在自家院中赏梅咏叹。小野国坚写道"忆起吾妹家"（妹が家に）（第 844 首），说明咏叹的是恋人家中的梅花。此外，还有如"我家花园"（我が家の園）（小野老的第 816 首、志纪大道的第 837 首、高向老的第 841 首），"我的花园"（我が園）（阿倍息岛的第 816 首），"我的官邸"（我が宿）（史部大原的第 826 首、高氏海人的第 842 首）等不少和歌是在咏叹自己家的梅花。对此，新编全集第 842 个注解中写道：

"梅花歌 32 首"中混有几首不是在旅人宅邸创作的和歌，特别是在距离大宰府遥远的偏僻地区创作的和歌中，有一些是作者在旅人的要求下以"园中梅"为题创作后寄给旅人的作品。（第 48 页）

忆良等人的代写作品或许也含在其中。

而且，上述和歌并未提到宴会的欢乐气息，与旅人宅中"梅花宴"上的氛

---

① 新编全集第 823 个注解写道：除这一首和歌之外，其他所有和歌都跟序中一样提到了梅花盛开、落英缤纷，以及柳叶青青、黄莺鸣叫等景象，歌咏的是早春。只有这首和歌写的是"何处梅花飘零，看这座城的山上，依然大雪纷飞"。或许是因为百代是旅人的同族，平日里两人相处较为随意，百代才能毫无顾忌地揭露真相吧。从这一首和歌中就能看出，宴会本身可能就是文学虚构的产物。（第 43 页）这段解说十分有趣，除此之外的和歌中也能见到虚构的手法，这一点不应忽视。

围格格不入。有的或许是代替旅人歌咏亡妻，有的或许是遥想平城京自己家的梅花进行创作的。笔者大胆猜想，会不会没有一个作者见过（咏过）旅人家的梅花（也可能不是在宴会上创作的）。

即便梅花没有盛开，即便宴会没有举办，即便没有人（包括旅人自己）曾见过旅人宅邸的梅花，作为文学作品的梅花和歌宴也是成立的。换言之，哪怕宴会本身纯属文学虚构，哪怕事实上宴会当天并没有32位作者聚集一堂，也无关紧要。众人读了以"园梅"为题的和歌后，将自己创作的和歌寄给旅人，从而虚构了纸面上的宴会，这一可能性也不小。最后将所有和歌整理到一起的，也很可能是忆良。

上文已经提到，"梅花篇"是见到边境的梅花，勾起了对平城京中的梅花的思念。从平城京来到大宰府的旅人想必也有着强烈的意识。那么，为何旅人要虚构宴会的存在呢？光凭妻子去世的悲伤这一点不足以解释这一问题。因此，笔者推测，这恐怕和发生过的重大事件不无相关。笔者将目光转向"梅花宴"的前不久（天平元年），旅人向身处平城京的藤原房前赠送桐木的大和琴一事（第810~812首）。为何旅人会突然向房前赠送礼物呢？

翻阅历史年表就能发现，天平元年（729年）二月发生了可怕的长屋王之变。当时，长屋王反对不比等之女光明子成为皇后，畏惧其势力的藤原四兄弟给长屋王扣上了莫须有的罪名。据说，长屋王与旅人关系紧密。如果事件发生时，握有兵权的旅人身在平城京，事件结果或许就会不一样了。如此想来，旅人被任命为帅背后，也隐藏着意欲排除长屋王的藤原氏的深谋远虑。最后，光明子成为出自藤原家族的第一个皇后。

在相隔遥远的大宰府，听到了长屋王自刎的消息，旅人究竟是怎样一种心情？想必他一定会想方设法不让大伴一族受到波及，而赠与的大和琴就是在向藤原氏表明大伴氏族人并无反抗之心。在平城京发生了大事件的背景下，大宰府宛如无事发生一样，旅人一边留意着平城京的动向，一边留下梅花宴的记录，向外界展示其与世无争的态度。

然而，此次宴会参加者不只有大宰府、筑前、筑后、丰后的人，还有壹岐守、对马目、大隅目、萨摩目等九州全域（9国2岛）的主要官员①。就地区性私人宴会来说，规模是否过于庞大了呢？仿佛想要通过举办宴会来展示什么一样。身为筑紫歌坛成员的他们参加宴会说不定就象征着旅人已经掌握了九州全域。8年前（720年），为镇压隼人之乱，旅人曾被任命为征隼人持节大将军前往九州赴任。旅人主办的宴会能邀请到几乎所有九州官员，正是旅人的政治能力和军事能力的象征。这才是本次宴会背后的真正意义，同样暗示着梅花宴的双重含义。

七、《万叶集》编纂的意图

天平二年十一月，旅人被任命为大纳言后回到平城京。虽然他于不久之后的天平三年七月病逝（享年67岁），但能够在平城京去世想必也是他的夙愿吧。将视野拓展至此，"令和"一词的复杂性及其表面意思与真实含义（现实与希望）终于隐约浮出了表面。这才是从《万叶集》（文学）中选取年号的意义，也是蕴藏在"令和"中的祈愿。笔者并不赞成将"令和"简单解释成"大和美哉"，这样反倒会背离其本质。

笔者顺带查阅了大伴旅人的文学作品，发现几乎都创作于大宰府。远离平城京在大宰府任职时，旅人心系平城京，创作了许多和歌（饮酒题材的和歌也不少）。旅人之子家持与其父如出一辙。笔者之所以这么说，是因为家持在越中（富山县）任职的5年间创作了223首和歌（收录于《万叶集》）。他在因幡（鸟

---

① 新大系的脚注写道："没有参加宴会的有丰前、肥前、肥后、日向四国。"（《万叶集》第438页）新大系认为《梅花歌三十二首》就是参加宴会的32位歌人所作，这一点与笔者观点相左。在宴会举办的10年后，大伴书持追加了6首和歌（3901~3906）。家持也在20年后追加了1首（4174），似乎是想让其父旅人举办的梅花宴能更详细地留在《万叶集》之中。

取县）任职期间创作的《新年伊始》（あたらしき）是《万叶集》中的最后一首和歌，笔者也是家持的最后一首和歌。自那以后直至家持去世，他的和歌没有出现在任何文献上。

考量家持编纂《万叶集》的动机，当然不能忽视这是一部优秀和歌集的因素，但是，更重要的原因应该是，为了表达在藤原氏排斥他族的矛盾日渐激化的过程中逐步走向毁灭的大伴氏最后的抵抗，换言之，是借此讴歌与藤原氏注定无缘的和歌诗人所拥有的文化力量。证据就是，《万叶集》收录了4500多首最古老且最高水准的和歌。包括长歌在内，家持创作的和歌多达480首（占总数一成以上），也只有家持一人收入的和歌数量超过100首，那是因为第十七卷至第二十卷收录了家持的和歌日记。

不仅如此，大伴坂上女郎（84首）、大伴旅人（78首）以及大伴池主（29首）等大伴氏的和歌也集中在了一起。再加上古代氏族（柿本人麻吕94首、山上忆良约80首、山部赤人50首），以及渡来人[①]创作的和歌、作者不明的地方和歌等都被有意识地收录在其中（作者不详的和歌占了半数）。另外，用汉文写作的"序"，和用万叶假名写作的和歌，体裁上都有着强烈的中国意识，这也反映出《万叶集》的高超水平。反之，藤原氏的和歌几乎没有出现在其中，这也可以看作是《万叶集》的一个隐藏的特征。政治上的败北，也不能阻挡大伴氏在和歌（文化）上凌驾于掌控了全国的藤原氏之上。

以雄略天皇的"篮子哟手持精美的篮子"（籠もよみ籠もち）开始的《万叶集》，也可以被视作从大伴氏个人的视角展现大和朝廷历史的文学作品（大伴歌集）。即使呈现的是大伴氏灭亡的历史和文学，家持还是骄傲地以《新年伊始》（あたらしき）这一祝福的和歌作为《万叶集》的结尾（这也是沿袭前人的惯例）。

[①] 指古代从中国、朝鲜半岛诸国远渡重洋来到日本列岛定居的人和他们的后裔。——译注

最后一首和歌，意外地是在橘诸兄去世两年后的天平宝字三年（759年）创作的，其中饱含了对日本的和平、天皇家的安泰，以及大伴一族世代延续的祈愿[①]。有趣的是，旅人也在"梅花宴"中用降雪祈愿和平。尽管他的愿望随着大伴氏的没落而落空，但是家持留下的《万叶集》时至今日依旧熠熠生辉。这正是文学的魅力。

对家持有着深刻理解的，莫过于平安时代的菅原道真和纪贯之。和旅人一样左迁至大宰府的道真，编纂了收录和歌和汉诗的《新选万叶集》。汉诗之所以出现在其中，可能是受到了中国文学较深的影响。

贯之当初也曾将日本第一部敕撰和歌集——《古今和歌集》起名为《万叶集续》。贯之与家持一样，自己创作的和歌占据了《古今和歌集》整体的一成。当然，包括贯之的亲戚友则在内，纪氏在藤原氏等没落贵族的和歌也有不少（纪氏歌集）。这说明贯之在官方的敕撰集中私下加入了纪氏的和歌。即便如此，《古今和歌集》的和歌数量也只有《万叶集》的四分之一，由此可见《万叶集》规模之巨大。

不可忽视的一点是，《万叶集》选择了用汉字书写的方法，《古今和歌集》选择了用假名书写的方法。正因为使用了汉字书写，才有了"令和"一词的出典，但是从另一个侧面而言，这是赋予汉字以权威性。即便有对中国的强烈区分意识，也必须使用汉字来书写。

相反，比起权威，贯之看重的假名书写方式更容易凸显和歌技巧这一优势。与其说《古今和歌集》广泛传播了和歌技巧，不如说正是因为选择了使用假名书写，和歌技巧才得以深化（进化）。比起汉字的权威性，贯之更希望充实日本的和歌，这是《古今和歌集》与《万叶集》的一大不同点。

[①] 圣武天皇建造大佛的初衷是遏制当时流行的天花。天花的威力甚至波及了藤原氏。天平九年（737年），藤原四兄弟一同病死，三分之一的公卿死亡。日本的国际化之路，从古时起就伴随着传染病的传入这一负面因素。

八、结语

大伴旅人举办的梅花宴上第一首和歌是大宰的大贰(次官)纪男人的和歌:

正月里新春到 迎梅花尽情欢娱（第815首）

（正月立ち春の来らばかくしこそ梅を招きつつ楽しき終へも）

从中可以看出是遵循了卷头歌的形式:

藏于新年始 方积千年乐。（续日本纪14，琴歌谱，催马乐）

（新しき年の始めにかくしこそ千年をかねて楽しきを積め）

纪氏与大伴氏同样拥有兵权，也同样受到藤原氏的排挤，走向没落。纪氏最后的希望是文德天皇的长皇子即惟乔亲王（母亲是纪名虎之女静子）能够成为太子，然而，藤原良房却成功地让四皇子即惟仁亲王（母亲是良房之女明子）成为了太子，纪氏很快败下阵来。由于记录了惟乔亲王的趣闻，很多人认为《伊势物语》的作者就是纪贯之。辞藻优美的《伊势物语》，还有《古今和歌集》，很快就成了毁灭者的文学，从这一意义上而言，贯之继承了家持的衣钵。

藤原氏一族中，远离摄关家族血脉的藤原敏行是在《古今和歌集》中大显身手的歌人。但是，在《古今和歌集》的作者中，没有一个姓藤原的。藤原氏不仅在政治上取得胜利而且开始主导和歌的世界，始于《拾遗沙》的作者藤原公任。藤原公任在编纂《三十六人撰》（秀歌撰）时，将人麿、赤人、家持三人收录其中，从而让身为诗人的家持拥有了与人麿和赤人同等的地位。家持的和歌之所以能入选《百人一首》，也是因为有了前者的基础。换言之，无论是"敕撰八代集"还是《百人一首》，或许都可以视为描写藤原氏继掌握政治权力之后将和歌也收入掌中这一过程的史书。

如今，日本进入了"令和"时代，笔者由衷地希望大家不仅应该重读《万叶集》，也应对日本的古典文学和文化重新加以综合性审视。"令和"的诞生，能否成为日本文化复活的契机？确立"平成"这一年号的当初，笔者并未产生如此的感慨，然而"令和"的出现，却让笔者觉得可以有所期待。因此笔者满怀着对重新审视古典文学的期待，写下了以上个人的见解。

* 本文原载于:『同志社女子大学日本語日本文学』第 33 号（「新元号「令和」出典：「梅花の宴」の二重構造」23 頁—38 頁、2021 年 6 月）

作者简介：吉海直人，生于 1953 年，同志社女子大学教授，研究方向为日本古典文学（平安文学），著有学术论文两百余篇，出版学术著作一百余部。

译者简介：黄舒蕾，南京大学日语笔译专业硕士研究生。

【思想文化】

幕末日本西医术语对译中的中医哲学影响①

赵熠玮

【摘　要】流传于汉字文化圈诸国的汉籍不仅是思想、文学、艺术等文化输出的载体，也是我国古代科学技术对外传播的重要媒介，并成为这些国家固有文化的基干而存续。在近代西方医学东传亚洲时，此类基于汉籍而得以传承的传统医学概念在对译西学的过程中得以重生和延续。医学译介作为近代西方自然科学东渐的先导领域，其东西方融合的哲学构想对后起的全领域西学译介热潮起到了积极的示范作用。本文通过对幕末时期主流近代西方医学译著中术语对译的考察，围绕"形神""经络""气"等核心概念，分析日本幕末西医术语翻译中受到的强烈的中国传统医哲学影响，指出这类词汇的强大生命力一方面源自于对原概念深入理解后翻译的精准性，另一方面也是对本土学术体系和文化话语体系深刻反思和活用的产物。日本在近代医学翻译中对中医思想的再生和活用是翻译实践中东西方文化融合的优秀范本。

【关键词】汉方医学；兰学；内经医学；汉籍；翻译

　　现代汉语中存有相当数量源于日语汉字词汇的外来语。此类词汇因由汉字构成，日常生活中即便母语使用者也很难意识到其曾为外来语的历史渊源。而

---

① 本文为2018年度江苏高校哲学社会科学研究重点项目"明清江南考据学对日本十八世纪启蒙思想影响研究"（2018SJZDI025）与日本住友财团2019年度"アジア諸国における日本関連研究助成"项目"近世日本漢方と中国伝統医学思想との比較研究"（198007）的阶段性成果。

大部分产生于日本江户时代后期到明治初期的此类词汇，是幕末日本近代化过程中对译西方学术术语的产物。根据山田孝雄《国語の中に於ける漢語の研究》①对文献翔实的考证，上述汉字词汇产生途径可以归纳为如下几种：

第一，直接或间接经由人的交流（包括而不仅限于贸易、学术、技术交流）而自中国大陆传入的中国学者已经对译的科技词汇；

第二，伴随汉字文献（包括儒学、佛学典籍以及在华传教士译出的西方神学书籍）的引进而传入的词汇；

第三，近代兰学翻译中的自创汉字词汇。

尤其是第三类，即兰学翻译过程中日本自创的汉字词汇，不仅数量庞大，而且对整个东亚社会接受西方近代科技文化起到了积极作用。对此，学界已经有较多讨论，不再赘述。但有一点需要指出的是，作为汉字发源地的中国，不仅实际接触西方近代科学（尤其是医学）时间早于日本，随商船与传教士来华的医师开始尝试科技翻译的时间也早于日本，甚至还有"博医会"等上规模的组织参与医学用语的翻译与选定②。在这样的先发优势之下，从现存术语词汇看却并未留下明显的成果。中国近代医学用语几乎全部采用日本对译的词汇。即便与在中国同时期开展西学翻译的天文学、地理学对比，当时的医学翻译也很难称得上成功。甚至有学者认为，就近代西方医学这一领域而言，中国的科技词汇是间接通过日本得以受容③。

造成这一现象的原因很多，有多位学者从翻译史角度进行过探讨④。从思想史发展角度来说，有一个重要的原因是近代西方科学建立在与传统东方文化截

---

① 山田孝雄『国語の中に於ける漢語の研究』、東京：宝文館、1940年、第26頁。
② 沈国威「漢字文化圏における近代語彙の形成と交流」、『高知大学留学生教育』第10号、第19-44頁。
③ 沈国威「近代における漢語学術用語の生成と交流：医学用語編（1）」、『文林』第30号、第61頁。
④ 廖七一："严复术语为何被日语译名所取代？"，载《中国翻译》2017年第4期，第32页；张静，解庆宾："论民初严复话语体系的衰落"，载《天津师范大学学报（社会科学版）》2012年第5期，第34页；张法："日本新词成为中国现代哲学基本语汇的主要原因——'中国现代哲学语汇的缘起与定型'研究之三"，载《中国政法大学学报》，2009年第4期，第159页。

然不同的世界观体系之上，尤其是西方近代医学，可以说是西欧近代人文思想与科学精神的集中体现。西方医学的受容与传播不仅仅是科学技术的"西学东渐"，也是思想文化体系融合的过程。当时在自然科学领域最早被成功译介的为何是医学，以及日本医学翻译是否较好地把握了两种独立思想文化体系的价值融合，这些问题都值得我们思考。本文试从为何医学翻译在日本得以先行、医学翻译过程中如何处理关于人体的东西方思想冲突等方面着手探讨这一问题。

一、医学翻译先行的内在动力

在众多科技领域中，医学翻译得以先行与江户医学界自身所处的历史背景有着密切的关系。自奈良平安王朝时期起，一直持续到明治政府决定采用德国医学为止，长期作为日本正统医学存在的是汉方医学——即在本民族原始医学理论基础上，吸收不同时代从中国传入的医学知识后形成的独特医学体系。在18世纪西方近代医学进入日本之前，无论理论还是技术层面，汉方医学均被视为广义的中医学范畴[①]。然而，由于江户中期思想文化界发生了一系列变革，特别是儒学日本化打破了朱子学的绝对权威，与中国哲学密切相关、具有自然哲学传统的汉方医学备受质疑，产生了对新学术体系的强烈需求，促成了部分汉方医成为第一批兰医学书籍翻译者。这是幕末医学翻译先行的内在动力。但这一动力之所以得以成为现实，是因为有以下几个方面的客观条件：

一是智力基础。随着大量元明时期的中医学书籍，尤其是吴昆的《医方考》、李梴的《医学入门》、龚廷贤的《万病回春》、李时珍的《本草纲目》得到广泛传播和研究，曲直濑道三（1507—1594）建立了相对完善的曲直濑流医学体系。他广招门徒，在培养大量医学人才的同时也提高了全社会对医学的关心；另一

---

① 川喜田愛郎『近代医学の史的基盤』、東京：岩波書店、1977年、第440頁。

方面，随着平安时代的结束，律令制国家形态解体，国家医疗体系遭到破坏，民间的医疗需求无法得到满足。为此，大量民间游走医师应平民阶层的实际需求而生。此类医师不受聘于任何官方机构，其大部分由没有稳定收入的儒学者转行而来，被称为儒医。这给江户医学界的原生性变革提供了智力基础。

二是理论基础。随着江户古学派儒学崛起，作为一代宗师的伊藤仁斋（1627—1705）和荻生徂徕（1666—1728）等人否认朱熹"理气论"，主张以眼可见耳可闻的客观事物为判断基准的朴素唯物主义思想，并提出应该要基于古文辞去理解圣人之意。这一思潮也因儒医的存在迅速影响到了医学理论界。汉方医展开了对传统医学理论是否背离实践需求的深刻反思。当时江户医学界普遍认为，应该基于临床实证治疗疾病，排除中医中形而上之部分。如推崇实证的古方派医师名古屋玄医（1628—1696）指出，古来的中国医书大抵都是"空理空论"，缺乏实证性。香川修庵（1683—1755）则在《一本堂行余医言》中认为，中国医术仅有实证的《伤寒杂病论》值得借鉴。当时的医师大多认为传统内经医学中以阴阳五行为代表的哲学式自然观与临床实践并无相关性，应针对病人外在表象症状直接施加治疗。因此反对天人合一式中医自然观和辨证治疗的实践手段[①]。

三是实践需求。随着江户幕府享保改革，商品经济得到一定程度的发展，人员流动也变得更为频繁，一些局部性传染病往往传播得更快速。而见效缓慢，主张阴阳调理的中医药很难应对这些新的变化。越来越多的医师在行医实践中质疑传统医学中关于五脏六腑、经络等人体内部结构的理论。江户医学界也越来越感受到传统医学缺乏人体解剖知识这一不足。山脇东洋（1706—1762）及其弟子永富独啸庵（1732—1766）借助思想界复古思潮，致力于"复活古圣人之医术"，他们翻刻《外台秘要》中有关解剖的部分编写《藏志》，普及人体解

---

① 青木歳幸『江戸時代の医学』、東京：吉川弘文館、2012年、第69頁。

剖知识。杉田玄白（1733—1817）则在医学实践中确信当时已经少量传入的兰方医学的认知在临床上更符合人体真实结构，着手完整翻译了荷兰医书 Ontleedkundige Tafelen，并将翻译的五卷本（书籍四卷、图册一卷）图书命名为《解体新书》出版。

四是政策支持。除上述三点外，外部客观条件也是医学译介得以先行的重要保证。涉及这一问题时不得不提到"书禁"这一历史概念。根据《オランダ商館日記》记载，宽永十八年（1641）幕府要求，可以携带入日本国境的书籍仅限于"医药、外科、航海"[1]。而据《日本志》的记录"聖書をはじめ、一切の宗教書をヨーロッパの貨幣とともに上司の命令の在来の慣例より、全部船長に引渡"[2]。可见荷兰方面也遵守了该项规定，仅将上述三领域的书籍带入日本。医学书籍因其实用性得到某种程度的"书禁"豁免。随着八代将军吉宗的实学奖励政策实施，博物学的概念被引入日本，青木昆阳（1698—1769）的《和兰文字略考》、野吕元丈（1693—1761）的《阿兰陀本草和解》得以出版。统治阶层中的部分人开始积极关注荷兰人掌握的医学知识和技术。在他们的保护下，更多的知识阶层参与了荷兰书籍的译注活动。柚木太淳《解体琐言》（1799）、宇田川玄真《西说医范提纲释义》（1805）、三谷公器《解体发蒙》（1813）、大槻玄泽《疡医新书》（1825）、杉田玄白《重订解体新书》（1826）、宇田川玄随《增补重订内科撰要》（1826）、高野长英《西说医原枢要》（1832）、绪方洪庵《病学通论》（1849）、大野九十九《解体学语笺》（1871）、松村矩明《虞列伊氏解剖训蒙图》（1872）等医学（尤其是在解剖学领域）翻译书籍陆续出版。这些翻译活动，大大推动了江户后期医学的临床实践，客观上也为东西方医学融合铺垫了基础知识。

五是交流契机。医学翻译虽然作为特殊事项得到幕府某种程度的容忍，但

---

[1] 日蘭学会編『オランダ商館日記』、東京：雄松堂書店、1988-1989年、1642-8-5条。
[2] 今井正訳『日本誌 改訂増補』、東京：霞ケ関出版、1989年、第1176頁。

这些原文书籍之所以得以传递到江户以及地方大名的医官手中，是因为有一个客观条件——荷兰商人的"江户参府"。驻地在长崎的荷兰商馆长定期前往江户拜谒幕府将军，这行为本身是对从幕府获得通商特权的回礼。从庆长十四年（1609）七月商馆长谒见德川家康得到特许之日起，庆长十六年（1611）、十七年（1612）、十九年（1614）以及元和元年（1615）五次进江户谒见幕府将军，并在宽永十年（1633）得以明文规定，持续到嘉永三年（1850），总计达一百六十七次之多①。对荷兰方面而言，江户参府是其与幕府当局面对面协议贸易政策的唯一机会。而对幕府方面而言，这则是以医官为首的技术人员拜访荷兰专家，得到相应书籍的最重要渠道。

在上述内外因的综合推动下，医学翻译得以成为日本最早接受西学的领域。

二、东西方医学内含的基本哲学冲突

较早展开的医学译介并非一帆风顺。从科技史演进过程看，调和外来学术话语体系与本国固有知识体系间的矛盾是早期译介中最大的困难。就医学领域而言，鉴于近代东西方在自然哲学、生命哲学与人体解剖学认知上的巨大差异，与其他学科相比，有着更大的内在冲突。

作为中医学的一支，汉方医学在思想层面有着强烈的自然哲学传统，这与其基于阴阳五行理论密切相关②。东方医学始终保持着强烈的形而上思想特征。作为施治指导思想的中医哲学包括了中医的思维模式、生命模型、医德伦理③。尤其是独特的天人关系与养生论等内容，与中国哲学中关于心身关系的探讨息息相关。

---

① 新村拓编『日本医療史』、東京：吉川弘文館、2011年、第198页。
② 熊江宁、赵威维：《中医哲学与佛教医学"身心观"刍议》，载《中国文化研究》，2018年第2期，第18页。
③ 张艳婉：《中医身体观的理论建构研究》，载《武汉理工大学学报（社会科学版）》，2016年第4期，第724页。

《荀子》中我们可以看到"心者，形之君也，而神明之主也。出令而无所受令"。将"心"视为身体与精神共同的主体。宋代林希逸在注释《庄子》"劳神明为一，而不知其同也"时认为，此"神明""犹精神也"（《庄子鬳斋口义校注》）。在《易·说卦传》与《韩非子》里也可以看到类似用法。说明"心"的内涵在先秦时期就已经普遍包括了精神层面。同时，《淮南子》认为，"夫形者，生之舍也；气者，生之充也；神者，生之制也。一失位则三者伤矣"。这里以身为"形"，视作生命所宿，同时以"气"为"生"之实体，而"神"则制御"生"，以此看来"形""气""神"三位一体。体现出"身"与"心"，"天"和"人"乃一体而非二分。

到了深受中国哲学影响的内经医学的角度，则对"身"与"心"做出了更明确而具体的描述：

> 从"天人合一"出发，《灵枢·邪客》说"天圆地方，人头圆足方以应之。天有日月，人有两目。地有九州，人有九窍。天有风雨，人有喜怒"，人体结构与自然一一对应。
>
> 从"阴阳二气"出发，《素问·阴阳应象大论》认为"阴阳者，天地之道也，万物之纲纪，变化之父母，生杀之本始，神明之府也"。身体与万物一样，以阴阳为纲。《素问·宝命论》又称"人生有形，不离阴阳"，具体到身体的各部分依然对应阴阳二气。
>
> 从"五行生克"出发，内经医学把五行与五脏对应，同时又将六腑与五脏相关联并进一步推演至人体其他部位。不仅限于人体内部，传统医学思想还将人与自然环境相关联，形成了五方、五季、五气、五色等概念。中医哲学以五行阐述人体生理机能，构建了内外相关的天人合一系统，从整体上来把握人体的生理规律。①

---

① 伊東貴之編『「心身／身心」と環境の哲学：東アジアの伝統思想を媒介に考える』、東京：汲古書院、2016年、第370頁。

通过上述理论构建，内经医学认为疾病治疗的基本原则是：阴阳平衡与五行和谐。《素问·生气通天论》称"阴平阳秘，精神乃治；阴阳离决，精气乃决"，内经医学认为人是形神合一的完整体，即身心一体。同时，两者相互影响，成一体两面。

中医哲学心身关系论归纳来说，其核心思想是以"心"为核心的身心平衡以及在养生论、疾病生成论、诊断治疗论乃至社会生活观点等方面的全面探讨和表达。其本体是元气论，方法论核心是人的整体观，认识论则是身心一元。这一观念在以曲直濑道三（1507—1594）为代表的日本中世主流汉方医师著作中被广泛采用，作为汉方医学哲学的根基得以存续和发展。

与此截然不同的是，当时西方医学以人体解剖学为基础，从血液循环的事实出发，认为包括血液在内的体液流动才是人生命最本质的现象。而人体则是最完美的机械，生与死是机械必然的附带条件，是遵循物理学法则的机械必然的结果[1]。以笛卡儿（Rene Descartes，1596—1650）为代表的机械论式身体观将人体分为身心二元（即思维与广延）。两者相互独立，为两种不同实体。前者能思想但无广延；后者有广延但无思想。作为实体之广延，可以被视为基于各普遍自然法则下的一种机械。德国医师弗里德里希·霍夫曼（Friedrich Hoffmann，1660—1742）则指出，所谓"人体的自然"应该是包括血液在内的所有体液的永久性闭合循环运动。该循环正常时人体即保持正常的生理机能，也能够防御疾病的入侵。该循环一旦发生了问题就如同机械出现了故障，就必须进行修理。这种机械论式二元身体观念与传统中医学身心一体、天人合一的一元身体观有着激烈的冲突。

---

[1] 赵熠玮：《近世日本中医思想变革中的身体机械论影响考》，载《自然辩证法研究》，2019年第11期，第86页。

三、幕末医学理论译介中的中医哲学

鉴于上述西方近代医学与中国传统医学在人体结构认知问题上的矛盾以及中国医学通变性哲学思维（Correlativity）与西方医学解析性哲学思维（Analytic）的差异[①]，在当时医学书籍翻译过程中最大的困难在于缺乏相应词汇去表达荷兰语、德语、拉丁语中关于人体内部构造的相应概念。因此，翻译者创造了大量词汇。在这一过程中，如何选择合理词汇去表述就显得非常关键——既要有利于传播西方近代医学技术内涵又要有利于日本医学界和民众的接受和认知。尤其是以内经医学为基础的汉方医学，引入西方医学的同时如何调和与既有概念之间的偏差甚至矛盾就成为其当然的目的。这也客观上影响到翻译的词汇选择。

同时，基于阴阳五行思想的内经医学把人体看成一个完整的概念，主张表征与内在病症的个性化"辨证论治"。而近代医学受到西方机械论式身体观影响后，更多地把治疗看作药物对局部组织病症直接性的干预，实施"方症相对"式治疗。因此，如何调和两种医学体系的内在矛盾，合理地将近代医学知识包于中医学的框架之内是当时日本医学翻译的首要任务。其中"形神""经络"与"气"是涉及整个内经医学思想核心的基础概念，下面从这三个代表性概念的日译来展开分析。

四、"anima"与"形神"

德国医学家格奥尔格·恩斯特·斯塔尔（Georg Ernst Stahl, 1659—1734）提出了"anima"的概念。他认为"anima"是调整人体所有生理性与过程性机

---

① 陈斯歆：《文化视阈下中医术语英译的原则与策略》，载《上海翻译》，2017年第3期，第52页。

能，保持身体健全状态的控制体。荷兰医学家赫尔曼·布尔哈夫（Herman Boerhaave, 1668—1738）则进一步指出，"anima"并非是一个单纯的控制体，而会与人体其他生理性机能发生相互影响。同时，身体内的这一变化也反过来影响"anima"的状态。

对此，江户医师坪井信道（1795—1848）在其编写的医书《万病治准》中称：

> 意思ヲ名ツケテ魂ト謂フ。意思有テ後ニ魂有ルコトヲ知ル。意思ハ魂ノ実態ニ非ズシテ何ゾ。①

他首先将"anima"转译为"魂"这一东方概念，同时指出：先有意识而后有"魂"，"魂"本质上是意识的反映，甚至可以认为是意识自身的某种存在形式。他认为，在生理上"魂"对身体所做出的反应效果可以被称为"神识"，并解释称：

> 凡ソ活体ニ於テ、諸器ノ変動ニ因テ神識、忽チ諸ノ事物ヲ思ヒ、或ハ神識先ヅ思フ所有テ、次テ体中ノ諸器ヲ変動スル者共ニコレヲ魂機ト謂フ。故ニハ共ニ意思ニ属スト知ルベシ。②

生命体中诸器官之运动过程皆受"神识"控制。"神识"先行而器官后动，因此"神识"是人的意志的体现。此处将"anima"的作用效果翻译成"神识"也明显受到中国内经医学的影响。内经医学理论体系中，"神"可理解为司掌精神作用的一种"气"，"识"则是知觉和意识，因此是与人体不可分离的部分。但事实上布尔哈夫所谓的"anima"的作用效果，也（被他称为dierlijke）是一种

---

① 坪井信道『萬病治準』、長崎大学附属図書館藏和漢古書，出版者出版年代不詳、第一章三ウ。
② 坪井信道『萬病治準』、長崎大学附属図書館藏和漢古書，出版者出版年代不詳、第一章四オ。

可以与身体物理分离的存在。坪井信道的认知与他并不一致，而是站在身体为一元且通过阴阳二气纵贯个体与自然形成天人合一的立场上，将二元分化的西方医学概念弱化后的产物。其目的在调和与近代西方医学的逻辑矛盾。

对此，坪井进一步阐述认为：

> 諸物前ニ現スルコト無ク、意思中ニ動クコト無キ時ハ、則チ寥寥トシテ無心ナリ。当ニ知ルベシ。意思ヲ除クノ外更ニ魂有ル無キコトヲ。①

坪井将"魂"与意识概念相统合，认为传统中医理论中所谓"魂"并不能如民间巫术般脱离人体而呈现出实体，仅仅作为意识存在于体内。一旦失去意识，人体自身将处于一种无知觉状态。

为此，坪井进一步解释了"魂"与人体之间的相互作用：

> 衆人、脳中一個ノ部位有テ、諸神経皆コレヨリ出デ、一身諸部ニ於テ神経ノ外端ノ外物ニ触レテ変動スル状態悉クコノ一部ニ及達シ、即チ衆想ヲ□（注：原本缺字）シ、好愛嫌悪ノ心ヲ起シ、次テ言動行作ヲ為サシムルニ至ル。……外物来テ、吾外識ニ触レ、其部ノ知覚ヲ主トル神経ノ外端ヲ変動シ、其変動ノ態、忽チ神経ノ全条ニ伝ヘテ、脳髄ノ一処ニ及達スル者ナルコト知ルベシ。②

上述内容可以看出，坪井已经理解所有神经皆由大脑"某处"发出，连接身体各部。人一旦接触外物，即会引起连接身体各处的外部神经变动。这种变动则会在瞬间通过神经的传导最终传递给"大脑某处（脳髄ノ一処）"。因此"魂"

---

① 坪井信道『萬病治準』、長崎大学附属図書館藏和漢古書，出版者出版年代不詳、第一章六才。
② 坪井信道『萬病治準』、長崎大学附属図書館藏和漢古書，出版者出版年代不詳、第七章二才。

或者说其体现出的"神识"与人体之间的介质即是神经的传导运动。

在《万病治准》第七章中坪井总结为,"自考思虑之原始而得神识,故此为常住不变单一不二者",而"神识"与人整体机能之间的关系则是"神外即形器"。神识是人体的内在意识,身体即神识对外功能展现之实体容器,这一段代表性的语言阐述了他对人体理解的"形神一致"的立场。可以看出,坪井在对译西方近代医学理论时在文字上都尽力避免了西方医学当时流行的机械论式哲学术语,而是使用中国传统医哲学中现有文字进行拆解组合,意图将西方医学与传统中医理论融合。

五、"geest"与"经络"

坪井信道在其著作《万病治准》中已频繁使用"精神"一词。而这个词最初是宇田川玄真(1770—1835)对译"geest"时产生的。他在著作《西说医范提纲释义》中认为:

> 上腔ハ脳髄ヲ蔵ム。神霊舎シ、性命係ル。一身万機ノ政、悉ク此由リシテ出ヅ。脳髄ハ精神ノ府ナリ。霊液ヲ造リ、神経ヲ起シ,以テ瘖瘂、動静、運化、生養ノ機ヲ発ス。①

以大脑为精神之主宰,在人体所有器官中起着核心作用,这与内经医学认为心乃"五脏六腑之大主""精神之舍"(《灵枢·邪客篇》)截然不同。在此处,"脑髄ハ精神ノ府"一句中将荷兰语"geest"译为精神。《金匮真言论》中认为"夫精者,身之本也",《灵枢·小针解》中则称"神者,正气也","故神者,水谷

---

① 宇田川玄真『西説醫範提綱釋義』、江戸:須原屋伊八、1845 年、卷一二丁オ。

之精气"(《黄帝内经·平人绝谷》)。"失神者死,得神者生也"(《黄帝内经·天年》),此处"精神"一词解释为主宰人体感官知觉本体之气,以表达西方医学中对大脑意识功能的描述。

同时,从解剖学角度看,《西说医范提纲释义》大量描述了大脑与躯干各处传递精神作用的器官"神经"的功能。宇田川玄真认为:

> 神経ナル者ハ、霊液ノ道路ナリ。白色、髄質ナリ。其ノ幹、脳及ビ脊ノ髄ニ起コス。脳ナル者ハ、左右二十条、合シテ十対ト為ス。脊ナル者ハ、左右六十条、合シテ三十対ト為ス。幹ヲ分カチテ万枝ト為ス。周身ニ弥綸シ、以テ痛痒寒熱ヲ識ル。①

神经是"灵液"这一实体的通路。大脑及脊髓通过神经连接身体各处,以感知痛痒寒热。而"神经"一词则是杉田玄白对译荷兰医学词汇"nerve"的产物。他在《和兰医事问答》中把"神经"解释为"其形如经络,而功效则犹如神气"②。并认为神经本身是中空的,其呈管状,是灵液流动之处。这一词语翻译也体现其想要维持在传统中医知识框架内接受西方医学的意愿。在前人的基础上,宇田川玄真总结为:

> 按ニ漢人六経ニ名ヲ設ケ、熱病ノ諸症ヲ分チ、表裏軽重ノ差等ヲ論ズ。其ノ六経ノ病位ヲ考ルニ、此皆此編述ル所ノ神経循行ニ従テ病ム者ナリ、蓋シ神経ハ寒熱痛痒ヲ知覚シ、運化活動ヲ司リ、人ノ強弱盛衰ノ由テ出ル所ナレバ、凡ソ病毒、身体ニ著ケバ、其所在ノ神経、先ズ此ヲ感受シテソノ侵傷スル患苦ヲ知覚シ、直チニ自然ノ良能ヲ奮発シテ病毒

---

① 宇田川玄真『西説醫範提綱釋義』、江戸:須原屋伊八、1845 年、卷一三丁オ。
② 杉田玄白『和蘭医事問答』、東京:須原屋善五郎、1795 年、第 440 頁。

抗拒ス。①

他称,《伤寒论》虽设六经以区分热病诸种症状,但所谓六经也即神经之循环运行。神经感知外界寒热痛痒后,身体会以自然之良能对其做出反应。如果病毒入侵身体,则神经首先得以感知此创伤,而令身体机能抵抗疾病。同时他也指出,传统内经医学对人体经络理解是不完全正确的,所谓"营卫者,精气也。血物者,神气也。虽名异实为同类"混同了神经系统与血液循环系统。即便如此,他总结称,"凡人身一切生机活动所为皆灵液神经之妙用",强调了他所称神经(经络)对于人体极为重要的作用。

六、"natuur"与"气"

宇田川玄随(1755—1797)翻译了日本最早的西医学教科书《西说内科撰要》,第十三卷《食不消化篇》第三十四中有如下一段话:

> 夫レ飲食胃ニ入ルニ始リ終ニコレヲ液道ノ中ニ領収シテ旧血液ニ相ヒ混ジ、以テ化シテ新血液ト為リ、以テ身体ヲ栄展シ性命ヲ保全スルニ至ラシムルコト。②

上述一段话描述的是食物进入体内消化始于胃,而终于将养分溶于液体进入血液循环的过程。此过程是保障生命体存活的重要功能。但同时,他又称:

> 故に飲食、自ら能ク身体ヲ栄養スルコト能ハズ、体中諸器ノ機能、

---

① 宇田川玄真『西説醫範提綱釋義』、江戸:須原屋伊八、1845年、卷一七丁オ。
② 宇田川玄随『西説内科撰要』、大坂:河内屋儀助河内屋太助、1810年、第一三頁。

思想文化

健康ニシテ、而後能ク飲食ヲ消化烹熟シ、以テ身体栄養ノ供スルコトヲ得。①

消化并非食物直接将营养输送给身体，而是必须通过人体诸器官协同的作用才能将食物改变为人体可以接受的形态。此处荷兰语原文"spysverteering"本意是"spy"（食）与"sverteering"（溶解），翻译为"消化"也有着显著的内经医学的影子。《素问·灵兰秘典论》认为，"脾胃者，食廪之官，五味出焉。大肠者，传道之官，变化出焉。小肠者，受盛之官，化物出焉"，强调食物在肠胃中变化之过程。此处，宇田川玄随以"消化"二字解释了食物经过肠胃而变化为人体之精气的过程。

宇田川玄随进一步在其内科医学专著《精选内科术》（1744）中将此类消化循环机能理解为荷兰语中的"natuur"，也即是将消化系统理解为在"原初力"驱使下身体各个部分根据各自性质开始的"运动循环"中的一类。而坪井信道则认为，消化过程即饮食进入身体后受"自然良能"所驱使，身体将所受物质同质化为自身的过程。在这一过程中如果体内诸器官无法保持正常运动机能，人体就无法获取营养。他解释称：

是レ、飲食ノ能ク身体ヲ栄養スル所以ハ自然ノ良能ニ因テ先ヅ其ノ物質ヲ変化シ漸ク烹熟シテニ身体ノ形質ト同一般ノ物ト為ルヲ以テナリ。……此レ、飲食ヲ消化烹熟スル能力欠乏シ良能衰弱スル徴ナレバナリ。②

特别需要注意的是，坪井信道等当时的日本医师并未直接采用"机械"这一直译，而是以新造词"器官"来理解。在《易·系辞传》中有"形乃谓之器"，

---

① 宇田川玄随『西説内科撰要』、大坂：河内屋儀助河内屋太助、1810 年、第一三頁。
② 坪井信道『萬病治準』、長崎大学附属図書館藏和漢古書，出版者出版年代不詳、第一章八才。

而"形器"本身又是"理"的具象。是"气"在"理"的支配作用下形成的表象。因此，以"器官"来对译是认为其司长体内众多容器之意。而各器官各司其职，在消化循环的运动下又结合为一个整体。坪井信道进一步解释说，生命的持续性存在依赖于各部分器官精密配合之运动。如果各器官协调一致的运动得到延续，则人体就完全处于健康状态，如果此类运动发生中断则产生疾病。同时其进一步对"natuur"做出解释说：

此ニ本然ト訳す。本条説ク所ノ本機トハ本然ノ良能ノ義ナリ。古言「ニコレヲ「ピュプス」ト謂フ。衆人、此ノ語ヲ解スル者共ニ真意ヲ得ズ。人身上ニ於テ此語ヲ用フル者ハ、人身諸器諸液共ニ本然ノ稟質ヲ具有シテ、能ク生気ヲ保持シ、又能ク運動ヲシテ軽敏ナラシムル所ノ機能ヲ言フ。此機能ノ損欠スル所ノ無キ者ハ、即チ十全ノ健康ナリ。若シ体中平全ノ性質ヲ失フ所有ル時ハ、本然ノ機能則チ不足ス。此即チ疾病ナリ。①

此处他认为，人体本然之良能是诸器官诸体液共有之稟赋，是人体保持生机的源泉。如此本然之良能受损，则无法维持健康的身体。他总结说：

医者若シ私知ヲ用ヒズシテ那去児ニ委任スルトキハ、即チ神知ニ等シキコトヲ得、那去児ニ従フトキハ人身天造ノ原質知了スルコトヲ得ベケレバナリ。②

坪井信道认为，医生如果只以私见治病实为下策，不如依赖自然良能之力治病，重要的是维持自然良能的"机械必然性"。这既接受了近代西方医学对人

---

① 坪井信道『萬病治準』、長崎大学附属図書館藏和漢古書，出版者出版年代不詳、第一章八ウ。
② 坪井信道『萬病治準』、長崎大学附属図書館藏和漢古書，出版者出版年代不詳、第一章九ウ。

体的机械运动式认知，同时又坚持自然之良能即人体之本然遵循自然之天理的中国哲学式构图。

但宇田川玄真对此并不认可。其否认依赖于机械论式自然观所建立的身体循环基于"机械之必然性"的概念，指出包括消化、血液等循环运动在内的人体机能的原动力应该是"精气"的运行，是天性自然之良能所使然。

> 故ニ人体諸般ノ変化スル諸具ノ輻輳造成シ運動ヲナス。然レドモ造物者神通不測ノ妙用ヲ以テ製作シ又諸部順列配置ハ外ヨリ形象ニ因テ察ストイヘドモ、其造成スルノ精力順整ニ流利快行シ、開闔ノ機発スルコト、皆其ノ天性自然ノ良能ヨリ発原スルコトヲ探索スベキナリ。①

他以"神通不测之妙"的"精气"来解释人体循环，这一概念是建立在作为自然哲学式中国传统医学对于"气"的理解之上。而"气"的概念也是中医对物质理解的理论基础②。医师后藤艮山（1659—1733）的门徒整理的《师说笔记》中称：

> オヨソ病ノ生ズル所、風、寒、湿ニヨレバソノ気滞リ、飲食ニヨルモ滞リナリ、七情ニヨルモ滞リナリ、皆元気ノ鬱滞スルヨリ成ルナリ。③

后藤艮山主张，人体的疾病大体是风、寒、湿三种"气"在人体中运动不畅、滞留淤积所致。因此"气"的循环是健康的重要保证。这也是汉方医学将自身对"气"这一东方哲学式重要中医概念的理解与近代西方医学体内循环运动理

---

① 宇田川玄真『西説醫範提綱釋義』、江戸：須原屋伊八、1845年、卷一九丁才。
② 服部敏良『江戸時代医学史の研究』、東京：吉川弘文館、1978年、第323頁。
③ 後藤艮山『師説筆記病因考』、出版地出版年代不明、東京大学鶚軒文庫蔵。

论相结合的例子。而结合"气之循环",汉方医师们将由精气构成的整个身体的运作机制用"生理"一词来表述:

> 脳、肺等及ビ其他生理ニ最モ貴要ナル部位。①

此处荷兰语原文为"fysiologie"。对此,译者专门做注解释为"生理者、生物体营生之机关。生生不息之理也"。"生理"一词并非译者自创之词。在古汉语中也较为常见。本意是指生活、生计、买卖之意,如《新编五代史平话》中《周史平话》上卷:"白承福部落在太原多务剽掠,居民不安生理"。此处则是取自《文选养生论》"是以君子知形恃神以立,神须形以存,悟生理之易失,知一过之害生",并赋予其新的含义。

七、结语:思想史中的西学东渐与医学译介

日本江户时期著名思想家荻生徂徕曾在著作《训译示蒙》中指出,"欲掌握中华学术需理解一字一义之大纲,了解字品本然之属性"②,即强调译者自身的汉学知识积累在汉籍翻译中起着至关重要的作用。对此,江户时期荷兰语学开创者中野柳圃(又名志筑忠雄,1760—1806)在著作《兰学生前父》中指出,荻生徂徕之说不仅适用于汉学,在兰学翻译问题上也需要首先深入了解兰学与国学体系之区别,而后才能给予恰当的词汇对译③。受篇幅所限,上述所列举的医学术语仅是日本幕末时期医学翻译中很小一部分,但却极具代表性。可以看出,当时的医学译介者始终基于本国传统医学话语体系来接纳新知识新理论,并根

---

① 吉田成德『泰西熱病論』、東京大学緒方洪庵記念文庫蔵、1814 年、第 17 頁。
② 荻生徂徠『訓訳示蒙』、東都:須原屋市兵衛、1766 年、卷一第七。
③ 中野柳圃『蘭學生前父』、早稲田大学図書館洋学文庫 08B57、出版年不明。

据既有中国医学哲学的诸概念创造出一系列的新词汇。

　　起源自江户中后期持续到明治时期的日本兰学翻译被不少学者看作是日本近代化的原动力之一[①]。在近代化过程中日本翻译了大量的西方科学技术、社会政治、法律经济类书籍。而在翻译过程中创生出相当数量的汉语词汇至今仍活跃于日语和现代汉语之中。这些词汇的强大生命力一方面源自于对原概念深入理解后翻译的精准性，另一方面也是对本土学术体系和文化话语体系深刻反思和活用的产物。日本在近代医学翻译中对中医思想的再生和活用是翻译实践中东西方文化融合的优秀范本。

　　日本近代医学翻译得以先行的原因虽然多种多样，但这些翻译术语词汇得以存续则是有其共性的，即日本学术近代化固然受西方的刺激和影响，但并不是对西学的简单复制和"西化"，而是通过术语翻译消化西学的"化西"行为[②]。基于东方传统医学思想的日本幕末医学翻译对我国当代术语翻译理论和实践也有很多重要启示：从文化传承角度来说，基于本民族固有文化体系的术语翻译才能更有文化渗透力和持续性；从翻译词汇选择来说，立足汉语本位，充分考虑汉语的构词优势和表意特征才能使翻译的术语拥有更为强大的生命力；从文化融合角度来说，术语民族化策略则应融通中外学术精华，将借鉴外来文化与继承本族文化传统有机结合。幕末日本西医术语翻译中基于中医哲学内化西学概念的做法正是一个范例。

作者简介： 赵熠玮，男，1984年生，哲学博士，南京理工大学外国语学院副教授、东京大学人文社会系研究科外籍研究员，研究方向为日本文化史、日本思想史。

[①] 赵德宇："日本近世洋学与明治现代化"，载《南开学报（哲学社会科学版）》，2010年第3期，第12页。
[②] 张景华："'西化'还是'化西'？——论晚清西学翻译的术语民族化策略"，载《中国翻译》，2018年第6期，第28页。

饮食、文化与国族认同：日本料理的形成与变迁
——社会史的视角

施 超

【摘 要】食物具备呈现集体意识和表述集体认同的作用，也可以作为"我是谁"的判断和解释。从中世传统的大飨料理、怀石料理到近世的折中料理、战时的军事饮食体系乃至现代"洋中和"多元料理，日本饮食体系在演变与建构的历史过程中受到国家政治、知识技术、帝国主义和经济扩张等驱动力共同模塑的影响。作为民族料理的典范，现代日本料理在承袭自中世以来各历史时期的饮食文化传统内核之基础上，也透过产业和文化政策的论述引导而成为认同的依据与工具，并最终达成了对内建立集体意识与国族认同、对外建构国家品牌与形象的目的。

【关键词】饮食；日本料理；文化；国族认同

一、绪论

饮食对每个国家和民族的群体生活都不可或缺，人类在历史上一直不停地进行着食物的生产、加工、调理、饮食这一循环。食物不仅是适合"食用的"，更是适合"用来思考些什么的"。关于"日本料理"或日本饮食生活的研究成果有很多，日本最早从历史角度对食物进行的研究始于明治时期，主要著作有：小鹿岛果纂《日本食志——日本食品滋养及沿革说》(1885)，宇津宫黑龙的《食物史》(1923)，樱井秀、足立勇的《日本食物史》(1934)，小泽滋的《日本的食物文化》(1940)，森末义彰、菊池勇次郎的《食物史》(1953)，青木英夫、

大冢力的《食物文化史》（1957），樋口清之的《日本食物史——食生活历史》（1960），下田吉人的《日本人的食生活史》（1965），原田信男的《江户料理史》（1989）等①。这些著作对食材、加工品、烹调方法等的发展进行了描述性考察，虽然个别著作也以"文化"冠名，但文化方面的分析不多，大多是一些随笔。川名光子对日本饮食史进行了纵向研究，较全面地概括了从太古、奈良、平安、室町、江户直到明治时期的料理样式②。在饮食文化方面，和仁皓明认为，除了自然条件、技术和社会规定（rule）这三大饮食文化的形成因素外，对外部饮食圈的学习模仿和同化很大程度上影响了二战后的日本饮食变化③。河野一世指出，日本人面对外来饮食文化时并非全盘接受，而是会按照日本世代传承下来的嗜好对其加以改良，因此日本的饮食一直处于不断创造的过程之中④。冈田哲分析了为何自明治维新以来，日本在仅仅一百年内就成为可以享尽世界各种美食的国度的原因：日本民族是杂食性很强的民族，虽然日本有乡土料理，但并不存在形成固有民族特色料理的土壤⑤。此外，山下光雄关注文本本身，对明治、大正时期关于食文化的出版物进行了爬梳⑥。国内学者徐静波梳理了日本料理的发展史，并通过饮食表象探讨了其内在的文化意蕴⑦。这些关于日本料理的研究大多就一般饮食史、文化意涵或美学特征等方面进行探讨，少有专注日本料理的发展与社会政治变迁尤其是国族认同的建构之间的重要关系。而国族认同在日本文化中占据重要地位，日本人心中普遍存在

---

① 江原絢子：「食文化研究のあゆみと研究方法」，『日本家政学会誌』2019 年第 5 期、第 297-302 頁。
② 川名光子：「日本の食生活の変遷と伝承について」，『調理科学』1990 年第 2 期、第 121 頁。
③ 和仁皓明：「食物文化の形成要因について」，『食生活総合研究会誌』1991 年第 1 期、第 46-50 頁。
④ 河野一世：「食文化の受容と変容「だし」の視点から」，『日本家政学会誌』2017 年第 10 期、第 547-553 頁。
⑤ 岡田哲：「洋食と日本人（YOOSHOKU for Japanese）」，『日本食生活学会誌』2001 年第 4 期、第 314-317 頁。
⑥ 山下光雄：「明治，大正期の出版物が食文化に与えた影響」，『日本食生活学会誌』1994 年第 1 期、第 38-41 頁。
⑦ 徐静波：《和食：日本文化的另一种形态》，北京：北京联合出版公司，2017 年。

强烈的国族自豪感，同时，"迄今为止的旧统治阶层正是通过国族建设的'公定模型'才得以成立，可以说，日本的国族认同深受历史背景和国家建构的影响。"① 因此，要讨论"日本料理"的建立问题，就不能绕开政治与国族认同的影响。为了能更好地在饮食这个分析空间里有所斩获，同时带入历史时间的潮来潮往、人们的饮食取舍以及国族边界的环境秩序，我们需要先对"认同"以及"饮食与政治变迁"的理论框架进行梳理。

社会学意义上的"认同"（identity）通常指涉三层递进的含义：第一层意义是"同一/等同"（oneness/sameness），指某事物与另一时地之另一事物为相同事物的现象。如洛克（John Locke）在《人类理解论》中讨论"同一性"（identity）时指出："如果我们把一种事物在某个时间和地点存在的情形，与它在另一个时地的存在情形加以比较，就会形成同一性（identity）和差异性（diversity）的观念。"② 第二层意义是"确认/归属"（identification/belongingness）。"确认"是指一个存在物经由辨识自己的特征，从而知道自己与他物的不同，肯定了自己的个体性；"归属"则指一个存在物经由辨识自己与他物之共同特征，从而知道自己的同类何在，肯定了自己的群体性。第三层意义是"赞同/同意"（approval/agreement），通常这层含义表达出相当明显的"主观意志"，带有意志选择的色彩。例如，弗雷德里克·巴斯（Fredrik Barth）的一个关键命题是：单纯送出认同信息是不够的，这则讯息必须被重要他者接受，如此才能说，认同被采纳了③。与此同时，隐藏于认同的这三个含义之下的是两个基本逻辑——"时间"和"象征"。时间逻辑强调认同是个过程，是个实际的成就，无论个人认同还是集体认同都是内在与外在定

---

① 田辺俊介：「日本のナショナル・アイデンティティの概念構造——1995ISSP: National Identityデータの実証的検討から」、『社会学評論』2001年第3期、第398-412頁。
② John Locke, *An Essay Concerning Human Understanding*, Philadelphia: University of Pennsylvania Press, 1999, p.312.
③ Fredrik Barth, *Process and Form in Social Life: Selected Essays of Fredrik Barth*, vol.1, London: Routledge, 1981.

义过程的辩证互动。彼得·伯格（Peter Berger）和托马斯·卢克曼（Thomas Luckmann）在《现实的社会构建》中指出："认同是在'社会过程'中形成的，一旦晶化，它会持续被各种社会关系所维持、修正，甚至是再塑形。"① 理查德·詹金斯（Richard Jenkins）强调："时间对认同过程很重要，因为认同的宣称或归属，即使只是在逻辑层次上，都会引致连续性。社会连续性导致了安置有意义之过往的必要性。过往是个重要资源，对个人而言，过往是记忆；就集体而论，便是历史。"② 而象征逻辑则强调认同透过"差异"而被标示出来，认同借由象征符号标示出你我之间的分野。凯瑟琳·伍德沃德（Kathryn Woodward）在《认同与差异》中指出："认同是关系取向的，而差异则是由与他者相关的象征系统所建立的。差异的标示是任何一个分类系统的关键要素。"③ 例如，在国族认同的主张中，国旗、民族料理就是标示差异的象征系统。此外，李维史陀（Claude Lévi-Strauss）以食物为例指出，食物是象征意义的带信者（bearer），食物可以担任意符（signifier）的角色，人们的饮食习惯及相关仪式，至少在某个程度上，指出了"我们所吃的那些东西代表了我们"④。一般来讲，认同可分为个体认同和集体认同，本文所关注的国族认同属于集体认同的重要面向。关于国族认同（national identity）⑤这一概念，学界已有丰富的研究成果，鉴于篇幅有限，另辟专文讨论，在此仅界定"国族认同"为：认同归属于由共同生活之信念、历史连续性、集体能动性、特定的领土以及公众文化等条件所构成的共同体。无论是安德森（Benedict Anderson）还是詹

---

① 彼得·伯格（Peter Berger）、托马斯·卢克曼（Thomas Luckmann）：《现实的社会构建》，汪涌译，北京大学出版社，2009年，第142页。

② Richard Jenkins, *Social Identity (Second edition)*, London: Routledge, 2004, p.26.

③ Kathryn Woodward, *Identity and Difference*, Thousand Oaks: Sage Publications, 1997, p.12.

④ Kathryn Woodward, *Identity and Difference*, Thousand Oaks: Sage Publications, 1997, p.32.

⑤ 在Anthony Smith看来，national identity应翻译为"国族认同"，因为他认为nation出于state之建构，state只是近代初期的政治组织形态，当state结合了"族群核心"并扩大吸收其他边缘族群而形成nation state，这个新兴的政治文化组织实际上既是"国"也是"族"，所以national identity可称为"国族认同"。

金斯都认为，国族认同基本上是建构的，但它们是想象的（imagined），并不意味着它们是虚幻的（imaginary）。

本文涉及的关于"认同"的理论框架可概括为图1。

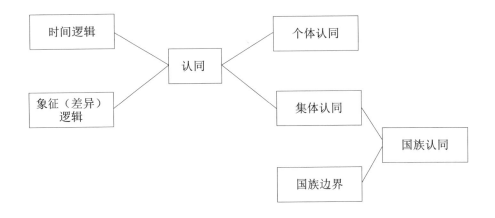

图1 认同的理论框架

对于饮食发展与政治变迁的关系，当前饮食研究的主流观点包括"全球化"与"国家建构论"两种取径。"全球化"取径认为，食物是理解社会关系、家庭和亲属、阶级与消费、性别意识与文化象征等的媒介，日益频繁的人与物的流动，以及全球化、移民、新的生产及运输技术会冲击到传统上关于食物生产与消费的概念，学者们有必要研究食物生产的政治，像是食物的生产、预备、供应的时机、方式以及理由等面向[1]。在全球化和跨国移民的背景下，食物移民——食物和烹饪实践在人类迁徙过程中的运动——开辟了多元区划交汇的领域，重新组织了有关本地、国家和全球的内容[2]。与此同时，"国家

---

[1] Sidney C.H. Cheung and Chee-Beng Tan, *Food and Foodways in Asia: Resource, Tradition and Cooking*, London: Routledge, 2007, p.2.

[2] Jack Goody, *Cooking, Cuisine and Class: A Study in Comparative Sociology*, Cambridge: Cambridge University Press, 1982.

建构论"取径则强调，我们应该将饮食研究放在文化治理的脉络下探讨，即国家如何随着社会、政治的变迁，使用饮食作为治理的工具，以此塑造国族的形象与意象①。例如，伊米兰（Walter A. Imilan）通过对在智利的秘鲁移民的研究指出，饮食文化通常被视为国家经济成功的表现，国家的战略部署在构建与饮食相关的国族认同叙事中具有独特的作用②。张博等人通过考察"和食"的近代发展经验后指出，日本现代意义上的"和食文化"体系是立法、科研、制造技术以及媒体、社会组织等多方面综合推动的结果③。如果说"全球化"取径注重讨论全球性贸易流通的兴盛如何改变了地方饮食的风貌，那么"国家建构论"则倾向于将饮食视为一种"国家文化与民族认同的建构"，即为了维持民族国家的独立性，国家往往会赋予食物和饮食特殊的意义，并且，这方面的研究往往将"焦点集中在现代化国家（如德国、日本、土耳其）的'官方'民族主义思想和殖民背景下的民族主义力量上"。④事实上，这两种取径并不互斥，本文就将以日本料理的社会史为例，来探讨国家建构与全球化的力量是如何合力促成了国族认同和民族料理的诞生的（分析框架如图2）。因此，本文将以日本饮食的历史变迁为主线，分析传统文化、国家政治、知识技术、帝国主义和经济扩张如何对日本料理的建构与发展产生动态影响，以及以国族认同为基础的民族料理又是如何被内部与外部的人们所确认并接受的。

---

①Gunjoo Jang and Paik Won K., "Korean Wave as Tool for Korea New Cultural Diplomacy", *Advances in Applied Sociology*, Vol.2, No.3, 2012, pp. 196-202.

②Walter A. Imilan, "Performing National Identity Through Peruvian Food Migration in Santiago de Chile", *Fennia*, Vol.193, No.2, 2015, pp.227-241.

③张博、张炳文、顾方哲："'和食文化'源考及近代发展经验"，载《济南大学学报（社会科学版）》2017年第3期，第139—147页。

④Atsuko Ichijo and Ronald Ranta, *Food, National Identity and Nationalism: From Everyday to Global Politics*, Basingstoke: Macmillan Publishers, 2016, p.86.

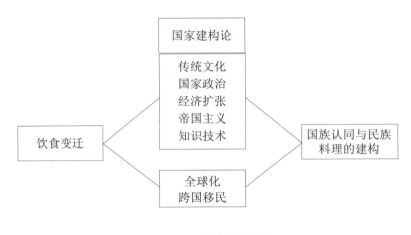

图 2 本文分析框架

二、传统日本料理的确立与发展

(一)日本料理的起源:古代国家的稻米取向与排斥肉食——食物消费的政治面向

在古坟时代,日本出现了统治各个地域并结成联盟的王,形成了倭国。出现在倭国联盟内部的主权斗争,通过大化改新的画上终止符后,倭国进行了内部改革,改革的结果就是建立了以中国为模范的古代律令国家[①]。"天皇"和古代律令国家的特性在水稻耕作问题上最为明显地表现出来,即其与以稻米为中心的饮食生活形态密切相关。

从历史来看,天皇最重要的任务就是稻作祭祀,天皇既是掌握稻作祭祀权的最高司祭,也是日本稻米文化的权威象征。于是,古代国家赋予了稻米最崇高的价值,架构了一个以稻米为中心的社会构造。此外,古代国家为了谋求稻米的稳定生产,更尝试排除另一种高营养价值的食物——肉类。国家于天武天

---

① 原田信男:《和食与日本文化——日本料理的社会史》,香港:三联书店,2011 年,第 44 页。

皇三年颁布了肉食禁止令，但禁止对象只是牛、马、犬、猴和鸡五类，而日本人长久以来食用的鹿和野猪都不是禁食对象。由此看来，古代日本禁止肉食并非源于佛教的伦理观念。再次，"禁令的时间限定和水稻耕作有密切关联，每逢水稻生长期以及有干旱、水灾之时，常常会禁止酒肉并通过官寺的僧侣诵经来祈愿水稻顺利生长。"①因此可以判断肉食禁令的目的是为确保水稻之收获。于是，古代国家的政治政策塑造了以稻米为中心配以鱼类和蔬菜的饮食生活模型。由此可见，古代国家的稻作祭祀和肉食禁令使得食物的消费方式具有了"政治面向"：食物"可食性"的界限处于变动之中，文化禁令对"什么能吃"和"什么不能吃"进行了某种区分，但这些界限却早已超出对食物的基本区分（健康有益的、有营养的、有毒的等）范围之外。

（二）中世饮食生活之流变：大飨料理、精进料理、本膳料理和怀石料理

现今所知最古老的料理样式是平安时期的"大飨料理"，即"盛大的飨宴"，贵族们在料理中投入极大费用以夸耀他们处于权力顶端的实力。大飨料理吸取了很多中国元素，例如偶数的器皿（成双的箸、匙）和唐式糕点。不过，因为大飨料理未发展出复杂的烹饪方法，所以刀工成为厨师在料理中卖弄手艺的方式。因此，强调食物的切法和摆法，外加严格礼法及豪华餐具，成为日本料理的一大特色并延续至今。5世纪左右，从中国传入的大乘佛教禁止食肉，"精进料理"得到长足发展。南宋时期，日本很多僧侣渡海到中国学习禅宗，并将在中国寺院中养成的饮茶风习和学成的精进料理带回日本予以实践。进入室町时期，"本膳料理"开始出现并被进献给室町将军，它有大量用火烹调的烧烤、煮菜和汤菜等菜式，不使用共享台盘而是摆上个人食台——膳，并按时间顺序品尝不同菜肴。精进料理和本膳料理的出现，表明传统的日本料理法几乎快要形成，但

---

① 原田信男：《和食与日本文化——日本料理的社会史》，香港：三联书店，2011年，第48页。

前者受食材的限制，后者又以仪式为主要目的，因此两者都很难成为流行的料理。于是在这种情况下出现了"怀石料理"，它与茶道的发展有密切关系。所谓"茶禅一味"，随着禅宗文化在日本和明朝的交往中不断流入，饮茶之风随之普及①。所谓怀石，是在禅林中被称为菜石的东西，原本是以禅宗的修行僧把温石放入怀中忍耐饥饿的故事为由来的②。怀石料理中的侘茶精神要求茶人尽可能地别出心裁，追求敏锐的季节感以及巧妙地搭配应季食材，例如在适当时机端出温热并充分调理过的料理，重视食物摆盘的立体感和平衡感。因此，怀石料理的出现确实是日本料理史上的一大变革，也代表着最上乘的料理样式的诞生。总体而言，中世时期的日本饮食受传统文化和中日交流的影响为主，国族差异的早期接触带来的是学习和模仿而非自我认同。

（三）近世传统料理文化的普及——塑造共同体意识

告别了地方分权式的中世社会，江户幕府实行中央集权式的国家体制，开创了一个新的近世社会：在政治方面，建立了以幕府为中心的幕藩体制；在经济方面，采用了以稻米为计量单位的石高制③，将所有的耕地以及房地产都换算成稻米的预产量，强制人民用稻米支付租税。此外，知识在社会的存在形态也和中世有了很大变化。近世的幕府体制采用了几乎史无前例的文书主义，通过兵农分离实现了没有武士的村落，取而代之的是让名主等村落官绅制作有关田地和村民的各种簿册，再通过文书往来支配村落。也就是说，在全国各地的村落中出现了很多识字的人。这种知识的存在形态一改中世人们通过口头传授料理的方式，而可以通过印刷文字信息来共享料理文化。对庶民来说，近世的料理文化经过这层演变就变得更加容易亲近，因为相较于口头传授的稀少与神秘，

---

① 冯玮：《日本通史》，上海：上海社会科学院出版社，2008年，第263页。
② 后藤纮一良：《正宗怀石料理》，黄颖凡译，台北：农学总经销，2004年，第4页。
③ 石高制：把田地以及房屋、地产等土地的农业生产力以稻米来换算的经济及政治制度。这一制度在16世纪后期，由丰臣秀吉的"太阁检地"得以稳固。

印刷文字具有可复制性与传播性，可以创造越来越多的读者群众和交流场域，而这些被印刷文字所连结的"读者同胞们"会不自觉地形成一种"'我们'吃一样的食物"以及"这是'我们'的料理"的想象共同体的胚胎。于是，经济体制改革和文书主义带来的赋税方式、文字、印刷知识将赋予饮食生活一种"固定性格"（fixity），这种固定性格在经过长时间发展之后就能塑造出主观的"共同体"意识和"民族料理"的原型。

三、从传统迈向近代：明治开化与西洋料理的吸纳

日本是工业资本主义以及帝国主义的后来者。明治初期，日本政府期望透过广泛的西化以提升国际地位，以"文明开化""富国强兵"为名展开了根本性的改革。政府借由宣布"王政复古"将废除幕府制度与将军之举合法化，希望模仿19世纪欧洲的君主立宪制度并在经济上进行工业化[1]。为此，明治政府推行了很多政策，包括：视察欧洲，聘请外国知识分子；派遣留学生，学习欧美的社会体系和生产技术；大力发展工业，谋求国家的资本主义化；组织强大的军队，发动以侵略为目的的战争。于是，在这一系列建设近代化国家的过程中，人们也渐渐开始接触接近欧美的生活文化模式。

（一）为"文明开化"而吃：肉食解禁与西洋料理的流行

继1854年的《日美和亲条约》后，日本又于1858年与美国签订了《日美友好通商条约》，于是出现了诸如派遣使节团等往返美日的交流阶层。虽然对于已在历史长河中适应了稻米、鱼类和蔬菜为主食的日本人来说，刚开始接触以小麦、肉类和乳制品为主体的料理体系时是极难适应的，但这种不适应并没有

---

[1] Atsuko Ichijo, *Nationalism and Multiple Modernities: European and Beyond*, Basingstoke: Palgrave, 2013.

一直持续，在多次体验了异国料理的人群中，也出现了介绍并推广洋食的人。例如参加了三次派遣团的福泽谕吉，他在全面考察了欧美社会后编写了《西洋衣食住》和《肉食说》，从营养学的角度鼓励日本社会应普及肉食。此类启蒙运动对日本的饮食近代化产生很大的推动作用，西洋文明对19世纪后半叶的日本产生强大的同化影响。例如，"在正式外交场合与国际典礼中采用西式晚餐，可使外宾对日本能成功模仿西式外交惯例之能力感到惊叹，如此透过与'西方'的联手合作也能强化政府在国内的权威"[1]。为了真正让西洋料理在日本扎根，也出于外交政策的考虑，明治四年（1871），宫中解除了肉食禁止令，各地方城市也陆续出现了官营和私营的西洋料理店，且到明治十六年（1883）左右，这种欧化的饮食气氛已经慢慢向城市的平民阶层渗透开去。

除此之外，明治政府还通过对国内养牛业的鼓励措施来推广人们食用牛肉；另外，知识分子们也常引用西方科学期刊反复讨论西洋料理与养生的关系，宣称肉类对人体的健康与强壮均有好处。在社会达尔文主义和西方科学论述的影响下，西方人的强壮体格被视为种族优越的象征，日本人甚至也开始认同肉类是知识与道德能力的重要来源。但也有学者认为，"采用西式饮食是日本追赶西方的现代化国家使命的重要体现，其基本前提是日本社会和人民在生活许多方面（包括体质）的自卑心理。"[2] 总体而言，此种将肉类（重新）引入日本饮食体系是自上而下的举措，是"文明进步"的重要组成部分，主要受政治改革与科学启蒙的影响。其中，国家政治力量起主导作用，科学知识为其提供理性基础。然而，日本此时的饮食价值观与国族意识均受到具有压倒性优势的西洋文明的极大冲击。

---

[1] 卡塔尔兹娜·克威卡（Katarzyna J. Cwiertka）：《饮食、权力与国族认同》，陈玉箴译，台北：韦伯文化国际，2009年，第14页。

[2] Atsuko Ichijo and Ronald Ranta, *Food, National Identity and Nationalism: From Everyday to Global Politics*, Basingstoke: Macmillan Publishers, 2016, p.89.

（二）西洋料理的日本化：折中料理——在差异中确立自身

西洋料理在日本流行起来主要是因为获得了上层阶级的强烈认可，大众才开始模仿享用，将之视为提升社会地位的象征。但在日本社会，人们的生活并没有由于文明开化而骤然为之一变，由于饮食生活自身的保守本质，要简简单单把西洋料理照单全收是不可能的。例如，在肉食解禁后，牛肉进入人们的饮食范畴，但不同于西洋料理中牛肉的烹饪方式，最受日本人民喜爱的是牛锅（如"寿喜烧"），而牛锅采用的还是和式调味，即人们虽然在文明开化的名义下开始尝试牛肉，但其做法和口味仍然属于日本料理的范畴。从这个角度看，牛锅算是极具代表性的日本化了的西洋料理，而到了明治后期，这种折中化、在地化的趋势更为加速发展。于是，为了与"洋食""洋点心"相抗衡，新类别的折中料理概念——"和食"就带着新时代的象征意义成立了[①]，也就是说，在经过了早期的尝试模仿后，"和食"在与西方饮食的碰撞过程中得以确立，这贴切地表达了认同基于差异的象征逻辑。并且，折中化的"和食"也体现了近代日本饮食文化的嬗变特征，即"主动汲取各种外来因子来充实原本的内涵，拓展既有的外延以得到新的更生发展"。[②]

综上所述，从整个日本社会来看，日本料理仍旧是近代全民饮食的中流砥柱，是最贴近庶民生活的饮食样式。只不过与此同时，通过国家的政治外交政策和知识分子的启蒙活动，肉食和西洋料理得到普及，人们的饮食生活也逐渐迈向近代化和多元化。我们基本可以认为，到此为止的日本料理体系是伴随着古代国家天皇取向、传统文化、佛家文化直到近代的文明开化改革的共同形成结果，这其中虽有国家政策的引导，但尚未出现明显的国家打造"民族料理"的建构意涵。但尽管如此，我们还是不能忽视已经存在的两个布局民族料理的

[①] 秋野晃司：「食文化研究の成果と課題（Achievements and Future Challenges of Food Culture Studies）」,『女子栄養大学紀要』2017年第48期、第33-39頁。

[②] 徐静波："多元发展：东亚文化在全球化时代更生的一个途径——以日本饮食文化在近代的嬗变为例"，载《日本问题研究》2011年第4期，第39—46页。

潜在因素：第一，幕府保持了两个半世纪的平靖与孤立，日本在"族群－文化"面上达成了较高的同质性，而半汉字化的表意系统可为日本料理的知识传播奠定文字基础；第二，天皇所独有的古老性及其被赋予的象征意义，使得天皇极易为日后的官方民族主义[①]所用，而官方民族主义一旦兴起，包括建构日本饮食文化在内的国族认同的意图就会浮出水面。

四、近代日本的料理论述与饮食管理

（一）大正、昭和时代的市民社会与日本料理——论述、营造集体认同

近代日本资本主义有志脱亚入欧，通过持有殖民地来促进自身的发展。通过甲午战争和日俄战争，日本统治了朝鲜、台湾、南桦太等地。当时的日本致力于军备扩张和重工业的扩大，提出"充实国防""经济立国"等方针，钢铁、造船、机械等重工业兴盛起来，银行以及各种公司亦急速成长，这些企业的上班族开始登上社会舞台[②]。明治末年，义务教育时间的延长以及高就学率，孕育出公务员、记者、律师、大学生等新的社会中间层。与此同时，工业化使得传统手工业渐渐销声匿迹，寄住在大城市里的工人则成为社会下层。到了大正时期，上班族等中间层和下层劳动者等无产阶级，开始在政治舞台上发声，开展了被称作"大正民主"的民主化运动，而人口快速聚集的大都市里则形成了市民社会。这个经历了明治维新和近代工业化的大正社会，培育出日本第一个真正具有共同体意识的市民社会。

随着社会的发展，市民的衣食住行也发生了很大变化：大都市的郊外建起了西洋风格的住宅，市中心出现了钢筋水泥的大厦，百货商店、大众杂志、无

---

① 本尼迪克特·安德森（Benedict Anderson）认为，相对于第一波美洲殖民地独立运动的民族主义和第二波欧洲的"群众性民族主义"，日本的民族主义属于第三波——"官方民族主义"，即统治阶级收编群众性民族主义，使之与旧的"王朝原则"相结合，同时将此统治策略应用至殖民地的先期策略。

② 冯玮：《日本通史》，上海社会科学院出版社，2008年，第487页。

线广播都进入了市民的生活。在饮食上，日俄战争以后，啤酒需求加大，西餐佐料国产化，人们发现了维生素并开始销售化学调味料，在烹饪的时候开始使用几合①等度量衡方法。除此之外，日本正式引进了西洋的营养学，1920年，设置了内务省营养研究所和营养学会，开始关注食物的卡路里等营养问题。也正是在这个时期，人们开始从社会认同的角度出发，真正地探讨与论述日本的民族料理。1925年，众议院议员木下谦次郎刊行了《美味求真》；1927年，大众作家子母泽宽开始在《东京日日新闻》上连载《味觉极乐》；1931年，因在西域探险而闻名的西本院寺门主大谷光瑞在刊行的《食》中从多角度有系统地论述了日本料理理论②。如此，日本进入了政治家、小说家和宗教人士等都从正面论述建构日本料理的时代。相比较江户时期的出版印刷，这一时期的系统性出版论述更具"科学性"与"权威性"，传播范围更广，速度更快，能迅速营造一种"这就是'日本料理'"的集体认同并被市民社会广泛接纳。

（二）战时动员下的军事化食物管理

1937年，卢沟桥事变爆发，日本发动全面侵华战争。为了支持整个暴力机器的运作，对日本政府来说，食物资源的管理被认为具有独特的战略重要性。1938年日本正式颁布《国家总动员法》，赋予国家对于人力物力前所未有的强大控制权。1941年，政府又颁布了生活必需物资统制令，国家掌控食物的全权分配，并开始研究能让民众获取充分营养的科学方法。当时极权主义的政治条件让日本成功进行了各种影响深远的改革，以达到最高效的食物生产与分配。而另一方面，由于食物本身不沾染政治色彩，因此，这些关于营养的知识也能继续传承而不被销毁。1945年日本战败，战时生活的其他多种意识形态不断被

---

① 几合：度量衡单位，相当于中国的"钱"，原本是日本古代的度量衡，明治政府实施度量衡法后，规定了它和西式度量衡的换算标准。

② 原田信男：《和食与日本文化——日本料理的社会史》，香港：三联书店，2011年，第211页。

抹去、消除，但战时同样广为传播的饮食知识和技术有着不同的命运，即使在战时体制结束后，这些营养知识仍然不受干扰地被长久留存下来。因此，专家引导和营养知识在促成日本料理后续的同质化上，扮演相当关键的角色。资本主义生产的发展与全面征兵的开始，促使现代民族国家更为依赖他们国民的身体，这是前所未有的情形，健康的身体代表工人的生产力与士兵的战斗力，当身体素质与日常营养之间的直接关联日益明显，资本主义政府对于饮食相关事务的兴趣也就不断增加。

1938年，日本政府成立了厚生省（公共卫生部）以及十所专门训练营养学者的新机构，加快地介入一般国民的公共卫生，学校毕业生可以到多种公共营养机构工作，也可以到粮友会在全日本的各个据点工作。粮友会是一个旗下包含许多机构的组织，军方可以透过此机构影响一般民众的消费行为。例如，日本的罐头产品在1910年代打入全球市场，到1930年代，日本大众使用罐头食品的情形日益增多，造成此情形的主因是"营养的军事化"。当时在粮友会的领军下，政府透过许多措施将大量军事模式套用于大众消费，说服大众效法军队用餐，以追求有效率的营养供给。1942年，日本又颁布《食粮管理法》，开始采用全国统一的食粮配给系统。透过这些做法，注重效率的军事模式逐渐套用到整个社会并达成营养的军事化。

此外，募兵在国族认同中的作用得到充分证明：首先，战时统一的食物配给系统和共同烹饪促成了日本饮食同质化的进程，使得日本料理在不同地区、社会阶层间的差异于1950年代趋向同质化。其次，对于在外服役的士兵来说，食物在其非常感性的面向上，通过实质性的集体参与减轻了士兵因流离失所而造成的破碎感（fragmentation）和不连续感（discontinuity），从而充当了重现"家庭"环境的媒介。从这个角度看，"国族认同就是理想化的'家'的概念"。[1] 而

---

[1] Marta Rabikowska, "The ritualisation of food, home and national identity among Polish migrants in London", *Social Identities*, Vol.16, No.3, 2010, pp. 377-398.

当士兵服役结束回家后，又会带回很多在外吃过的食物的新知识，从而为"日本料理"概念边界的建立做出贡献。最后，战争确信了肉类的营养价值，这和将普通日本人的饮食同质化一样，都是政府为实现增强军力目标而有意采取的行动。但肉食推广并没有将稻米从日本饮食的中心位置移走，政府的食物配给系统将稻米定为全国共同的主食，"稻米象征着最有力的且营养最丰富的而被保存下来，输送给人口中最宝贵的部分——士兵"[1]。于是，白米的纯洁与"日本精神"之间的联系得到了明显的增强，认同在文化中被生产、消费与管制，并透过再现的象征系统产生了意义。这里，日本帝国主义也呼应了前述"官方民族主义一旦兴起，势必会出现建构国族认同的强烈意图"之观点。

五、日本帝国主义对料理的影响："日本—西方—中华"文化三角的形成——建构国族认同

如前所述，西方世界对现代日本的打造具有强大影响力，日本现代性的基石，包括物质商品、行为实践以及源自西方的理念想法，这几项要素逐渐融入日本文化脉络中并最终形成独特的"日本认同"（Japanese identity）。但事实上，日本料理不仅仅吸纳和改造了西洋料理，而且还更多受到中华料理和朝鲜料理的影响。

自弥生时代以来，日本就一直借鉴中国的文化，除了稻米耕作这一大技术外，日本料理的核心要素——味噌、酱油、豆腐以及面条，都受到古代中国文化的影响。在近世，中国人在日本的居住地仅限于长崎，进入明治后期，则扩散到了横滨以及神户等地，随着双边贸易的扩大，开始出现中华街和中华料理店。至二十世纪二三十年代，中华料理市场逐渐在日本打开，而当时帝国主义

---

[1] Emiko Ohnuki-Tierney, *Rice as Self: Japanese Identities through Time*, Princeton, NJ: Princeton University Press, 1993, p.106.

扩张论也开始主导公共领域的讨论。

1876年，日本强迫朝鲜打开商港贸易，1895年，日本侵占了第一个殖民地——台湾，十五年后，日本也在朝鲜于1910年正式殖民。直到1945年，日本失去所有殖民地。然而，即使在日本帝国扩张梦崩解之后，殖民的历史还是持续影响日本的饮食习惯。殖民期间，有一百万以上日本人居住在朝鲜，及包括台湾在内的中国部分领土，加上几十万曾在这些地方作战的军人，都受到异国食物的熏陶，从而对这些食物在战后日本的普及化扮演了重要角色。比如当时在东京的一家著名中华料理店里的招牌菜荞麦面，后来经过改良在1950年被改称为拉面，从此拉面逐渐在日本"民族料理"中占据了重要地位。此外，以支配殖民地为基本方针的帝国主义必然伴随着殖民地人口向本国移动的现象。1920—1930年，在日本的朝鲜移民增长了近十倍，以补充战争工业里的人力短缺。1945—1949年食物严重短缺时期，日本人开始接触朝鲜人在黑市摆卖的饮食摊。由于朝鲜饮食摊的主要食材是动物内脏，这也迫使日本人首次打破他们过去认为内脏为不洁食物的偏见。1949年肉类配给令解除后，这些朝鲜饮食店便逐渐以肉类取代原本的内脏，后又开始被称为烧肉店①。1992年，日本甚至建立了"全国烧肉店经营者协会"，出版了《烧肉文化》月刊，并将每年的8月29日定为"烧肉日"②。时至今日，烧肉也是日本最受欢迎的经典菜肴，这清楚说明了朝鲜人在日本肉食的普及上扮演的重要角色。

日本帝国主义下的殖民统治与意识形态，使得日本统治阶层在与亚洲其他族群的碰撞中重获了"自信"，并不断勾勒自己的民族形象。此外，日本帝国主义因战事和殖民而带来的"食物移民"为日本饮食开辟了多元区划交汇的领域，使得饮食体系在"日本—西方—中华"的文化三角中找到新的行为与意义的可

---

① 卡塔尔兹娜·克威卡（Katarzyna J. Cwiertka）：《饮食、权力与国族认同》，陈玉箴译，台北：韦伯文化国际，2009年。
② 徐静波："日本饮食文化中来自朝鲜半岛的要素"，载《韩国研究论丛》2008年第1期，第437—457页。

能性，这对于现代日本料理的建构具有统合（unifying）与大众化（democratizing）的功能，因而此三角在20世纪中期成了现代"日本料理"这个结晶的基础架构。

六、现代日本民族料理的打造与国际化——强化国族认同

从1955年到1973年，日本呈现了世界罕见的高度经济增长，这18年间，日本经济先后经历了"神武景气""岩户景气"和"伊奘诺景气"三个阶段。经济的增长带来了快速的城市化发展，专业农户显著减少，产业结构开始由农业为主导转向工业为主导。尤其是1950年代开始大力发展电器电子业，日本政府宣称要开创一个"理性明亮"的未来生活，从此电视机、电冰箱、电饭锅迅速普及。从美国传入的超级市场大量涌现，低温输送的物流体系逐渐完善，电视料理节目、煤气燃料输送系统纷纷走进普通家庭，学校开始与军事餐点一样以有效率的方式提供营养午餐并将午餐形式渗透到普通家庭，各种烹饪学校也开始出现以供家庭主妇们学习新颖的烹饪方法。如此种种，日本家庭料理的形态无论在方法上、食材上还是环境上都发生了革命性的改变。因此，国家不仅仅通过军队和教育系统，还通过面向家庭主妇的杂志、食谱等，通过现代性、经济需求和科学论述以实现其传播、延续民族料理的目标。

1968年，日本的GNP跃升至资本主义国家第二位，70年代到80年代，日本克服了石油危机等种种不景气，经济进入了最为繁荣的时期。人们的饮食料理生活开始显著多元化发展，提供料理及餐饮的场所迅速增加，快餐连锁店、家庭餐馆、便当饭团这类快餐、外食、立食形式成为人们日常生活中不可或缺的生活方式，尤其是在都市地区。此外，美国菜在1970年代开始渗透进入日本的日常餐食中，肯德基和麦当劳等美国快餐店陆续被引入日本并迅猛扩张，外食向着时尚化和娱乐化的方向发展，日本的饮食生活深深受到以美国为中心的全球化浪潮的影响。在这种外食气氛的延长线上，还出现了"中食"快餐的形式，

即在家里或者职场上享受便利店的便当或其他调理好的冷藏食物，这和在1980年代开始普及的微波炉也有密切关系。

自1970年代以来，经济的富庶使得高级料理大众化，人们对外国饮食风尚日益熟悉，反而造成日本人对自己国内的产品和地方特产产生怀旧感和光荣感。当奢侈的外国料理不再是有钱人的特权，过去一向被视为更为优越的进口食品开始逐渐失去吸引力。相反，在日本国内种植或生产的在地化食物被认为同样具有良好品质、安全性以及完美的外表。随着都市化的推进，人们对于正在消失中的所谓"乡村/故乡"生活的怀旧情绪日益高涨，并且这种怀旧情结和自豪感借由公共媒体及旅游业予以发扬光大。京都地区传统蔬菜的复兴就是一个很好的例子，借由重新种植特定季节才有的传统蔬菜，京都作为日本文化与美食遗产之都的形象被大力宣传。

此外，鉴于一些广为人知的食物中毒事件的发生（如永森牛奶中毒事件、美油症事件），越来越多的日本消费者开始关心食品安全问题，并组织合作社（如"日本生活协同组合连合会"，简称JCCU）发起各种有机作物的运动。从此，拥有多元有机食物的销售网络开始致力于向会员提供有机耕作的产品。由此，在来自各个国家的多元美食竞相开发的同时，一批新的以无添加食品、自然食品以及乡土特色为代表的日本本土民族料理产品也勃然兴起并发展起来。并且，在全球化的过程中，日本料理和源自日本的食材也成功进军海外，比如：具有高度日本特征的快餐杯面以及猪骨汤拉面在今天已几乎遍及全世界；日本的大豆酱油于1973年在美国设立了工厂，被广泛食用；1979年，牛肉盖饭连锁店吉野家在美国洛杉矶开始了其国际推广；低脂肪的寿司也被视为健康食品扩张到欧洲以及亚洲各地。可见，推广饮食文化资源，"构建软实力，是战后历届日本政府的主要施政目标之一"[①]。

[①] 张建立："试析日本文化软实力资源建设的特点与成效"，载《日本学刊》2016年第2期，第123—136页。

综上所述，概览日本饮食前六十年的转变：从 1960 年代起逐渐发展的都市大众美食、学校营养午餐的发展、以美国为代表的超级市场和快餐文化的普及，到二十世纪七八十年代家电产品、即食食物以及外食市场的大幅增长，再到本土食材、有机耕作的兴起，我们可以看到，尽管全球化的发展带来跨国食品的扩散，但本土食品的生产与推广被迭代催生出来，且与国家景观和遗产的"浪漫理想"密切关联，这反过来有助于构建和复制足以代表本国精神的食物图像、口味和品质。"食物被标记为国家产品并被倾注民族情怀，生产并推广民族食物有助于维持民族归属感和消费者们所展示出来的以民族为中心的消费观念。"① 这些对民族料理形象的建构、推广都有助于国家对外宣称出"质"的"差异"（difference）和"意义"（significance），实现国族认同的象征逻辑。

七、结论与思考：日本料理、文化与国族认同

本文以日本的历史变迁为主线，从社会史的角度探讨了日本料理的复杂演变过程，以及不同历史时期的国家政治、经济、文化和科学技术对其产生的动态影响：首先，古代律令国家的稻米取向与排斥肉食的政策塑造了重米轻肉的饮食生活的模型原点；到了中世，大飨料理、精进料理、本膳料理和怀石料理的演进确立了传统料理的基本样式，将古代国家的料理渊源整合发展出与近世相接轨的更为考究和上乘的体系；近世社会的幕府政经改革以及大兴文书主义和文字印刷，使得"稻米＋蔬菜＋鱼类"的饮食模式得以定型，并且出现了在市场上能提供日本料理所需食材的社会环境和料理文化传播方式的改进，传统日本料理原型建立并得到普及，民众"共同体"意识得以塑造；明治时期，"文明开化"政策带来的肉食解禁、启蒙运动以及关于饮食的科学论述促进了西洋

---

① Atsuko Ichijo and Ronald Ranta, *Food, National Identity and Nationalism: From Everyday to Global Politics*, Basingstoke: Macmillan Publishers, 2016, p.63.

料理的吸纳和折中料理的发展，日本料理在与西方的碰撞中确立了自身；大正民主使得当时的市民社会进入正面论述"日本料理"的时代，迅速营造出对日本料理的集体认同；战时动员下的军事化食物管理带来了内部饮食同质化，保留了白米所象征的"日本精神"，在士兵中唤起"家"的感情，从而建构标准化的国族认同；与此同时，帝国主义取向带来的"食物移民"形塑出"日本—西方—中华"的文化三角，此文化三角奠定了现代日本料理的基础架构；最后，现代的经济繁荣、工业化与城市化带来大众饮食的全面革新以及"有机运动"，促进了本土化料理在全球化融合中的迭代更生，被倾注了民族情怀与归属感的民族料理进一步强化了国族认同，现代日本料理打造完成并进入国外市场。由此可见，纵观日本料理（Japanese national cuisine）从古至今的变迁与发展，它一方面仰赖日本人长时间累积的知识、文化与价值观，受到不同历史时期政治、经济与技术的影响，它与其他文化建构物一样，是新旧的混合，国族内部对它的认同是一个过程，建立在与过去所具有的连续性之上，毕竟认同不可能像商品那样视市场需求而迅速"制造"出来，"它需要经历一个血肉相关的社群长时间的共同实践，一点一滴沉淀而成"[①]，这体现了认同的时间逻辑；另一方面，日本料理之所以得以明确自身的边界与内涵仰赖与他国饮食之间的互动，从近代折中料理的发展开始，到在全球化浪潮（同化原则）中开发本土料理（差异原则）、最后获得全世界认可，都体现了认同的象征逻辑。作为一种政治、经济与知识的权力媒介，现代日本料理最终达成了对内建立集体意识与国族认同、对外建构国家品牌与形象的目的。（研究结论如图3）

[①] 黎熙元："全球性、民族性与本土性——香港学术界的后殖民批评与香港人文化认同的再建构"，载《社会学研究》2005 年第 4 期，第 189—246 页。

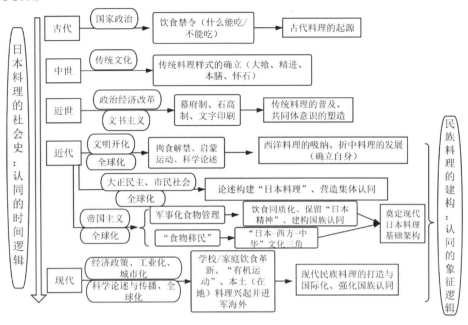

图 3　研究结论框架图

国族认同是在"群体认同化"和"族群类别化"的辩证互动中形成的，其中，国族的内在界定是群体认同化，国族的外在定义是族群类别化。在群体认同化面向上，民族文化由国家建立并借由教育、科层网络向下散布，它作为一种基本的"社会接着剂"（social bond），把民族成员都牢固团结在一起，使得此民族的成员最后都"遗忘"了他们原本多元的文化源头，而认定自身隶属一种单一而统合的民族文化。饮食就是民族文化中十分关键的表达方式，能在日常生活中潜移默化地传承国族认同。例如，日本的学校与家庭主妇借由每天准备的午餐，将日本文化重视集体秩序的价值观以及国族的疆界意识形态深化在孩童心里。因此，民族料理最显著的特征，就是能够弭平不同地区与阶级之间的差异，创造出一种全民族的人都愿意认同且热衷的饮食文化。在族群类别化面向上，民族料理得以归类的基础在于与异域群体和异域文化的互动交流。民族料理是不可能在一个国家/民族的内部完成发展的，饮食与文化的认同建立在饮食与文化的差异之上。正如巴斯所说："'我族'边界的确定不能不依赖与'他者'的接触，接触中的族群维持不仅仅意味着认同的标准，而且也意味着允许文化差异迁延的互动的构建。"[①] 食物具备呈现集体意识和表述文化认同的作用，也可以和能够作为"我是谁"的判断和解释，即人们的饮食方式能将"被包括在内"的那些人标识出来，以便与局外人（outsider）的饮食方式有所区隔。因此，如今每个民族均有其独特的料理，每种菜也都有其"国籍"（中国菜、意大利菜、法国菜等）。

事实上，"民族料理"（national cuisine）（兴盛于19、20世纪）这个概念的蓬勃正是源于有越来越多的人，在这个概念中确认、描摹他们自身的存在。仅围绕地方生活而发展的认同感及文化价值，在过去两百年中已逐渐扩展为国家性与全球性的视野。而美食的全球化则更有助于巩固民族料理的认同，因为全球化本身存在固有的二分法：一方面，正如"麦当劳化"的想法，通过在全球范围内实现同质化，全球化的蔓延将限制民族主义和民族制造；而另一方面，各国在全球语境内利用食物（如外交、经济）的愿望需要将其纳入国族认同的特殊性框架。这于是同时带来了全球化和本土化的过程，我们也因此看到全球化对民族主义的内在悖论——全球化终究不是一个使全球文化景观弭平的过程，而是为其增加越来越多"层次"的过程。

作者简介：施超，上海杉达学院管理学院副教授，台湾政治大学社科院社会学系博士研究生。研究方向：文化社会学、人口社会学、认同政治、社会学理论。

[①] 弗雷德里克·巴斯（Fredrik Barth）：《族群与边界——文化差异下的社会组织》，李丽琴译，北京：商务印书馆，2014年，第7页。

【文献学】

近代日本对西南地区的调查及文献研究[①]

刘 岩　朱明贤

【摘　要】日本明治维新以降，随着"大陆政策"的提出，对外殖民扩张之野心日甚。为此，日本集中大量的人力、财力、物力，对中国进行了大规模的、长期的、有组织的调查。地处中国西南边陲的云南、四川、贵州三省亦在此调查之列，相关调查成果未在少数，且对云贵川三省的相关调查常跨区域、跨民族进行，形成涉及西南地区整体调查。有鉴于此，本文以晚清民国时期日本对云贵川三省的调查资料为基础，对这一时期日本西南调查进行时间和空间上的梳理，并就个人及相关机构西南调查的内容进行揭示，明晰晚清民国时期日本西南调查的侵略实质，同时为相关学者西南地区研究提供他者视阈下的参考及历史文献资料。

【关键词】近代；日本；中国西南地区；调查活动；史料编译

1853 年，美国海军将领佩里率舰队打开日本国门，经此"黑船事件"，日本很快开国，以西方为效仿对象进行了一系列的改革，史称"明治维新"。在这一过程中，日本一方面大量吸收西方的知识技术和文化，一方面努力捍卫本国的文化独特性，转向"和魂洋材"的发展模式，这刺激了日本的世界潮流和

[①] 本文为国家社会科学基金一般项目"日本近代中国西南调查及馆藏图文资料整理与研究"（项目编号：22BTQ013）的阶段性成果。

亚洲意识①，迫切想要对亚洲乃至世界进行调查研究。而实际上，早在清末民初，日本的一些组织和个人就深入到中国内陆及边疆地区，从事形形色色的调查及其他活动，并留下了为数众多的调查报告、见闻游记等文献资料②。西南地区虽地处中国内陆，却亦在日本相关调查之列。

尽管西南所指的范围在不同时期、不同领域和不同语境下存在着差异，但云南全省及四川和贵州邻近云南的部分始终是从未被排除的范围③。日本所谓"西南调查"也多与云南、贵州、四川三省紧密相关，围绕三省范围进行，且由于不可跨越的地理和民族因素，日本对于云贵川三省的相关调查常跨区域、跨民族进行，形成西南地区的整体调查。因此，本文所论西南地区范围主要是以云南、贵州、四川（晚清民国时重庆属于四川省，在此不作单独讨论）三省为主的地区范围。

日本对于西南地区的调查及形成的文献资料一直是国内学者关注和研究的焦点之一。车辚对清末民初在云南游历和工作的外国人的活动进行了详细的阐释④；杨志强、罗婷聚焦日本人类学家鸟居龙藏在20世纪初对中国西南地区人类学的调查，对其产生的影响进行深入分析⑤。李彬以《中国省别全志（四川卷）》为研究范例，对清末民初日本对川渝地区的调查内容进行梳理，并指出日本川渝地区调查的现实意义⑥。纵览国内学者的既往研究，多以某一机构、某一文献

---

① 葛兆光："亚洲史的学术史：欧洲东方学、日本东洋学与中国的亚洲史研究"，载《世界历史评论》2021年第2期，第4页。
② 张明杰："近代日本人涉华边疆调查及其文献"，载《国际汉学》2016年第1期，第1页。
③ 何明："从殖民主义、民族危机到民族国家重建、文化自觉——《西南边疆民族研究》序言"，载《西南边疆民族研究》2009年第00期，第1—2页。
④ 车辚："南方丝绸之路上的陌生人——清末民初在云南游历和工作的外国人述略"，载《云南农业大学学报（社会科学）》2015年第3期，第113—122页。
⑤ 杨志强，罗婷："20世纪初鸟居龙藏在中国西南地区的人类学调查及其影响"，载《民族研究》2016年第6期，第51—60页，第124—125页。
⑥ 李彬："清末民初日本对川渝的调查——以《中国省别全志》四川卷为研究范例"，载《西南民族大学学报（人文社科版）》2019年第1期，第193—197页。

资料、某一学者或某一省份的单一视角进行切入分析，鲜有区域整体视角下的研究及调查机构的总体梳理。有鉴于此，本文以晚清民国为时间节点，以日本对西南地区的调查资料为基础，对这一时期日本西南调查的个人及机构进行梳理，并对相关调查内容进行分析阐释。

一、近代日本在中国西南地区的调查活动数据分析

（一）数据来源

本文数据主要来自日本学术论文数据库（CINII）和日本国立国会图书馆（NDL ONLINE），在上述数据库中以"云南""贵州""四川""重庆"为检索关键词，以1945年（不含1945年）以前为检索时间节点进行模糊检索，检索题目及内容中包含关键词的数据。对于所得数据进行人工整理和筛选，删除重复及与本文所研究内容无关的数据，最终获得晚清民国时期日本关于西南地区调查的数据2147条，其中云南省1007条、贵州省238条、四川省902条，本文主要以这2147条数据展开论述。虽然也不能排除尚有未录入日本学术论文数据库和日本国立国会图书馆的关于西南地区调查文献资料的可能，但作为日本最具代表性的数据库，上述数据库所保存的调查文献资料数量之多、完整度之高在日本确实首屈一指，从其中所收录的数据亦能管窥晚清民国时期日本对中国西南地区调查研究之貌相。

（二）日本西南地区调查数量年度变化

如图1所示，日本对于西南地区的相关调查从1868年开始一直持续到1945年，期间虽连续有数年未有涉及西南地区的调查，但就总体而言，自1868年开始对西南地区进行相关调查以来，调查数量和时间之间呈正相关关系，相关调查数量逐年增加。以1937年为时间节点，1937年以前，调查数量

的增加幅度较为平缓，调查数量最多时也不过 43 件次。但 1937 年后，日本对西南地区相关调查的数量数倍增加，年均调查数量在 144 件次左右，并且在 1940 年（232 件次）和 1943 年（293 件次）达到峰值。而造成这种数量变化趋势的原因主要与日本对外侵略局势的变化相关联。日本自"大陆政策"提出以来便有计划性地开展对华调查研究，但是由于西南地区交通不便、环境闭塞，相关调查研究还较为有限，随着日本对华侵略的全面展开，日本开始加紧相关对华调查研究，以服务于战争需要。1937 年 10 月，国民政府迁都重庆，西南地区成为全国抗战大后方，云贵川三省的战略地位大幅提升，特别是随着日本在太平洋战争中失利，日本急需完成对中国的全面侵占，以驰援太平洋战场，因而这一时期对于作为抗战大后方的西南地区的相关调查研究数量剧增。

就云贵川三省具体而言，日本对云南省的调查始于 1868 年，结束于 1945 年，是三省中开始调查时间最早且持续时间最长的，这主要与云南特殊的地理位置和环境有关。云南地处古代南方丝绸之路的关键节点，由于特殊的地理位置、丰富的自然资源和民族文化资源、神秘的宗教习俗，在近代一直是西方传教士、商人、科学家等喜欢游历、探险、传教的地区①。日本虽然 1915 年才正式在云南省开设领事馆，但是通过翻译西方学者对云南省调查研究的文献资料，实际上日本对云南省的调查研究从 1868 年就已经开始了。相较之下，对于四川省的调查始于 1870 年，结束于 1944 年，对于贵州省的调查始于 1876 年，结束于 1944 年，地区间调查时间差异明显。

---

① 车辚："南方丝绸之路上的陌生人——清末民初在云南游历和工作的外国人述略"，载《云南农业大学学报（社会科学）》2015 年第 3 期，第 113 页。

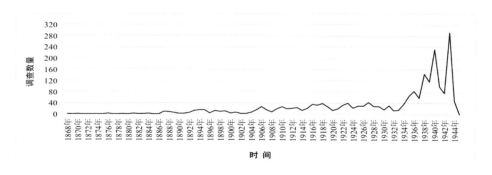

图 1　日本西南地区调查年度数量变化趋势图

（三）日本涉西南地区调查机构简述

甲午战争以后，古诗、汉文中的中国形象已经无法满足日本人对中国的好奇心，为探知并把握现实中国，日本官员、学者、浪人、商人、军人竞相做禹域调查[①]，虽然早期的调查大都集中在以北京为中心的华北、东北以及以上海为中心的长江中下游一带的大陆要冲地带[②]，但是对于地处偏远的西南地区也有一定规模的涉及。此外，早期日本对西南地区的调查研究主要以个人行为为主，并且调查规模相对有限。而随着明治维新的开启，日本推行"殖产兴业""富国强兵"政策，加紧搜集周边国家情报，为日后的殖民扩张做准备[③]。受此影响，日本官方和民间开始大量设立调查机构，对周边国家进行具有规模化、组织化的调查活动。

据不完全统计，在 1868 年至 1945 年的 77 年间，日本涉及西南地区相关调查研究的机构共有 200 余所，这其中既有诸如参谋本部、海军省、陆军省等军方机构，也有诸如大藏省、外务省、农商物省等政府机构。此外还有诸

[①] 冯天瑜：《上海东亚同文书院大旅行记录》，北京：商务印书馆，2000 年，第 1 页。
[②] 李彬："清末民初日本对川渝的调查——以《中国省别全志》四川卷为研究范例"，载《西南民族大学学报（人文社科版）》2019 年第 1 期，第 193 页。
[③] 张艳国，石嘉："近代日本在华调查机构的'江西调查'研究"，载《江西社会科学》2019 年第 11 期，第 112 页。

如东亚同文书院、东洋协会、日本国际协会、外交时报社、读卖新闻社等一批民间创办的机构和出版社。这些民间创办的机构和出版社虽然不直接隶属日本军方或政府管辖，但是其日常运营及出外调查等活动或多或少都受到军方和政府的资金支持，并且相关调查形成的文献资料多直接呈报军方和政府，以供军方和政府行动决策参考之用。换言之，这一时期日本的调查机构虽然性质各有不同，但是其行为的最终目的趋同，均服务于日本对外殖民扩张的行动。

据不完全统计，晚清民国时期日本涉及西南地区调查的机构数量多达200余所，表1列举了其中具有代表性的部分主要机构情况。总体来看，虽然相关调查机构数量众多，但是机构间调查数量差异明显，其中，参谋本部涉及西南地区调查数量最多，高达374件次，年均11件次，调查范围遍及贵州、四川、云南三省，调查内容以地图盗绘活动为主。大藏省、外务省对西南地区调查的数量仅次于参谋本部，分别为156件次和108件次。而参谋本部、大藏省、外务省三所机构作为涉及西南地区调查数量逾百的主要机构，相关调查数量总计达到638件次，占这一时期日本西南调查总量的约30%，可谓之为晚清民国时期日本西南地区调查的主力机构。此外，在表1所列主要机构中，大藏省对西南地区调查的时间跨度最长，达到57年，调查内容以云南、贵州、四川三省的社会时政报道为主。中支建设资料整备委员会和东方通信社调查时间跨度虽然是相关机构中最短的，仅有2年，但中支建设资料整备委员会在2年时间内的相关调查数量达到78件次，年均39件次，调查频率为相关机构中最高。就调查涉及内容而言，晚清民国时期日本西南调查内容涉及地图盗绘、少数民族、社会时政、贸易情况、自然资源、产业结构、农业经济、战事报道等领域，不同机构间的调查涉及领域虽有重合却又各有侧重。

表1 日本涉西南地区调查主要机构情况一览表

机构名称	调查数量	调查时间	涉及区域	涉及内容	成果类别
参谋本部	374	1910—1944	贵州、四川、云南	地图盗绘、少数民族	地图、图书
大藏省	156	1887—1944	贵州、四川、云南	社会时政	杂志
外务省	108	1912—1943	贵州、四川、云南	时政、贸易	图书、杂志
中支建设资料整备委员会	78	1940—1942	四川、云南	自然资源、经济、工业、产业	图书
南满洲铁道株式会社	62	1916—1943	贵州、四川、云南	自然资源	图书
外交时报社	36	1899—1943	四川、云南	时政	杂志
东亚同文书院	35	1907—1941	贵州、四川、云南	全方位	图书
东洋协会	30	1910—1941	四川、云南	时政	杂志、图书
台湾总督府	21	1919—1943	贵州、四川、云南	商业贸易	图书
日本国际协会	21	1934—1940	四川、云南	时政	图书、杂志
海军省	21	1928—1941	四川、云南	战事报道、交通	地图、图书
东亚问题研究所	19	1939—1944	贵州、云南	政策、经济、产业	图书
东方通信社	14	1922—1924	贵州、四川、云南	时政	杂志
农事杂报社	14	1906—1915	四川	农业	杂志
东邦协会	12	1892—1914	四川、云南	地理	杂志
南洋经济研究所	11	1940—1944	云南	经济	杂志、图书

机构名称	调查数量	调查时间	涉及区域	涉及内容	成果类别
上海自然科学研究所	10	1936—1941	贵州、四川、云南	自然科学	图书、杂志
读卖新闻社	10	1937—1942	四川、云南	战事报道	图书
农商务省	10	1888—1917	四川	贸易	杂志、图书

（四）相关成果类型概述

如前所述，晚清民国时期日本的对华调查无论是个人调查抑或是机构调查，都带有明显的目的性，直接或间接服务于日本的殖民扩张行为。在进行调查的过程中，相关个人和机构会将沿途见闻以文字、图像等形式进行记录，待调查结束之后进行集中整理，并报送日本军方或政府，成为日本军方和政府对华侵略的前期准备资料和政策制定的参考资料，这一时期对西南地区的调查亦是如此。

晚清民国时期日本对西南地区调查形成的文献资料共计2147册，主要以图书、杂志、地图三种类型的文献资料为主，具体包括图书1140册、杂志604册、地图399册、文件图像资料2册、报纸2册。就涉及云贵川三省各省的文献资料类型而言，涉及云南省文献资料类型包括图书426册、杂志284册、地图294册、文件图像资料2册、报纸1册；涉及四川省文献资料类型包括图书551册、杂志277册、地图73册、报纸1册；涉及贵州省文献资料类型包括图书163册、杂志43册、地图32册。

二、日本学者个人对中国西南地区的调查及成果简述

日本在对西南地区进行相关调查的过程中，虽然以机构为依托进行的相关调查占主体，但是一些日本学者个人在西南地区调查活动中所发挥的作用也同

样不可忽视。总体来看，根据本文所收集的数据，据不完全统计，在1886年至1945年期间，共有263位日本学者个人直接或间接参与了日本对西南地区的相关调查活动，并将相关调查内容以图书的形式进行出版，共计出版相关图书325册。如表2所示，263位学者个人中，编译有1册涉及西南地区调查图书的学者个人共有225位，占相关学者总人数的85.55%；编译有2册涉及西南地区调查图书的学者个人共有24位，占相关总人数的9.13%；编译有3册涉及西南地区调查图书的学者个人共有9位，占相关总人数的3.42%；编译有4册及以上涉及西南地区调查图书的学者个人共有5人，占相关总人数的1.90%。换而言之，虽然涉及西南地区调查的相关学者个人人数较多，但是能够长期、持续关注西南地区调查研究的学者数量极为有限。

表2 涉西南地区调查学者个人编译图书数量情况一览表

译著数量	人数	占比（%）
1册	225	85.55
2册	24	9.13
3册	9	3.42
4册及以上	5	1.9

三、日本学者对他国学者西南地区调查文献资料的翻译

在涉及西南地区调查的日本学者个人中，一部分学者个人通过翻译他国学者西南地区调查文献资料的方式进行西南地区的相关研究。据不完全统计，在1868年至1944年间翻译的43册涉及西南地区调查的他国文献资料中，34册为学者个人翻译，9册为日本机构翻译。其中，最早被翻译的涉及西南地区调查的他国文献资料为晚清英国驻华使馆领事处工作人员马嘉里（Augustus R.

Margary）所著《马嘉里行纪》，该书为马嘉里从上海到云南赴任期间所记录的沿途见闻，书中对英国政府在西南地区贸易政策的分析具有非常重要的历史意义，于1886年翻译为《馬氏支那紀行》，但由于年代较为久远，缺失了翻译者及出版的相关信息。

在翻译的43册他国学者西南地区调查文献资料中，主要以法国、英国、美国、德国和中国学者编写的文献资料为主，究其原因，近代以来，欧美国家在社会发展中形成了一套更具科学性的调查研究体系，并且作为较早进入西南地区进行调查活动的国家，法国、英国、美国、德国进入西南地区进行实地踏查的时间均早于日本，作为他者视阈下西南地区调查研究的成果，这些文献资料引起了日本学者极大的兴趣和关注。而中国学者自我视阈下的中国研究古来一直都是日本学者研究的重点内容，对西南地区的相关文献资料亦是如此。

从相关译著涉及的内容来看，43册译著涉及地理、工业、交通、教育、经济、矿产、历史、民族、农业、政治、水利、外交等领域。值得关注的是，这一时期日本学者个人对于中国学者西南地区调查文献资料的翻译已经不再局限于传统的语言、历史、文化领域，而是集中于经济、农业、民族、政治领域，例如及川恒忠对钱端升所著《民国政治史》的翻译，吉村正对曾仰丰所著《中国盐政史》的翻译，梨本祐平对方显廷所著《中国经济研究》的翻译等。从上述文献资料中不难看出，作为日本殖民扩张前期的准备活动，这一时期日本对于他国文献资料的翻译在内容选择上具有极强的针对性和目的性。

四、日本学者涉及西南地区调查文献资料的编著

除翻译他国学者对西南地区调查的文献资料外，日本学者个人还积极对涉及西南地区调查的文献资料进行综合整理，并加以自己的分析编撰成为新的调查研究专著，抑或是到西南地区进行实地踏查，而后将相关踏查资料编撰成册，

形成西南地区调查研究专著，这两种情况在学者个人西南地区调查过程中占主体。据不完全统计，在 1870 年至 1944 年间，共计有 229 位日本学者个人以文献资料整理或实地踏查的方式进行西南地区调查研究，出版相关专著 282 册。从涉及内容来看，这些专著主要涉及西南地区历史、地理、贸易、地方志、行政划分、革命史、经济、时政、自然资源、工业、农业、交通、民族、建筑等与近代西南地区工业化发展息息相关的领域，其直接或间接服务于日本殖民扩张活动的实质不言而喻。

如图 2 所示，20 世纪 30 年代以前，日本虽然时有涉及西南地区调查研究的专著出版，但每年出版数量均在 5 册左右，且有连续数年未有涉及西南地区调查研究的专著出版。但从 20 世纪 30 年代开始，日本学者个人涉及西南地区调查研究专著的出版数量陡然增加，年均出版量达到 12 册，1939 年时最高一年出版量达到 23 册。换而言之，涉及西南地区调查研究的相关专著年度出版数量在日军发动侵华战争后出现了大幅增长，这也再一次证明了这一时期日本学者个人的西南调查研究成果多与日军侵华战争的推进密切相关。

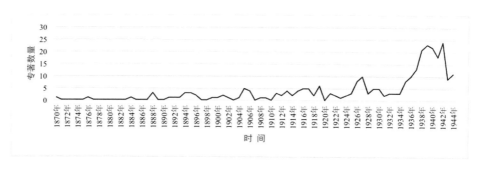

图 2　日本学者个人编著涉及西南地区调查研究专著年度出版数量趋势图

如前所述，涉及西南地区调查的日本学者个人虽然人数众多，但是能够对西南地区形成长期性、持续性关注的学者个人人数极为有限，就学者个人出版涉及西南地区调查研究专著的数量而言，后藤朝太郎、矢野仁一、长野朗三位学者较多。其中，后藤朝太郎作为日本明治至昭和时期有名的语言学家、"中国通"，曾先后在日本文部省、台湾总督府、朝鲜总督府任职，并亲自到中国大陆进行实地踏查，以研究中国风俗和文化。在其研究生涯中，共计著书达110余册，其中涉及西南地区调查研究的专著21册，成为涉及西南地区研究专著出版数量最多的学者。相关专著自1925年开始出版，一直持续到1944年，研究内容涉及西南地区民俗、社会问题、自然地理、文学等领域，调查范围遍及云南、贵州、四川三省。矢野仁一是日本明治至昭和时期的东洋史学者、京都大学名誉教授、日本中国近现代史研究的先驱者之一。他在1926年至1944年间先后出版涉及西南地区调查研究的专著7册，相关内容主要涉及汉代四川人习俗、四川省人民起义与清朝灭亡的历史联系、英国和云南间的贸易往来、云南回民起义。长野朗是日本明治至昭和时期的国家主义者，曾担任陆军步兵大尉，他在1919年至1942年间先后出版涉及西南地区调查研究的专著6册，相关内容主要涉及云南省自然资源、四川省军队和平定土匪情况、贵州省省情。除上述学者外，晚清民国时期还有诸如吉野作造、神田正雄、米内山庸夫、波多野乾一、伊东忠太、奥平昌洪等一大批学者，在西南地区调查研究的过程中发挥了不可忽视的作用。

五、近代日本机构对西南地区的调查及文献简述

清末中国贫弱，被西方列强宰割，由此唤起日本谋求富国强兵、摆脱中国式厄运之奋斗理想，与此同时，日本效仿西方式的社会达尔文主义和帝国主义做派，跻身列强队伍，参与吞并中国。明治维新以降，日本将调查中国纳入其基本国策，为侵略中国做准备[①]。为此，日本官方和民间建立了大量的对华调查机构，并着手建立专门的对华谍报机构，开始了对中国长期的、有组织的、有计划的调查。

---

① 冯天瑜、任放：《日本对外侵略的文化渊源》，北京：高等教育出版社，2017年，第321页。

(一)参谋本部对西南地区的调查

参谋本部前身为明治时期日本引进西方军事制度成立的中央最高军令机构——参谋局。该局由陆军省管辖,任务为"参与机密事务谋划,编辑地图政志,同时掌管谍报通报",1878年,参谋局从陆军省中独立出来成立参谋本部[①]。参谋本部正式设立后,下设"五部二课",并且将负责中国情报的部门独立出来进行直接管理,足见日本对中国情报的重视程度。1888年,参谋本部增设陆地测量部,负责对华"地图测绘、地图制作"任务,成为近代日本侵华的排头兵和重要的对华军事信息收集谍报机关,运用"三角测量法"对中国进行盗绘,提前完成了发动战争的地图准备[②]。而就本文所收集数据而言,晚清民国时期日本参谋本部对西南地区的相关调查研究亦主要以陆地测量部的地图盗绘活动为主。

陆地测量部对西南地区的地图盗绘活动开始于1910年,其间时有中断,直至1944年,据不完全统计,在这期间,陆地测量部共计盗绘涉及西南地区的地图374幅。就涉及地区而言,涉及贵州省盗绘地图37幅,涉及玉屏、遵义、镇远、黎平、贵阳、罗甸、荔波、榕江等地区;涉及四川省盗绘地图56幅,涉及重庆、崇庆、大凉山、雷波、乐山、屏山、仁寿、简阳、华阳、夹江县、叙州、宁远等地区;涉及云南省盗绘地图281幅,涉及蒙自、开化、马关、阿迷、腾冲、大理、思茅、顺宁、保山、丽江、澜沧、云龙、呈贡、昆明、广南、个旧、曲靖、霑益、开远、富宁、玉溪、禄丰、楚雄等地区。就盗绘时间而言,如图3所示,陆地测量部对西南地区的地图盗绘活动具有明显的特征性,自1910年开始至1937年,陆地测量部针对西南地区进行的地图盗绘活动极为有限,最多时也未超过20件次,其间,1911年至1915年、1917年至1922年、1924年至1928年、

[①] 许金生:《近代日本对华军事谍报体系研究(1868—1937)》,上海:复旦大学出版社,2015年,第37—39页。
[②] 陈祥:"地图与战争:甲午战争前日本对中国的侦察与盗绘",载《军事历史》2019年第3期,第10页。

1932年至1937年间持续数年未有涉及西南地区地图盗绘活动进行。1937年日本侵华战争全面爆发后，涉及西南地区的地图盗绘活动数量迅速增加，在1943年最多时高达227件次，并且这227件次地图盗绘活动全部涉及云南省，这主要是由于1942年美日中途岛海战后，日本海上作战力量遭受沉重打击，逐渐丧失了对太平洋地区的海上控制权，而在中国战场方面，日军在1943年发起的鄂西会战和常德会战均以失败告终，对华作战难以推进，甚至一度处于停滞状态，为尽快实现全面占领中国、分兵驰援太平洋战场的目的，日本加紧了对抗战大后方的调查，而云南作为国际援华物资运输的主要通道、日军由东南亚北进入侵中国大后方的必经之地，对其的地图盗绘活动俨然成为这一时期陆地测量部西南地区调查的重中之重。

陆地测量部作为日本专司对华地图盗绘活动的机构，在日本发动侵华战争的前20年便开始了对华的地图盗绘活动，为日本侵略中国做了大量前期的准备。即便是抗日战争全面爆发后，该机构仍能够在中国抗战大后方进行地图盗绘活动，且数量众多，对于究竟是谁以何种方式在何地进行了针对西南地区的地图盗绘活动等一系列问题，如今我们大都已无从知晓了，但即便如此，陆地测量部在西南地区进行的调查活动的间谍性质、侵略实质是毋庸置疑的。

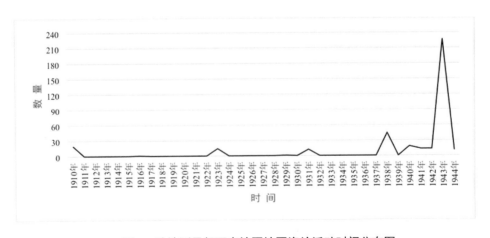

图3　陆地测量部西南地区地图盗绘活动时间分布图

（二）大藏省对西南地区的调查

大藏省是日本明治维新时期设立的主管财政的中央政府机关，于 2000 年解散。设立之初的大藏省除负责日本财政、税收、印钞等经济方面的工作外，还负责日本《官报》的日常运营和出版。《官报》于 1883 年创刊，由政府公开发行，主要用于宣传政府的"政道主义"，其稿件内容均由政府机构选取提供①。其中，"外报"栏目是《官报》的重要组成部分，主要用于抄译、介绍外国报纸的内容，涉及当时中国的政治、军事、教育、社会生活等各方面，对中国要人的动态也常有反映②。换言之，大藏省通过抄译中国西南地区的报刊内容来实现对西南地区的调查，并将相关内容进行编辑出版，成为日本国民了解西南地区社会生活的重要途径之一。

就《官报》所刊载涉及晚清民国时期涉及西南地区的内容而言，相关内容自 1887 年开始刊载，一直持续至 1941 年，均由大藏省印刷局负责编撰，由日本 Nichimy Corporation 株式会社以杂志形式进行出版，共计有涉及西南地区报道 156 条。其中，关于贵州省内容 23 条，涉及贵州省铁矿石的采集贸易，按察使、矿务督办官、布政使、巡抚、提督等重要官员的卸任及继任情况，省学堂的创立及军队训练制度的改革。关于四川省内容 80 条，涉及四川省电线架设情况，地震、旱灾、水灾等自然灾害情况，军队编制及训练情况，食盐征税情况，兵器制造所情况，布政使、总兵、总督、巡抚等重要官员的更换情况，少数民族起义和匪患平定情况，汽船通航情况，金、银、铜等矿产的开采情况，木耳、烟草、麻、大米、蚕丝等作物的产出情况，币钱流通和银制品铸造情况。关于云南省内容 53 条，涉及云南省电线架设情况，地震、水灾、冰雹等自然灾害情况，传染病爆发情况，铜矿开采情况，提督、巡抚、总督、布政使、按察使等

---

① 刘岩，朱明贤："近代日本官方机构在贵州调查活动研究"，载《贵州文史丛刊》2021 年第 3 期，第 93 页。

② 陶祺谌："日本《官报》对张之洞报道之概略"，载《人文论丛》2015 年第 2 期，第 248 页。

重要官员的更替情况，边境骚乱情况，铁路建设及运输情况，棉布、染料、油漆等产业贸易情况。

从上述《官报》所报道的涉及西南地区的内容不难看出，《官报》对西南地区的相关报道内容具有明显的选择性和针对性，即主要集中在官员选任、交通建设、经济贸易、矿产开采、自然灾害、作物产出等与社会发展密切相关的领域。换而言之，《官报》作为明治维新时期的报刊，具有明显的时代性，特别是"外报"栏目，无疑是日本对外殖民扩张的产物。

（三）外务省和农商务省对西南地区的调查

明治维新以后，日本迫切希望实现"贸易立国"的战略目标，为此，派遣了大量的人员赴中国进行调查，在对华调查的相关机构中，外务省和农商物省担任了对华贸易调查的主要任务。而无论是外务省还是农商务省，对中国的调查虽然在某些方面有重复之处，但是他们的共同目的都是为日本政府和工商业者提供有价值的中国市场信息，使其可以有目的、有效率地调整自己的政策方向[1]。而后的事实证明，晚清民国时期外务省和农商务省的对华贸易调查不仅扭转了中日间的贸易形势，并且为日本的工业化积累了大量的资源。

就对西南地区的调查而言，外务省对西南地区的调查活动从1912年开始一直持续到1943年，达到108件次，涉及外务省下属政务局、通商局、情报部、调查部、亚细亚局等5所调查机构，相关调查形成的文献资料以杂志（刊载杂志主要包括《通商公报》《外事丛报》《日刊海外商报》《国际月报》）和图书两种形式进行出版。其中，涉及贵州省的调查仅2件次，分别为1913年对贵州省援川军队的嘉奖命令调查和1921年对驻重庆日本领事馆惯性调查中关于贵州省部分内容的调查。涉及四川省的调查30件次，包括对四川省铁路的铺设法、铁路

---

[1] 李军："近代日本对华经济调查初探——以日本外务省和东亚同文书院为例"，载《农业考古》2015年第6期，第93页。

国有命令、叛乱者处置命令的调查，对省内动乱及局势的调查，对重庆大米种植情况的调查，对省内蚕丝、药材、桐油、棉花种植情况的调查，以及对省内外国人经济活动的调查。涉及云南省的调查76件次，包括对云南省锡矿的开采、经营情况的调查，对棉花、油漆、猪鬃、棉线、皮革、魔芋的生产贸易情况调查，对英法等国在云南省经济、金融情况的调查，对省内传染病及鸦片情况的调查，对云南省政府组织条例及反帝反封建斗争的调查。除上述常规调查外，这一时期的外务省还在1913年、1914年、1924年、1925年对包括云南省在内的东亚及南洋范围内各国领事馆的详细情况进行数次调查，对云南省范围内欧美国家的建筑物及发展情况进行了调查评估，并编制了云南省雇用、招聘的外国人的具体名单。与此同时，日本也极为关注日本本国民众在云南的发展情况，在1925年至1938年的13年间以每年一次的频率对在云南省的日本人的人口数量及职业类别进行详细统计，并且尤为注重对企业家的调查记录。

与外务省相比，农商务省对西南地区的调查极为有限，主要集中在1888年至1917年，仅有10件次，且未有涉及贵州省的相关调查。其中，对云南省的调查4件次，涉及对中南半岛与云南省贸易往来调查2件次，对蒙自县外国贸易及一般商业情况的调查1件次，对越南至云南间滇越铁路情况的调查1件次。对四川省的调查6件次，涉及对四川省总体贸易情况的调查及对猪鬃、蚕丝行业贸易的具体调查，对四川省大米生产情况的调查，对经长江从上海至四川间道路里程情况的调查。

（四）"满铁"对西南地区的调查

近代以降，为达到掠占中国之目的，日本军国主义者承续传统，深入中国社会内部做贴身调查研究，最著声名者，当推满铁调查部[①]。"满铁"全称"南满

---

① 冯天瑜、任放：《日本对外侵略的文化渊源》，北京：高等教育出版社，2017年，第327页。

洲铁道株式会社",设立于1906年,总部位于大连。满铁执行日本国策,经营铁路、煤矿等产业和情报调查事业,在20世纪上半期充当着日本帝国主义"经营大陆"的急先锋,在其存在的近40年间,对中国进行经济侵略和掠夺,是日本侵华的大本营[①]。满铁设立之初设有运输部、总务部、矿业部、附属地行政部4个部门,以经济问题、社会问题研究为主要任务,1907年增设调查部,专职搜集中国的军事、政治、经济情报。

就满铁对西南地区的调查而言,相关调查自1913年开始一直持续到1943年,共计62件次(云南省25件次、贵州省6件次、四川省31件次)。其中,对贵州省调查的文献资料始见于1922年,出现时间晚于云南省(1913年)和四川省(1916年),相关调查涉及贵州省水银矿产和大豆生产情况、财政收支情况、省政府重要职员信息。对四川省的调查涉及四川省财政、矿产分布与开采、航运、电气情况,外国人在四川省修建教育设施情况,四川省省政府主要职员信息情况,猪鬃、羊毛、烟草、大豆、桐油的生产贸易情况。对云南省的调查涉及云南省财政、回族人情况,大豆生产情况,交通运输建设情况,而与贵州省和四川省的调查有所不同的是,满铁对云南省的调查重点突出,即对云南省的矿产资源进行重点调查,25件次的相关调查中12件次涉及矿产资源的分布及开采贸易调查,而其中又以铜矿、锡矿的情况调查为主。这一调查特点与云南省藏有丰富的矿产资源密切相关,同时也间接反映出日本妄图掠占中国的矿产资源以服务于其侵略战争的阴谋。

满铁调查部最盛时调查人员近2000人,在诸多调查活动中又以华北、华东"惯行调查"最为著名。但就涉及西南地区的调查内容而言,相关调查并未单独以云贵川的某一省份或西南地区的整体区域为调查对象,而是将云贵川以及西南地区的相关调查置于中国整体调查下进行,例如,对西南地区大豆生产情况

[①] 李红梅、萨殊利:"南满洲铁道株式会社的设立与日本侵华政策",载《北方交通大学学报(社会科学版)》2003年第4期,第72页。

的调查统计并未将云贵川的大豆生产情况进行单独论述,而是将其作为《中国大豆生产统计表》中的一章或一节进行论述,这与其他机构对西南地区调查文献资料的呈现方式略有不同。

(五)东亚同文书院对西南地区的调查

在近代日本关于中国调查的诸多系统中,踏访历时最长、覆盖面最广的,并非满铁调查部,而是"东亚同文会"组建的"东亚同文书院"[①]。东亚同文书院及其前身"汉口乐善堂"、上海"日清贸易研究所"的中国旅行调查持续时间最长(长达60年,而满铁调查不足40年),调查地域分布最广(包括西藏之外的全部中国省区,还涉及俄罗斯西伯利亚及远东、法属印度支那半岛、南洋群岛,满铁调查则限于东北、华北、华东)[②]。东亚同文书院虽然由民间组织演变而来,但是在其设立的很长一段时间内主要接受日本政府的财政资金援助,并直接受日本文部省和外务省的管辖监督,乃至于书院院长的任命、学制的制定等众多重要事务大都由政府决定。东亚同文书院的对华调查主要以"大旅行调查"为主,据不完全统计,在1901年至1945年的40余年间,46届4922名东亚同文书院学生对中国各省进行了地毯式立体调查,路线达700多条[③]。

东亚同文书院对西南地区的调查亦主要以书院学生"大旅行调查"的方式进行,调查时间从1907年一直持续到1941年,调查人员主要涉及书院第12、20、21、22期学生以及云南四川经济调查班,调查范围涉及西南地区全境。虽然东亚同文书院涉及西南地区的调查数量仅有35件次,远低于参谋本部、大藏省、外务省西南地区调查的数量,但是东亚同文书院西南地区调查的范围最广,涉及领域最全面。书院学生的相关调查先期汇编成"金声玉振""彩云光霞""乘

[①] 苏智良:"上海东亚同文书院述论",载《档案与史学》1995年第5期,第45页。
[②] 周杨:《论东亚同文书院对日本侵华史的作用》,吉林大学硕士论文,2009年,第4—7页。
[③] 冯天瑜、任放:《日本对外侵略的文化渊源》,北京:高等教育出版社,2017年,第338页。

云骑月""同舟渡江""虎穴龙颔""千山万里""翔阳谱"等"大旅行日记",而后对形成的"日记"进行统一整理和归类,汇编成为《中国省别全志(贵州卷)》《中国省别全志(云南卷)》《中国省别全志(四川卷)》《新修中国省别全志(贵州卷)》《新修中国省别全志(云南卷)》《新修中国省别全志(四川卷)》,加上1907年出版的《中国经济全书》,成为东亚同文书院乃至日本西南地区调查最具全面性、实用性的文献资料。

其中,《中国经济全书》由东亚同文书院教授根岸佶动员200多名书院学生参加,从1901年开始,前后历时7年,深入中国内地实地调查,最后整理而成,内容包括农政与土地权利移转、劳动者、资本、物价、财政等19大门类,共计12卷①。对西南地区的调查主要集中在地区经济贸易领域,包括对云贵川三省铁路、公路、水路的建设运输能力的调查,对铜矿、铁矿、锡矿、煤矿等西南地区主要矿产的分布、开采、加工经营情况的调查。此外,对各省人口分布、自然环境、农业生产等方面的情况也进行了具体阐述。《中国省别全志》西南地区三卷和《新修中国省别全志》西南地区三卷均由书院学生对西南地区调查资料汇编而成,涉及各省面积、人口总数及分布、行政区划、历史沿革、自然环境、地形地势、交通运输情况、农工商业、各地间道路情况,此外,针对各省大米、烟草、油漆等主要经济作物的生产和经营情况进行了详细分析阐释,调查范围之广几乎涉及社会生产生活的方方面面。

如前所述,晚清民国时期赴西南地区进行调查活动的日本各类机构达200余所,除了上述相关调查数量较多的参谋本部、大藏省、外务省、农商务省、满铁、东亚同文书院外,其余机构涉及西南地区的调查数量虽相对有限,但也是晚清民国时期日本西南地区调查的重要组成部分,相关文献资料同样具有一定的参考和实用价值。诸如外交时报社对西南地区时事政治的调查报道,东亚

---

① 张艳国、石嘉:"近代日本在华调查机构的'江西调查'研究",载《江西社会科学》2019年第11期,第115页。

问题研究所对贵州省、云南省政策、经济及产业发展的调查研究，农事杂报社对四川省农业发展情况的调查研究，读卖新闻社对四川省、云南省战事的相关研究报道等。

六、结语

晚清民国时期，日本经过明治维新的一系列改革促使综合国力迅速提升，一跃成为亚洲地区工业化、近代化程度最高的国家，而反观此时之中国，积贫积弱，在内忧外患之间疲于应对，古来中国天朝上国的形象在这一时期的日本人心中轰然崩塌。中日两国间国力的转变，催生了日本"经略中国"之野心，并以"大陆政策"为依托，开始了一场长期的、有计划的、有组织的轰轰烈烈的对华调查运动。西南地区虽然地处中国内陆，交通不便，却仍在日本大调查之列。

总体而言，晚清民国时期日本西南地区调查呈现出以下明显特征：（1）持续时间长，调查范围广。晚清民国时期日本对西南地区的调查虽然不及对东北、华北地区调查开始的时间早，但从1868年开始至1945年亦有77年，相关调查数量达到2147件次，调查涉及云南省、贵州省、四川省几乎所有的市、县、镇一级的行政区，且对村一级的区域也时有涉及，称之为覆盖西南地区全境的调查活动亦不为过。（2）涉及调查机构多，个人调查与机构调查相结合。对西南地区的相关调查研究虽然起步晚、难度大，但涉及的相关调查机构亦有200余所，这其中既有诸如参谋本部、海军省、陆军省等军方机构，也有诸如大藏省、外务省、农商物省等政府机构，此外还有诸如东亚同文书院、东洋协会、日本国际协会、外交时报社、读卖新闻社等一批民间创办但接受军方和政府资金资助的机构和出版社。此外，在相关机构还未对西南地区进行规模化调查之前，后藤朝太郎、矢野仁一、长野朗、波多野乾一、伊东忠太等一大批学者个人对西南地区的研究也不容忽视，正是这些学者的调查文献和资料使得日本政府开始注意并重视起对西南地区的相关调查，形成个人调查和机构调查互相补充、完善的调查模式。(3) 调查涉及领域广泛，各机构调查虽有重合却各有侧重。相关机构对西南地区的调查研究涉及地图盗绘、少数民族、社会时政、经济贸易、自然资源、工业生产、战事报道、农业、地理等社会生产生活的诸多方面，涉及领域不可谓不广泛。各机构间的调查内容虽时有重合，但是总体分工明确、各有侧重，例如参谋本部以地图盗绘为主，大藏省以社会时政报道为主，外务省和农商务省以经济贸易调查为主，满铁以自然资源调查为主。(4) 相关调查具有明显的针对性和目的性。从涉及西南地区调查的 2147 件次调查内容不难看出，晚清民国时期日本对西南地区的相关调查主要集中于经济、政治、矿产、工业、贸易等与工业化、近代化发展密切相关的领域，对于传统的语言、文化、民俗等方面的研究鲜有涉及。换而言之，虽然相关调查打着"研究中国问题""关切中国时势"的口号，但就其调查的内容而言，明显是在为其发动侵略战争做准备，带有明显的殖民扩张目的。

正如冯天瑜和任放的著作《日本对外侵略的文化渊源》中提到的一样，就如何认识和理解晚清民国时期日本西南地区调查而言，首先我们必须明确对中国的调查是日本"大陆政策"的产物，是为日本侵略中国的战略服务的。[①] 但是从一个客观的角度来看，日本的官方与民间，在很长一段时间运用近代实证科学方法开展周密详细的中国社会调查，有些是对中国官方及民间零散资料的集中和整理，有些是采集第一手资料，经此长年累月的积累，日本人掌握了关于中国政治、经济、文化、社会方面的翔实资讯，留下了卷帙浩繁的见闻录、考察报告、志书、研究专著等，其作为研究晚清民国时期政治史、经济史、文化史、

---

① 冯天瑜、任放：《日本对外侵略的文化渊源》，北京：高等教育出版社，2017 年，第 347 页。

社会史提供直接或间接的资料，历史价值不容忽视，日本对西南地区的相关调查及形成的文献资料亦是如此。

作者简介：刘岩，男，博士，贵州大学外国语学院讲师，贵州大学日本研究所所长，主要研究领域为中日近代交流史、典籍外译与传播。

朱明贤，男，贵州大学外国语学院硕士研究生，主要研究领域为近代中日人物交流史。

【文学】

论"风雅"与日本人的审美意识

叶 琳

【摘 要】 日本人自古以来在审美情趣上和文学理念上都是追求"风雅"的。尽管"风雅"二字源自中国《诗经》里的"风""雅",体现了一种艺术情趣和创作精神,但是日本人却抛弃了原汉语所赋予"风雅"的核心意味,将其重新注入了符合本民族审美意识的内容,即远离现实社会、政治,埋头于自然,顺从造化,追求"物我一如",由此构成了日本人与众不同的审美趣味。这种独特的审美意识在日本文学、日本语言和日本文化中都展露无遗,并发挥着举足轻重的作用。

【关键词】 风雅;日本;审美意识

众所周知,日本文学与文化自古以来就深受中国汉文字、传统文化和古典文学的影响。在这影响下,日本文字、日本文化和日本古典文学呈现出了一种完美的"和汉混合物"。与其说日本民族善于模仿和吸取外来文明,毋宁说更精于消化、利用和改良之。就"风雅"而言,便是如此。

"风雅"源自中国诗歌总集《诗经》中的《国风》和《大雅》《小雅》。在汉代《毛诗·大序》的"六义"里,对"风"和"雅"明确释义为:"上以风化下,下以风刺上。主文而谲谏,言之者无罪,闻之者足以戒,故曰风。至于王道衰,礼义废,国异政,家殊俗,而变风、变雅作矣。""是以一国之事,系一人之本,谓之风。言天下之事,形四方之风,谓之雅。雅者,正也。言王政之所由废兴也。

政有大小，故有小雅焉，有大雅焉。"① 在此，统治者君王用风诗教育民众，民众用风诗劝谏君王，诗歌的创作在思想上和艺术上具有教育感染作用，为政治教化服务。中国释义的"风雅"同辅君化民、安邦治国、政治思想、现实社会融为一体了。

由于日本特殊的地理环境、自然气候、社会历史等因素相互作用，本土文化和中国文化的不断交融，使日本人在审美情趣上和文学理念上尽管都沿用了"风雅"二字，但却已经抛弃了原汉语所赋予它的真意，重新注入了符合日本人审美意识的内容，即远离现实社会、政治，埋头于自然，顺从造化，追求"物我一如"。显然，他们在文学艺术方面不懈追求"风雅"这一最高境界的过程中，逐渐形成或养成了带有本民族特色的审美意识，重新架构了日本文学的一个重要理念。我们可以从以下四个方面得以印证。

一、重调和统一，轻矛盾冲突

随手翻开日本的一部文学作品，不难发现几乎无处不充满着一种"调和"的情趣和精神。而那种具有强烈不满、怀疑、否定、叛逆、抵抗、排斥、愤懑等情感和精神层面的内容在日本文学作品中常常被有意地或降解，或淡化，或回避。无论是从古代的"和歌"、《源氏物语》（具体年代不详），中世的《徒然草》（约1330—1331），近世的"俳谐"（俳句）、国学、戏剧，还是近代的自然主义文豪岛崎藤村、日本文坛的"鬼才"和新思潮的代表作家芥川龙之介，以及现代两位诺贝尔文学奖得主川端康成和大江健三郎的文学作品等，凡是在日本文坛被视为正统派的文学艺术无一不富有调和的色彩与和解的基调。他们既不善于在自己的文学作品中表现疾风怒吼、腥风血雨的场景或画面，也不擅长描写

---

① 钱志熙："论《毛诗·大序》在诗歌理论方面的经典价值及其成因"，载《北京大学学报（社会科学版）》2012年第4期，第63页。

人或事矛盾的冲突与激化。

长期的风调雨顺、邻里间的和睦相处、人与自然的共生自古就养成了日本人齐心协力、风雨同舟、共同劳作和维持生存的性格。在他们眼里，人与自然、人与农业、人与人之间的关系不是一个充满对立的矛盾体，而是一个和谐相安的融合体。因此，亲和、平和、调和、协和、温和、中和、唱和等构成了日本人原始的"和"意识。他们喜欢把任何事物都看成是协调一致、和洽共融的，即使是相异，也要把它们合二为一，化成一个统一体。

另外，在中国儒家思想"和为贵"的观念影响之下，日本人的"和"意识更加突出。在政治上，统治者为巩固自己的地位，把百姓纳入自己的思想意识中力主"和"（一元化）的精神。例如：593年，圣德太子在执政的时候，为保障国家的安定统一，稳定贵族阶层的思想，削弱大贵族的势力，就制定了日本有史以来第一部宪法《十七条宪法》。该宪法的第一条第一句就是："以和为贵，无忤为宗。"① 这显然就是借用了孔子提出的"礼之用，和为贵"的思想。圣德太子颁布的宪法为40年后的大化革新奠定了"和"的基础，即以"和"求发展。在人际关系上，追求彼此间的一团"和气"，避免相互间的摩擦和矛盾，以"和"来维系长久保持的亲善关系。在人格修养方面，认为具有"和合上下"的仁厚品质、"温柔敦厚"的性格、"秀美文雅"的仪表才是最理想的。在《源氏物语》中，紫式部所塑造的理想女性总是带有"柔顺和蔼""上下亲和""彬彬有礼""性情稳良""忠厚谦和""端雅平和"的品德的。在文学艺术方面，反映文学美学理念的"感物兴叹""幽玄"都是在不同程度方面强调人与人、物与物、人与物的协调一致，最终达到"风雅"的"物我一如"境界。

"调和"始于自然，又终于自然。热爱自然之美、与自然共生存的日本国民在表现和塑造文学艺术方面就会自觉不自觉地发挥其"调和"性的审美意识。

---

① 平泉澄『物語日本史』（上），東京：講談社学术文库，1999年，第87頁。

可以说，日本人"对精神美的追求，以调和作为其目标"①，对艺术创作则是以调和之美作为其基础。这样就不难理解日本文学作品追求和崇尚"调和统一"的原因了。

二、重暧昧、余情，轻夸张

最能体现日本人喜欢暧昧这一特点的应该是他们每天使用的语言。因为作为表达日本人思想情感和思维模式的工具——日本语最主要的特色之一就是在于它的暧昧性。

日语不同于汉语，它有词语变化和活用等。在古代，日本民族只有自己的语言却没有自己的文字。在公元5世纪中叶以后，古代日本人借用中国的汉字作为表音符号来书写日语。如：日语的"さくら"（樱花），就用汉字"散久良"来书写。由于汉字笔画繁杂，长期使用它表音不利于普通人的理解和记忆，使用起来很不方便。它只能限于极少数具有相当高文学素养和汉文字水准的贵族掌握，极不利于在日本民众中推广与掌握。因此，到了9世纪，他们在汉字的基础上创造了日本字母——假名②。至此，日语由"汉字"③和"假名"组成。假名便成为日本的"和字"。日语中尽管有许多汉字的出现，但并没有改变"日语的基础是假名文字的事实"④。日本人在日常中更爱大量地使用具有多义词的假名词

---

① 叶渭渠："日本的国民性与调和美意识"，载《日本学研究》1993年00期，第31页。
② 假名是相当于汉字而言的。汉字被日本人称为正字，叫做真名。日本人根据汉字中的偏旁、正体发明了"片假名"，依汉字的草体创造了"平假名"。一般书写和印刷都用平假名，片假名通常用来表示外来语和特殊词汇。假名的出现，限制了汉字的使用。除了实质性的单词部分使用汉字以外，其余的带有语法性的部分都用假名表音。这样，就打破了通体汉文的格调。随着日本文字的不断进化，日本人对汉文化的日益消解，日本语最终演变成部分汉文字与假名混用的和文句式。中国的汉字也就完全变成日本化的词义。
③ 日语中的所谓"汉字"被称为当用汉字。有的字形和词义和中国的完全一样，如"人民""学校"等；有的是字形相同而词义不同，如"人参"（胡萝卜）、"怪我"（受伤）等；还有日本人自己造的汉字，如"辻"（十字路口）、"榊"（杨桐）等。
④ 野岛刚：《被误解的日本人》，上海：上海三联书店，2016年，第5页。

语，增添了语言的暧昧性和暗示性。

日语中词语的暧昧仅是一方面，日语句子的表达则更加凸显了含混与模糊。日语的句子由主题部和叙述部两大部分组成。主题部包括主题和对主题的修饰、补充部分。主题表示讲话的中心事项，有时它是在一个句子中做主语，有时是做对象语，总之是有待于说明、解释或加以提示的部分。叙述部则是对主题部进行必要的说明、解释或加以叙述，其核心是谓语。从结构上来看，主题部在前，叙述部在后。从语序上来看，主语在前，宾语或对象语在其后，谓语在句子的末尾，即"主—宾—谓"的关系。表达一个句式是肯定还是否定，是"过去时"、"现在时"还是"将来时"等都要取决于句子中的谓语。而且，主题部和叙述部里都可以分别含有主谓宾语。在这样的语法关系中，日本人在使用语言时常常省略掉主语，或宾语，或谓语。就连清楚表达句意的肯定和否定这样的关键词往往也是避而远之。通常很少能听到或看到日本人明确表述自己的观点，他们多喜欢选用那些非常朦胧、含蓄和模棱两可的词语和语句。正如日本现代著名语言学家金田一春彦所说："日本人不像西洋人那样喜欢使用'Yes'或'No'"，"不明说人称、数量等，多用含糊、笼统的表达方式"。[1] 日本人彼此能相互理解而不出偏差，在很大程度上是依仗他们自己的直觉、思维方式或悟性。也就是说，日本民族是一个善于察言观色、听话听音、理解力超强、悟性很高的群体。也正是因为这一点，日本人十分爱用暧昧的语言表达他们的情感，从中获得语言背后浓郁的"余情"感受。

"余情"属于情绪上的一种审美意识。由重"余情"表现出来的"幽玄"和"风雅"之美学理念自然也是属于情绪方面的用语。日本人认为越是感觉模糊不清的东西越具有余韵美和暗示力。作为"和歌"的"幽玄"（后又被用来批评"能剧"）、"俳句"的"风雅"，其共同点就是以"小"示"大"，给所用的词句蒙上

---

[1] 金田一春彦『日本語の特質』，東京：岩波書店，1970年，第65頁。

一层黯淡、朦胧的色彩,"让词义不要显露无遗,而要使蓬松轻软的气氛飘逸出来","最好是在理解时给人一种自由伸缩的空间"①。例如：

ほのぼのと　明石の浦の　朝霧に
島隠れゆく　舟をしぞ思ふ　　《古今集》羁旅 408 佚名 作)
（破晓黎明前，朝雾笼罩明石滨，推想船儿隐岛中。——引者译）

从这首"和歌"里，可以看出歌人所创造的意境是非常暧昧的。即将破晓的黎明给人一种昏暗、朦胧的感觉，就在天空一点点发白时，却又被一片晨雾笼罩起来，使原本就看不清的天色又增加了一层模糊的色调。而此时的明石海滨与天色浑然一体、难以辨别，可想海面的船儿悄然驶向在海岛的背影中，不见踪迹。这里作者并没有明确告诉读者隐匿在岛后的船儿是一条、两条还是更多条，也没有向读者明示乘坐在船上的人是与自己刚刚分别的爱人。当然歌人更没有表露出自己也想随着那船儿一同离去的心情。但这首"和歌"的趣味妙就妙在它有很大的张力和暗示力。在这十分暧昧的气氛和情绪中，原作者给读者产生的是一种好奇心与某种神秘感。读者在神秘感的驱使下，可以尽量发挥个人的想象力，尽情享受想象空间所产生的各种美感。难怪平安中期的著名歌人兼批评家藤原公任在论述"和歌"的"余情美"时，称赞这首"和歌"是"尽词语之妙，达余情之境"的优秀作品。"余情"的玩味往往离不开语言表达的含蓄、暧昧与暗示。"这首和歌的暗示要素才是其美感的源泉"。②由此可以说由"暧昧"产生的文学艺术，是日本人极力推崇的，具有至高无尚的价值。它一直贯穿在整个日本文学的写作中。

日本著名的文学大家、唯美派文学的倡导者谷崎润一郎在其著名的评论文

---

① 鈴木修次『中国文学と日本文学』、東京：東京書籍株式会社，1991 年，第 97 頁。
② ドナルド・キン『日本人の美意識』、金関寿夫訳、東京：中央公論、1999 年、第 13 頁。

《阴翳礼赞》（1932）中指出：日本人自古就在"阴影中发现了美"，"日本的客厅美，完全由阴影的浓淡产生"。"如果把日本的客厅比作一幅水墨画，那么木格子糊纸拉门是最淡的部位，而壁龛则是最浓的部位了"，"日本人会巧妙地区别和使用光和影子"。[①] 比起光明，阴影本身就是暧昧的、模糊的。它比明亮更具有渗透力和感染力。谷崎润一郎认为日本人爱好阴影本身就是在追求一种"风雅"之美。

在日本人的审美意识中朦胧的东西总比明确的东西更令人向往。暧昧产生的"余情美"比运用夸张手法产生的效果更容易产生情绪上的感动与共鸣。因此，我们在日本的文学中几乎没有类似中国文学中这样的描写，不仅看不到李白那荡气回肠的"白发三千丈"之愁苦、表达汪伦送别之情远远胜于"桃花潭水深千尺"之情愫、南唐后主李煜由皇帝沦为阶下囚后"问君能有几多愁？恰似一江春水向东流"的悲愁，而且还看不到李清照对丈夫赵明诚的思念之情到了"莫道不消魂，帘卷西风，人比黄花瘦"的地步，相亲相爱的人发誓到了"山无陵，江水为竭。冬雷震震，夏雨雪。天地合，乃敢与君绝"的程度。

三、重纤小、简洁，轻烦琐

小巧清雅、毫不张扬的自然环境对日本人的"风雅"审美意识的养成起了很大的作用。日本人在"顺从造化"、追求"风雅"的过程中，逐渐形成了一种重纤小、简洁、素雅而轻繁杂、华丽，重恬淡，轻浓艳的性格。

从日本人对自然景物的审美方面来看，他们对高山大河缺乏崇高的感受，对眼前的低矮清幽的小山、身边的短浅清澈的小溪常常会从心底发出赞叹之词。在日本人的心目中越纤小、简洁、幽雅的景致越能够引起内心的感动或震撼。

[①] 吉田精一、大野晋編『現代文』、東京：角川書店、1982 年、第 145 頁、第 138 頁、第 139 頁。

就拿日本人喜爱的吉野樱花（又称"染井吉野樱"）来说，它称得上是日本民族文化的象征。樱花一年只开一度，从3月下旬开始到5月初自南向北依次绽放。它的花期很短，一般开放一周左右就很快凋零。吉野樱花的花瓣很小，且多为单瓣，色调是典雅、清丽的淡粉色，当它一齐盛开的时候能散发出阵阵的幽香。樱花给人的感受是不富贵、不妖艳、不华美、不张扬，它来去匆匆，盛开时一齐绽放，凋谢时一齐零落，十分利落、简洁、恬淡、素雅，给人以无限遐想。质朴无华的樱花与日本人的审美趣味完全相吻合。因此，每逢樱花烂漫时节，日本人就开始从南到北一路追逐樱花期，尽情观赏和赞美樱花，并随着樱花的凋谢而感叹人世间的虚幻与无常。无怪乎樱花在日本被视为花中之王，并被视为象征日本的国花。

此外，日本人的这种审美趣味还表现在对数字和色彩的运用。日本人在数字方面同样非常喜欢简约的数字，好像数字越少越好。比如自古至今活跃在日本文坛乃至世界文坛的"和歌"和"俳句"就是以短小、精练、简洁而著称。从形式上来看，"和歌"只有31个音节，"俳句"比它还要简洁一半，只有17个音节。但从内容上看，"俳句"比"和歌"所包孕的空间更要广阔，更加丰富和深邃。在"和歌"和"俳句"的世界里，数字"一"常被用来表现对情绪的强烈刺激，像"在涟漪微起的水面上，独自飘荡着一叶渔舟""一只寒鸦栖息在枯枝头上"等，它们仿佛像是一幅幅素描或简笔画。一条线，一抹影，一块墨，寥寥几笔就勾勒出令人喟叹的无限图景，令人发现美的存在。从上面所列举的诗意中，可以推想出日本人在对色彩的选择方面，也同样表现为简洁、素雅并趋于沉静。他们在日常生活中不喜欢那些亮丽、耀眼、鲜艳的颜色，反而对冷色调的、十分典雅、暗淡质朴的颜色情有独钟。即使是对明快的颜色，如大红色，也喜欢把它加以淡化。

日本人这种重纤小、简洁的审美意识除了表现在外观的形式上以外，还表现在抒发内在思想感情的纤细方面。它"最适应日本人的纤细的感觉和细腻的感情"①，而最能体现日本人丰富细腻情感的文学艺术莫过于上面提到的"和歌"和"俳句"了。他们极为喜欢用简洁、洗练的形式表现纤细的感觉，表达细腻的情感。比如：

春まけて　物悲しきに　さ夜更け
羽振き鳴く鴫　誰が田にか住む　（《万叶集》19-4141　大伴家持　作）
（春近心悲哉，半夜闻鹬振翅啼，不知栖息谁家田。——引者译）

在这首"和歌"里，春天代表了一种离别的伤感、悲愁，即将来临的春天引起了诗人相思之心绪，在静寂的夜晚听到了鹬的振翅和啼鸣声，声音划破了夜空，使诗人更加孤枕难眠，又平添了许多愁绪。这首"和歌"的风格令读者最感到享受之处就在于作者在"充分表达纤细的美意识中讴歌了极为细腻的悲愁之情"②。日本人的这种非常注重纤小、简洁的审美倾向在日本文学作品中可以随处可见，信手拈来。

此外，他们在对外来文化的吸收方面，也喜欢删繁就简，尽量加以淡化。单看"风雅"在日本的接受，松尾芭蕉在《负笈游记》（1709）里明确指出，离开政治，一心埋头于大自然（造化），便是日本的俳谐之"风雅"。这"风雅"精神贯穿了整个日本文学之道和艺术之道。显然完全剥离并剔除了中国人在"风雅"中认为最为重要、最为核心，而对日本人而言最为复杂的东西，即把政治问题放在个人生活的范畴里加以领会，把人类社会问题同政治联系起来加以理解。它给中国式的"风雅"披上了一层风趣、脱俗的外衣，使其成为日本式的"风雅"。在日本人看来，正是这种"淡化""去核"了的"风雅"才是真正意味的"风雅"。

---

① 叶渭渠主编：《日本文明》，北京：中国社会科学出版社，1999年，第123页。
② 鈴木一雄編集：『名歌名句鑑賞辞典』，東京：三省堂，2001年，第17頁。

正因为日本人重纤小、简洁，轻烦琐，追求"风雅"之趣，才导致近现代日本文学的作家多以短篇小说胜出，即使是长篇小说也是多缺乏整体的统一性和严密的逻辑性，结构比较松散。有些长篇小说基本上就是短篇的连缀。像川端康成本人就明确表示过，自己在二战期间断断续续写就的一部长篇小说《雪国》（1935—1948）本身就是由一个个短篇组合而成的。另外，被日本近代文坛誉为短篇"小说之神"的大文豪志贺直哉在他有生之年创作的唯一长篇小说《暗夜行路》（1921—1937）也是如此。他们的小说随处均可告一段落，随处也都可以完结。同样像《源氏物语》这样浩瀚长卷，尽管不是短篇的连缀，但它的结构也是缺乏统一性，故事情节都是呈并列的直线型展开。它看上去如同画卷一般。正如日本文学评论家吉田精一指出的那样，"散文物语具有明显的画卷式的性质"，"画卷不宜一次全部看完，而应一部分一部分展开卷起，欣赏其每个局部的美，因为它的中心分散在每个局部，每个场面相互之间的联系未必严密"①。

四、重枯寂、缺憾，轻喧嚣、完整

在日本人的审美意识里，短小、简洁让人一下子摸不清真正的实体所在，有着深邃内涵能引起人们心灵共振的文艺作品才堪称是最优秀的。而这摸不清的深邃内涵除了能说明日本人嗜好"暧昧""余情"以外，还可以表明日本人热爱枯寂和缺憾之美。

当然，这与禅宗的精神有着密切关系。禅宗自传到日本以后，深受日本人的欢迎，它很快就渗透到日本文化的各个阶层，影响着整个日本民族的审美心理。日本著名宗教学家铃木大拙在《禅与日本文化》（1989）一书里，明确指出禅宗的精神是构成日本文化特征的重要精髓。因此，作为文学艺术最高审美的

---

① 吉田精一、李芒："日本文学的特点"，载《日语学习与研究》1985年第2期，第48页。

"风雅"自然也就必不可少地含有禅宗的精神。

"风雅"所追求的枯寂、不匀整性、缺憾美等，同禅宗的精神是一脉相承的。禅对于生活表层上的种种繁杂不感兴趣，而对事物的本原饶有兴致。它主张在观察事物中直接契入对象的生命，把握和挖掘隐藏在实体背后的奥秘。要做到这一点，就要依靠"枯寂"。这里的"枯寂"不完全是中国人理解的"枯燥寂寞"之意，而主要是指"不跟随社会时尚"之意味，也可以称之为"贫瘠"。之所以这样称呼，是因为它蔑视一切世俗的东西，诸如金钱、财富、权利、名誉、地位等，对它们根本不加以执着追求。只有在远离世俗的"贫瘠"人心中，才能真正感受到"一种因超越时代、社会而具有最高价值的存在"①。而"风雅"正是领悟了这一真谛，主张舍弃自我，在"无我"之境中发现真正美的价值所在。"枯寂"能唤醒人们对平淡、无奇、有缺陷的东西感到一种突如其来的快感和抑制不住的兴奋。

翻开日本文学作品，常常看到日本人喜欢讴歌赞美那些不满不盈的事物。比起盛开的鲜花来，更喜爱含苞待放的骨朵儿；比起圆满无缺的望月，更喜欢一弓新月；比起百花争艳、万木争荣的春天，更偏爱凉风萧瑟、鸟虫悲鸣的秋天等。像深受中国文学影响、在奈良时代完成的《风土记》（713）里所描写的那种整合性文风，在以后的文学作品里早已不见踪影。例如：

  春は則ち浦の花千に彩り、秋は是岸の葉百に色づく。
  歌へる鶯を野の頭に聞き、舞へる鶴を渚の干に覽る。
  社男と漁孃とは浜洲を逐せて幅湊まり、
  商豎と農夫とは舸艖に棹さして往来ふ。②
  （春来海滨百花开，秋来河岸叶色浓。闻莺歌于田间，

---

① 铃木大拙：《禅与日本文化》，陶刚译，北京：三联书店，1989年，第16页。
② ドナルド・キン『日本文学の歴史』(1)，土屋政雄訳，東京：中央公論社，1994年，第110頁。

见鹤舞于渚上。村里郎渔家女，聚集在海滨。

商人与农夫，撑船穿梭间。——引者译）

在日本人看来，欢快、匀整的东西不容易留下深刻的印记，而不彻底明说、带有"感伤"的东西却是最容易让人心动的。

总之，在日本人的审美意识中，"世间万物，完美无缺者未必是善事"（《徒然草》第 2 段），"过分兴高采烈者，终将索然无味"（《徒然草》第 54 段）。在缺憾和不足，甚至所谓丑陋的事物中，都能寻求到美的存在价值。越贴近自然，接近"风雅"，才是对美的发现、对美的感受。由此可见，贯穿日本文学之道和艺术之道的"风雅"完全是一种日本式的理念，已经渗透到日本人的审美意识中。

作者简介：叶琳，文学博士，南京大学外国语学院日语系教授，研究方向为日本文学及其文学理论。独立主持国家社科项目、省部级及校级社科研究课题多项。自 2006 年起先后获得"华东地区特别出版奖""第 7 届江苏省教育厅高校社会哲学二等奖""江苏省教学成果一等奖"和"高等教育国家级教学成果奖二等奖"等。出版专著、译著、编著和教材 30 余部，在国内外学术刊物发表论文、译文 50 余篇。

越境、性别与空间：芥川龙之介《母亲》中的都市空间与女性身体①

周 倩

【摘　要】 芥川龙之介以中国为舞台背景创作的短篇小说《母亲》，通过身体与空间的交叠叙事，以女主人公的精神活动为叙事载体，借由不同的空间表征描述了跟随丈夫移居异乡的主人公在经历丧子之痛后，所陷入的主体身份的割裂与不安。小说中所展现的都市空间，既是故事铺陈的具体场景，亦是主人公身份认同危机的外在隐喻。本文借助空间视角考察《母亲》中空间建构与身体书写间互为指涉的叙事关系，解读在性别空间与父权家长制的双重制约下，主人公探索重构自我主体性的过程。

【关键词】 芥川龙之介；《母亲》；中国；都市空间；身体空间

20 世纪 70 年代以后，后现代理论的发展与全球化进程的推进，打破了历史决定论下线性时间的主导地位，将空间概念带入到社会理论的研究视野。对于文学批评而言，"空间不再只是故事发生的背景和'舞台'，也不再局限于物理空间、文本空间和情感空间；空间的社会属性，空间与权力、性别和身体的关系都得到了新的理解和审视"。② 空间视角下身体在不同场域内的越境活动，也不仅是物理身体在地理空间内的单纯移动，而是伴随着文化身份的想象重组

---

① 本文系上海高校青年教师培养资助计划"外国文学课程中的中国话语建构"、上海市世界文学多样性与文明互鉴创新团队的阶段性成果。
② 陈丽：《空间》，北京：外语教学与研究出版社，2020 年，第 4 页。

与多语言环境的接触融合等多重面相。1921年3月至同年7月，芥川龙之介最终实现了梦寐已久的中国之旅，作为大阪每日新闻社的特派员在中国游历了近半年之久，足迹遍及上海、南京、苏州、长沙、北京等南北多地。归国两个月后发表的《母亲》(《中央公论》，1921年9月)以地景与心景的叠影叙事手法，描写了跟随丈夫移居中国的主人公野村敏子在痛失幼子后，所陷入的性别身份的割裂与不安。芥川的中国旅行经历与书写对象的跨域属性使《母亲》一文与空间视角有着极强的适配性，不啻为考察芥川文学中空间叙事与身体书写间耦合关系的代表性文本。

《母亲》中，刚搬至上海某旅馆二楼的主人公野村敏子因隔壁婴儿的啼哭时时刺激着自己的丧子之痛，要求丈夫重新搬回了三楼。之后，一次偶然的机会，野村敏子见到了隔壁那位与自己同名的母亲，与她聊起自己因流感夭折的孩子，并对隔壁的婴儿产了一种近乎自虐的兴趣。夫妇二人从上海移居芜湖后的某一天，敏子收到隔壁母亲的来信，信中说到自己的孩子也染上同样的病刚刚去世了。小说的结尾，敏子一边欲将笼中的文鸟放生为隔壁夭亡的孩子祈冥福，一边"无论是眼睛还是双唇都洋溢着微笑。而且，那是几乎失去平静的、激烈的幸福的微笑"。

《母亲》自发表以来并未受到学界的太多关注，相关论述也寥寥可数。先行研究多结合作者的生平经历，将其并置在芥川文学中"恶女"与"母亲"的双重谱系之下，把主人公敏子的形象定位为发疯的恶女[1]。21世纪以来，随着中国旅行之于芥川文学的意义逐渐被纳入研究视野，亦有学者在芥川中国体验的框架内考察该作品的场景设定。关口安义率先指出，小说中对上海旅馆以及雍家花园内槐树、柳树的描写均源自芥川的中国体验[2]。铃木晓世同样关注到作品的

---

[1] 代表性研究主要有，三好行雄『芥川龍之介論』、東京：筑摩書房、1976年、第236—256頁；奥野政元「芥川龍之介における母なるもの（上）（下）」『活水日文』1995年第30期、第11—28頁；萩原千惠「母」、『芥川龍之介新事典』、東京：翰林書房、2003年、第495頁。

[2] 関口安義「母」、『芥川龍之介全作品事典』、東京：勉誠出版、2000年、第452頁。

空间描写，指出"日本人旅馆或公司住宅等空间，正因处在'外地'反而更有意指向'内地'，从而形成了一个闭塞、均质的空间"①。姚红则结合史料详细考察了同时代的上海都市空间与文本内上海表象间的对应关系②。上述研究提示了空间视角的重要性及有效性，但空间考察与人物形象分析仍彼此割裂，并未就个中关联展开深入论述。本文借助空间视域重新审视该小说中的空间表征及身体表象，力图挖掘隐藏在其空间建构中的性别秩序、身份想象与力量关系，以期为考察中国体验之于芥川文学的意义提供新的参考维度。

一、"家庭空间"与身体规训："框"内的女人

《母亲》中野村敏子夫妇生活的"家庭空间"是一栋"上海特色的旅馆"，夫妇二人昨夜刚从三楼搬至二楼。文章开端，叙事者透过穿衣镜将敏子带入读者视线：梳着西式发髻身穿丝绸和服外褂的女人背对着镜子，"那个女人好像从刚才起就一直在那里做针线活"。丈夫野村则披着一件便衣，"舒展着身体趴在远处的榻榻米上，而手里则摊开报纸浏览着"。③与主人公敏子以映在穿衣镜中的影像形式出场类似，在小说第二节登场的隔壁母亲同样被塑造成"框"内的女性形象："窗户的对面耸立着一栋背对光线的三层楼建筑，其红色的泥砖上生长着不多的青苔。如果从这栋房子幽暗的走廊上眺望过去，那向外凸出的窗棂则恰如一只镶画的镜框。在那幅绘画的正中央，一个女人侧着脸，正编织着小小的袜子。"④

---

① 铃木暁世「芥川龍之介『母』の＜透ける耳＞描写における漱石の影響——中国特派員体験と聴覚」、『阪大比較文学』2005 年第 3 期、第 136 頁。
② 姚紅「芥川龍之介『母』試論——近代中国の都市表象を視座として——」、『文学研究論集』2013 年 31 期、第 35—55 頁。
③ 芥川龙之介《母亲》，芥川龙之介：《芥川龙之介全集 第 2 卷》，宋再新、杨伟译，济南：山东文艺出版社，2005 年，第 91 页。
④ 同上，芥川龙之介《母亲》，第 94 页。

穿衣镜中的敏子与窗棂前的隔壁女子，有着相似的视觉构图，均以静态、受限的身体姿态出现，呈现出互文性特征。而二人所做的缝纫、编织等"女红"亦常被视作典型的女性工作，"女红在界定女性身份、确立女性地位、建构女性空间、形成女性体验等诸多方面都具有重要意义"①。近代以来，非出于经济目的（如维持家计）的女红，多作为妇德的象征，将女性的身体及思想限制在家庭内部。与敏子丈夫"趴在榻榻米上"的舒展身姿不同，做针线活的敏子和编织袜子的隔壁母亲则一定程度上需要保持规范、限定的姿势。同时，不具备交换和流通价值的女红成果，也使敏子们的活动与生活空间缺乏社会纽带。波伏娃曾援引"内在性"的概念来描述女性的处境，"内在性"作为"超越性"的反面意味着被动、依附或客体，"描述的是一种没完没了地重复着对历史不会产生影响的工作的处境"②。文中敏子的生存状态便具有典型的"内在性"特征。正如白馥兰所言，当女性的劳动"不再能直接为国家或家庭的收入做出贡献时，其内闱的空间隔离就呈现出分离和依赖的新含意"③，困囿于"内在性"中使敏子的生活空间愈发封闭，只能更趋向于依附家庭，沉溺在妻子与母亲身份的反复确认中。

作为家庭空间的延伸，文中"上海特有的旅馆"对形塑主人公的身体感觉，建构性别秩序的作用同样不容忽视。夫妇二人留下伤痛回忆的三楼房间，在丈夫的回忆中呈现出以下破败景象：窗户边的墙壁上油漆已经剥落，但挂着印花布做的窗帘，从上到下一直垂落到业已变色的榻榻米上面。而窗台上，光秃秃的天竺葵则蒙上了一层薄薄的灰尘，也不知有多久没有浇水了。凭窗外眺，只见杂乱无章的巷子里，头戴麦秸草帽的中国人力车夫正无所事事地在原地来回踟蹰着。④ 有研究者认为，《母亲》中的"旅馆"原型为芥川上海旅行期间投宿

---

① 宋晓萍：《女性书写和欲望的场域》，北京：北京大学出版社，2011年，第81页。
② 陈肖利："走出内在性：选择一种面向未来的存在形式——浅析西蒙娜·德·波伏娃《第二性》的女性生存论"，载《理论界》2007年第3期，第164页。
③ 白馥兰：《技术与性别——晚期帝制中国的权力经纬》，江湄、邓京力译，南京：江苏人民出版社，2021年，第207页。
④ 同前，芥川龙之介《母亲》，第91页。

的"万岁馆"①。1921年3月30日,芥川由日本门司乘坐"筑后丸"号抵达上海后,最初被介绍入住的旅馆是上海的首家日本旅馆"东和洋行"。该旅馆于1886年由吉岛德三创建于铁马路(今河南北路)与北苏州路交叉口,在当时属于上等旅馆。1894年3月27日,朝鲜开化党领袖金玉均在该旅馆二楼被暗杀。"甲午战争后,朝鲜沦为日本殖民地,金玉均被'平反'。东和洋行则以金玉均之事大做宣传"②,令东和洋行一度广受关注。不过,这段特殊的历史及旅馆破旧的环境招致了芥川的抵触,当天就换到了不远处的万岁馆。事后在《上海游记》(《大阪每日新闻》,1921年8月17日—9月21日)中,芥川明确表露了自己对东和洋行③的不满:

> 于是我们便去那间房间里看了一看。不知何故床竟有两张,墙壁被烟熏得漆黑,窗帘十分破旧,连让人满意的椅子都没有一个。总而言之,那是一间除了金玉均的幽灵之外任何人都绝对无法安住的房间。④

东和洋行匆匆一瞥所留下的不悦回忆,也投射到了上述三楼房间的描写中。而芥川真正入住的万岁馆同样是日人在上海经营的旅馆之一,由相川清九郎创业于1904年,位于西华德路(今长治路)、闵行路口。"万岁馆外部建筑是洋式风格,内部设施却完全是日本式的"⑤,与文中旅馆"涂成西洋风的墙壁,且铺着日式榻榻米"的"和洋折中"风格对应。此外,1919年出版的《上海案内》中曾刊登过一则万岁馆的广告,印有"陆军中支派遣队・海员协会・大阪贸易同

---

① 和田桂子「芥川龍之介(万歳館)」、和田博文、徐静波ほか『上海の日本人社会とメディア1870—1945』、東京:岩波書店、2014年、第164頁。
② 陈祖恩:《寻访东洋人——近代上海的日本居留民》,上海:上海社会科学院出版社,2007年,第93页。
③《上海游记》原文中写作"东亚洋行",为芥川龙之介的笔误。
④ 芥川龙之介:《中国游记》,秦刚译,北京:中华书局,2007年,第6—7页。
⑤ 同前,陈祖恩《寻访东洋人——近代上海的日本居留民》,第95页。

志会指定旅店"的宣传字样，也与文中敏子丈夫派遣职员的身份设定相符。事实上，1921年日人在沪经营的旅馆共有九家，多"迎合日本人喜好改建"，"同日本国内一流旅馆相比亦不逊色"①。很明显，芥川在此着意渲染了旅馆三楼房间的负面景象。此外，"中国人力车夫"曾是构成芥川上海"第一瞥"的重要景观：

> 刚走出码头，十几个黄包车夫一下子就把我们包围了。（中略）但是中国的车夫，说其不洁本身就毫不夸张，而且放眼望去，无一不长相古怪②。

王升远曾指出，初到中国便遭遇人力车夫，"使日本文化人对现实中国的认识大打折扣，在他们看来，中国车夫肮脏、无序、愚钝甚至有心智返祖化倾向"③。不过，此处对"中国人力车夫"一笔带过的描写则更多是为表现丈夫对三楼房间的嫌恶，突显旅馆生活的单调、无趣。

了无生机的居住环境和刚搬来便失去幼子的悲痛记忆，化成了一种无形的空间压力，使敏子异常敏感，又无法逃离。虽搬到二楼，但因隔壁幼儿的阵阵哭声，时时撩拨着敏子尚未恢复的伤痛，只能要求丈夫再度搬回三楼。不同于在家庭与社会间自由进出的男人，文中敏子们的时空始终被限制在旅馆内部，束缚在旅馆闭塞的空间与凝滞的时间之中：

> 上午十点到十一点之间——是旅馆一天之中最寂静的时刻。无论是来做买卖的商人，还是前来观光的游客，几乎所有住店的客人都出门外游了，而那些长期寄居在旅店的公司职员们也当然是不到下午不会回来。在长长

---

① 平野健『上海渡航之栞』（訂正再版）、上海：私家版、1921年、第28頁。
② 同前，《中国游记》，第4—5页。
③ 王升远：《文化殖民与都市空间：侵华战争时期日本文化人的"北平体验"》，北京：生活·读书·新知三联书店，2017年，第194页。

的走廊上，唯有穿着拖鞋的女仆来回走动着，不时发出一阵阵脚步声。①

"上午十点到十一点之间——是旅馆一天之中最寂静的时刻"，这句时间描写在该章节重复了两次。重复修辞所营造的毫无生产性的"时间停滞感"进一步触发了"空间闭塞感"，旅馆的生活空间成为束缚与圈限敏子们身体的又一重"框"。如同空间一样，时间同样带有性别化特征，"时间会构成性别主体的主观经验世界，并构建一个人在世界中的存在"，"性别是在时间结构中逐渐形成的，女人的内在性特征也是在时间的积淀中构建的"②，文中敏子重复、封闭的时间体验迫使她只能在父权制所指定的性别身份中确认自我主体的存在。

二、"社群空间"与身份认同：身份焦虑与自我分裂

1927年7月31日，曾为芥川做过北京城内向导的中野江汉，在追思芥川的文章中透露《母亲》的素材来源于自己的亲身经历：

> 在什刹海的茶馆与芥川君交谈过三次，在这过程中，也许是话题尽了，不知因何契机聊起了各自的境遇。之后过了大半年，芥川君罕见地寄来了一封信。信里说道，在《中央公论》的秋季特辑中，"以你们夫妇二人在大连失去孩子时的故事为素材写了篇小说，仅把地点换到了南边"，并附上了刊登小说的《中央公论》。一看，原来是部名为《母亲》的短篇，虽说与我们当初的情感有些许出入，但不管怎样我们夫妇二人的形象在小说中倒是

---

① 同前，芥川龙之介《母亲》，第94页。
② 李蕾蕾、杨雪云："女人如何形成：现象学视角下对《第二性》的时间性解读"，载《陇东学院学报》2021年第6期，第56页。

生动鲜活。①

中野江汉，本名吉三郎，1889 年 4 月 13 日出生在日本福冈县宗像郡南乡村朝町，1906 年受福冈同乡们的影响来到中国汉口，次年进入玄洋社工作。曾经承担过黎元洪的机关报《新民》的编辑工作，在 1915 年借黎元洪北上之机迁居至北京，在中国民俗、思想等研究领域都造诣颇深②。虽然在中野的转述中并未提及故事舞台变更的缘由，但可以肯定的是，无论是对于芥川的中国体验还是对于《母亲》的叙事展开，上海这一场域所内含的历史、文化及社会意义都是不可替代的。一方面，东北地区只是芥川完成中国之行时回国路线上的中转站，并非游历的重点。1921 年 7 月，芥川由天津返回日本时曾经过奉天（沈阳）、朝鲜，最后由釜山乘船抵达日本下关。归国后也仅以《杂信一束》中两个条目的形式，简单记述了自己对"奉天"及"南满铁路"的印象。另一方面，"租界都市"上海的日本居留民与生活在朝鲜、中国东北的日本殖民者不同，作为近代上海的新参者、后来者，"优越感与劣等感，先进意识与后进意识，支配者意识与被害者意识复杂地掺杂在一起"③，其内部生态与主体意识呈现出更为复杂的多重褶皱。

"日本人最早在上海出现，是在 1871 年《日清修好条规》缔结而开始的国交以后。"④甲午战争后，日本凭借《马关条约》(1895)与《中日通商行船条约》(1896)获得了在上海及其他开港地设置租界的权利。日俄战争爆发后，"以纺织业为首，制粉、机械、榨油等日本资本开始正式进驻上海，随之而来的便是上海日本居留民数量的急速增多"。第一次世界大战爆发后，随着日资工厂纷纷

---

① 中野江漢「自殺した芥川氏と北京　中野江漢氏談」、『北京週報』1927 年 7 月 31 日、第 11-12 頁，此处引文为笔者试译，后文其他引文如无特别说明，均为笔者试译。
② 中野江汉：《北京繁昌记》，韩秋韵译，北京：北京联合出版公司，2017 年，第 2—3 页。
③ 小熊英二『「日本人」の境界』、東京：新曜社、1998 年、第 662 頁。
④ 高纲博文：《近代上海日侨社会史》，陈祖恩译，上海：上海人民出版社，2014 年，第 45—46 页。

跃入上海,"1915 年移居上海的日本人增至 11457 人,已超过英国占据上海在留外国人数之榜首"①。随着日侨的增多,1891 年日本在上海设立总领馆后,便依照国内的文明开化方针,颁布了日本居留民在留规则等一系列政策,对日本侨民实施文化启蒙与监督管理。"经过多年的努力,日本居留民逐渐形成了独具日人特色,与外部世界隔绝也可生存的日本人社群。"②上海的日本居留民由"商社、银行支店长、高级官吏、公司经营者"等构成的"会社派精英层","在纺织会社、银行、商社工作的靠工资为生者"构成的"会社派中间层",和"由中小商人、中小企业经营者以及职工层、饮食服务业、各种杂业阶层、无职业的下层民众"组成的"土著派一般民众层"构成③。"受公司经营方针及在任期限的影响,上海对会社派来说仅是他们人生的中转站,而对于土著派而言则是赌上自己事业发展的永居地。"④相较于已决意埋骨他乡,将上海视为第二故乡的"土著派",闭塞的社群环境与流离的身体空间则给"会社派"带来更多空间的疏离感与主体性不安。

《母亲》中主人公夫妇的设定便是短居上海的"会社派"形象,不过相较于束缚在私人空间内的妻子们,文中的男性则享有更多的社交空间与自由。值得关注的是,文中女佣在调侃隔壁女子时说道:"你要是再说这种刻薄的话,以后莺家打电话来,我可就偷偷转接给先生了。"有学者认为此处的"莺家"很可能是"艺伎馆的店名"⑤。据陈祖恩的考察,20 世纪初,供上海的日本居留民进行娱乐社交活动的日本料理店有 20 多家,店内都置有艺伎用以招揽客人。"有艺伎作陪的日本料理店是日本官吏和居留民中上层的社交专用场所","日本艺伎在上海的活动,既代表了日本文化的一种特色,也是日本居留民社交生活中不

---

① 高橋孝助、古厩忠夫編『上海史:巨大都市の形成と人々の営み』、東京:東方書店、1995 年、第 120—121 頁。
② 陳祖恩『上海に生きた日本人—幕末から敗戦まで』、東京:大修館書店、2010 年、第 54 頁。
③ 同前,高纲博文《近代上海日侨社会史》,第 60—61 頁。
④ 同前,陳祖恩『上海に生きた日本人—幕末から敗戦まで』、第 116 頁。
⑤ 神田由美子「母」注解、『芥川龍之介全集 第八巻』、東京:岩波書店、1996 年、第 322 頁。

可缺少的风景"①。除了在日本料理店做侍宴、酬唱、歌舞为职业的艺伎外，来上海谋生的日本女性中还有被称作"唐行妇"的卖身妇。虽然"唐行妇"们的活动一度被上海日本领事馆视为"国耻"而受到严厉打击和居留民们的抵制，但她们的身影并未彻底从上海消失。在此可以明确的是，无论是"艺伎"还是"唐行妇"，"茑家"里的女性可以越过传统家庭的边界与社会直接发生关联，她们得以自由进入"公共空间"，且存在侵入旅馆内"私人空间"的可能。

相对于"茑家"内的女性，移居他乡的越境体验、流动不居的身体及闭塞的生活及社群空间，则令身处其中的"敏子"们深陷"内向性"的循环，也迫使她们更为关注自己作为母亲、作为妻子的私人领域，并急于从中寻求主体认同。怀孕常被视为女性主体分裂的重要体验，"伴随这个对主体的挑战，是对整体——自恋的完整——的幻想"②。即，"母亲在她的身体和社会尊严中异化，产生了感到自己是自为的存在、具有固定价值的使人平和的幻想"③。然而，幼子的意外夭折打破了剥夺了《母亲》主人公"幻想"的路径。敏子失去了用以构建自我完整性的"他者"，失去了确认"母亲"身份合法性的证明。丧子体验成了横贯在敏子与完整"自我"间的鸿沟，成了诱发她主体性不安的直接根源。外在空间的闭塞与游离，以及内在空间的裂痕与不安使敏子不惜承受揭开伤疤的痛苦，也要在隔壁婴儿身上寻找自己夭折的孩子的痕迹。

> 昨天夜里，敏子对隔壁婴儿的啼哭声感到忍无可忍，可现在，恰恰就是这个婴儿比什么都更加引发敏子的兴趣。而且，她还深知这一点：一旦兴趣得到满足，反而会使痛苦愈加剧烈。就像小动物在眼镜蛇面前一动也不敢动一样，或许敏子的心在不知不觉间已经被痛苦本身的催眠作用牢牢

---

① 同前，陈祖恩《寻访东洋人——近代上海的日本居留民》，第37—38页。
② 张京媛主编：《当代女性主义文学批评》，北京：北京大学出版社，1992年，第365页。
③ 波伏娃：《第二性Ⅱ》，郑克鲁译，上海：上海译文出版社，2011年，第321页。

地攫住了吧。抑或是另一种病态心理的典型例子吧？——就像是手臂负伤的士兵故意打开伤口来寻求一时的自虐快感一样，从而不得不承受更大的痛苦。①

敏子对于隔壁婴儿自虐性的兴趣，来自于希冀通过眼前的婴儿来填补自我内部因孩子夭折所形成的"空洞"的渴望。此外，伴随两位"敏子"一同出场的穿衣镜与玻璃窗等带有映照功能的物件，以及二人"类似又对照性"的形象塑造，还暗示了隔壁母亲对于主人公的镜像功能。如前文所述，文中的两位"母亲"有着相似的设定，都以"框"内的受限形象登场。同时，两者又有明显的对照性特征，与主人公"映照在镜子的寒光中"，身披"朴素的丝绸外褂"，有着"苍白的侧脸"和"纤瘦的耳朵"的病态形象不同，隔壁女子则沐浴在"雨水洗涤后的朝阳下"，披着"华丽的大鸟外褂"，"肩膀丰腴""气色良好""微厚的嘴唇上生长着淡淡的汗毛"，洋溢着健康与活力的气息。国末泰平曾指出在芥川的晚年作品《傻瓜的一生》和《齿轮》中，"镜子"的文本意涵由"作为精神统一手段的'镜'"向"映照知识分子背影继而透视其内心的'镜'"，"以及觉察自我分裂与尝试自我统一的方法手段之'镜'"②转变。神田秀美援引国末的研究，敏锐地指出《母亲》中的两位敏子"互为彼此的镜像"，文中的"镜子"正是"暗示出场人物自我分裂的道具"③。在笔者看来，隔壁女子是唤醒主人公曾为人母的记忆的装置，是用来确认曾经拥有的性别身份的幻影，也是引发她主体性不安的直接诱因。因为，主人公无法对怀抱婴儿的隔壁母亲达成"镜像自我"的认同与统一，幼子的夭折成了主人公"自我"中一条无法缝补的裂缝。发表在《中央公论》的最初版本中，隔壁母亲名为"平尾敏子"，在定稿中则被改成了与主人公同名但无姓氏

---

① 同前，芥川龙之介《母亲》，第97页。
② 国末泰平『芥川龍之介の文学』、大阪：和泉書院、1997年、第157頁。
③ 神田秀美「芥川龍之介「母」試論——〈不可知〉を指向する作品トリック、テクニック——」、『青山語文』1999年第29期、第161頁。

的设定。通过这一改写,模糊了隔壁母亲原本的主体性,强化了两位"敏子"之间的镜像关系,也为主人公敏子最终达到自我统一铺设了想象路径。

三、"自然空间"与身份重塑:身份安置与自我统一

《母亲》的第三节,叙事空间由上海的旅馆置换到了芜湖"雍家花园"的庭院内,"雍家花园的槐树和柳树在午后的微风中摇曳着,朝庭院、草丛和泥土上播撒着阳光和阴翳"。与封闭、压抑的旅馆房间不同,雍家花园的庭院空间在叙事者与丈夫的双重视角下呈现出开放、闲适的自然景象,盈溢着宁静、祥和的氛围:

> 庭院里树影婆娑,在四周蒸发出淡淡的草香。遥远的天空中曾经响起过一声轮船的汽笛,而此刻却又是一片沉寂了。或许那轮船早就驶离得远远的,正在长江浑浊的水面上拽拉出一条条耀眼的波纹,向东或者向西疾驶而去了吧。而在江边的码头上,有一个近于赤身裸体的乞丐正在啃噬着西瓜皮。没准还有一群小猪崽正簇拥在母猪的肚子上争夺着乳房吧。而母猪则懒洋洋地横躺在地面上。——已经看腻了文鸟的男人,此刻正沉浸在上述幻想中,不知不觉地打起了盹来。①

此时进入视野的敏子"脸色比客居上海的旅馆时有所好转",她为丈夫拿来书信,又"从浴衣的胸前掏出装在粉红色信封里的小小信笺纸",开始读隔壁女子写给自己的信。信中提到自己的婴儿夭折了,同样因为患上流感。敏子用略带亢奋的语气,向丈夫复述着信中的内容,并不断强调隔壁婴儿与自己孩子的

---

① 同前,芥川龙之介《母亲》,第99页。

相似遭遇，以及经历丧子之痛的隔壁母亲与自己当时心情的共通性。对于敏子来说，拥有了相似的经历与共通的情感，现在的自己与过去自己的镜像——隔壁女子之间才可能达到认同的统一，曾经横亘在自我与"镜像自我"之间的裂缝随着隔壁婴儿的夭折而自然消弭了。因此也不难解释，文末敏子准备放生笼中的文鸟为隔壁婴儿祈祷冥福时，为何"不管是她的眼睛，还是她的嘴唇，无不充溢着微笑。而且，那是一种幸福得几乎丧失了平静的微笑""我对那个婴儿的死竟然感到高兴。虽然我知道那是值得同情的，——但我确实感到高兴，感到高兴，是不是很可恶？很可恶，是吧？"①三好行雄认为，主人公失去孩子的伤痛里隐藏着"恶魔"，因此才会在得知隔壁母亲与自己境遇相同时，浮现出"激烈又幸福的微笑"。在三好看来，小说的主题在于揭示"'母性'与'恶'为邻，同存于'女人'的心性之中"②。然而，在丈夫眼中内含"某种刻薄而冷酷的东西"的微笑，在评论家眼中代表着癫狂与恶女形象的微笑，在伦理道德标准下象征着心态扭曲的微笑，或许正是敏子备受束缚压制的、"非妻非母的纯粹自我"的异化表征。

鸟笼中"仿佛发疯了一般，吧嗒吧嗒地振动着翅膀"的文鸟，与一旁拼命伸长手臂想要摘下鸟笼的敏子被并置在同一幅画面内，成了敏子身体困境与精神焦虑的生动隐喻。束缚文鸟的鸟笼与圈限敏子身体的封闭家庭空间以及闭锁的日本居留民社群空间在本质上并无二致。叙事空间由封闭的旅馆向开放的庭院转换，暗示了主人公的身体由"压抑"到"解放"，由"分裂"到"统一"的可能。1921年9月20日，芥川在给佐佐木茂索的信中曾反思道："想来《母亲》的（三）写得不好，女主人公因别人孩子死掉而感到欢喜的部分若写得更富冲击性一些就好了。这样的话保证不会是一部劣质作品，而会是相当好的一部短

---

① 同前，芥川龙之介《母亲》，第102—103页。
② 同前、三好行雄『芥川龍之介論』、東京：筑摩書房、1976年、第251頁。

篇。"① 或许是出于这种考量，两年后收录在《春服》(春阳堂，1923 年)的定稿本中对小说第三节做了大幅度修改，除增加了上述放鸟祈福的情节之外，改动最大的便是空间设定。在 1921 年的最初版本中，舞台空间依旧设定在二楼的房间：

> 束起窗帘的二楼窗户，正对着庭院里的树梢。在一片模糊、凝固的绿意中，正对着盘枝错节的槐树梢。敏子伫立在窗边，眺望着暮色中树木丛生的院子。在她若隐若现的领口上，散落的鬓发纹丝不动，可见微风已在不知不觉间停歇了。（中略）隔着院里的树梢，像是中国洗衣服时用的捣衣杵的木棒敲打声，寂寞地回荡在空中。假如去那发出声响的地方，一定会在水畔的芦苇丛中，见到一位戴着耳环的女子蹲在那里。②

室外单调、重复的"声响"进一步反衬出室内的"死寂"。小说最后又以上文描写木棒敲打声的句段收尾，与前文描写旅馆时间的同语反复手法异曲同工。"院里的树梢冲着夜幕降临的天空，像是捣衣杵的木棒敲打声，寂寞地回荡在空中。假如去那发出声响的地方，一定会在水畔的芦苇丛中，见到一位戴着耳环的女子，不断拍打着浸在昏暗河水里的布料……"③ 重复手法建构的闭环言语空间，凸显了叙事空间的寂寞单调与封闭停滞，新增"不断拍打着浸在昏暗河水里的布料"的细节，更是奠定了整体叙事上的阴沉基调。昏暗的房间内，安静伫立在窗边的主人公所展现的静态、受限的身体姿态依旧处于前两节塑造的形象框架内，如此一来，从"上海"到"芜湖"的空间变更并未丰富文本的空间层次，对主人公的身体描写相较改写后的定稿亦缺乏冲突效果和文本张力。

---

① 芥川龍之介『芥川龍之介全集』、東京：岩波書店、1997 年、第 195 頁。
② 芥川龍之介「母」、『中央公論』1921 年第 10 期、第 185 頁。
③ 同前，芥川龍之介「母」、188 頁。

如前所述，定稿的舞台空间除了由封闭的房间转移到开阔的庭院之外，还明示了"芜湖雍家花园"的设定。1921年5月17日，芥川应府立三中时代的旧友西村贞吉之邀由上海乘船至芜湖游玩，期间借宿在西村所居的"唐家花园"。不过，《长江游记》（《女性》，1924年9月）书写的"芜湖"空间却与《母亲》中的形象迥然不同。街道上"阳光也照不进来的石板路"，"司空见惯的招牌"，独轮车经过时发出的吱吱响声都令"我"烦躁不已；"倚陶轩"的园子"近于荒芜"，"'陶塘'中的水也浑浊不堪"，失望的风景使"我"难抑"厌恶之情"，以至于不惜对热情招待自己的旧友刻薄地贬低芜湖是个"无聊的地方"。而在《母亲》中，曾经令"我"失望乃至嫌恶的街景、园林等人工景观几乎悉数隐去，"树影婆娑，在周围蒸发出淡淡的草香"的"庭院空间"所彰显的是与"上海某旅馆"截然不同的自然景观。游记中引爆"我"不满情绪的"正在撒尿的猪"，在《母亲》中也转变成了温馨的意象："没准还有一群小猪崽正簇拥在母猪的肚子上争夺着乳房吧。而母猪则懒洋洋地横躺在地面上。"可见，芥川有意在两个文本中对"芜湖"形象进了差异化书写，游记中"芜湖"形象的建构意图此处且按下不表，小说《母亲》中对"芜湖"自然面向的强化与建构使其与前两节的"上海"空间有了相互对峙的意涵，也使其变成了承载主人公身份焦虑的意象空间。

四、结语

从玛丽亚般圣洁的母亲到疯癫，乃至残酷的母亲，芥川文学塑造了众多层次多样、特色鲜明的母亲形象。例如，1920年5月发表的小说《女性》中，就对照性地描写了一只对蜜蜂残酷虐杀，却对小蜘蛛无私奉献的雌蜘蛛。文章结尾生育了无数小蜘蛛的蜘蛛母亲，"在这产房兼坟茔的白纱天幕下，体味着效尽天职的母亲才能拥有的无限欢欣，并走向死亡。那个咬死蜜蜂，几乎就是'丑恶'的化身，渡过了盛夏的女性。"①《女性》非常典型的集合了"厌女"与"崇母"的双重想象视域，"女性"标符与"红玫瑰"的诱惑及对蜜蜂的残酷杀戮交织在一起，成了象征无私奉献的"母性"的对立面。

小说《母亲》则描写了一位失去孩子的母亲由"分裂"到"统一"，由"饱受压抑"到"追求解放"的心境历程，其意欲探讨的主题并非单纯是"母性"的展演形式。"母亲"这一性别身份在小说中既是压抑与统制主人公身体的牢笼，又是主人公建构与安置自我主体身份的领地，正是这种悖论式的设定，揭示了女性矛盾又无奈的生存处境。小说运用空间与身体的交叠叙事手法，透过不同的空间镜像折射出主人公的身份焦虑与内在渴望，体现了作者对空间与身体间互动关系的认知与思考。不过，就像小说结尾"文鸟"并未被放生一样，直至小说结尾，主人公敏子亦始终处在被观看、被书写的客体位置。放置敏子身体解放欲望的空间只能是被丈夫称为"乡下"的边缘化社会生活场域。主人公的欲望最终转变成了丈夫对"远非人力所能企及之物"的恐惧，也暗示了压迫敏子身体规训的机制，并不会真正消解。

作者简介：周倩，女，生于 1989 年，文学博士，上海师范大学外国语学院讲师，上海市世界文学多样性与文明互鉴创新团队成员，主要研究领域为日本近现代文学、中日比较文学，在国内外期刊发表论文多篇，翻译文学著作三部，代表性学术成果有专著《继承与超越：芥川龙之介文学的现代性批判研究》（中译出版社，2021 年 11 月）。

---

① 芥川龙之介：《女性》，《芥川龙之介全集 第 1 卷》，郑民钦、魏大海、侯为译，济南：山东文艺出版社，2005 年，第 691 页。

论《蜻蛉日记》的政治性

黄一丁

【摘　要】《蜻蛉日记》由日本平安时代贵族女性藤原道纲母所著,是现存最早的由女性撰写的假名日记。学术界此前的主流认识是《蜻蛉日记》具有较强的闺怨文学特征以及"脱政治性"。然而,本文证明了,《蜻蛉日记》的本质并不是一部纯粹的闺怨文学,且具有明显的政治性。编纂《蜻蛉日记》是平安时代中期以来摄关家文化事业的重要组成部分;《蜻蛉日记》中道纲母与兼家夫妻二人的矛盾根本上源于受领阶层对公卿阶层的依附关系;道纲母在与兼家的政治联姻中,利用社交能力与文学素养为兼家谋求政治利益,而兼家则为道纲母提供庇护,以此形成默契的政治同盟关系。平安文学是贵族文学,而贵族又是权力的中心。由权力中心所书写的文学必然不可能是"脱政治"的。本文以《蜻蛉日记》为主题,探讨了《蜻蛉日记》与摄关政治的关系。作者希望以本文为契机,为今后继续探讨政治因素在平安文学中的作用抛砖引玉。

【关键词】《蜻蛉日记》;藤原道纲母;藤原兼家;摄关政治

一、引言

《蜻蛉日记》由日本平安时代贵族女性藤原道纲母所著,成书于日本天延二年(974年)以前,是日本文学中现存最早的由女性书写的假名日记文学。本书在继承了《土佐日记》传统的同时，对后世的女流日记以及物语文学亦产生了重要影响[1]，在日本文学史，特别是日本女性文学史以及叙事文学史上的地位不言而喻。

该书主要记录作者道纲母与平安中期权臣藤原兼家婚姻生活中的诸多不幸，并充斥着作者对于婚姻生活的种种不满，因此，关于本作品的主旨，学术界此前的主流认识是，《蜻蛉日记》站在女性视角控诉了丈夫兼家的薄情，反映出日本平安时代一夫多妻制下女性婚姻生活的不幸[2]。按此观点，《蜻蛉日记》可谓是日本古典文学中的"闺怨文学"。日本学界近几年研究《蜻蛉日记》的专著大多在该认识的框架下展开[3]。作者发现，这一观点不仅在日本古典文学研究界长期占据主流地位，还成为日本高中的国语教育以及大学入学考试的考点，具有较高的普及率与较强的社会认同感。这一点从日本大学入学考试参考书中对《蜻蛉日记》的解说中便可窥见一斑[4]。我国学者在强调本书的闺怨文学性质的同时，还从日本文学的宏观特征视角出发，强调日本文学中普遍存在的"脱政治性"[5]，加之学界存在一种误解，认为平安时代的女性与世界其他国家一样，历来在封建社会的政治生活中缺少话语权，因此，《蜻蛉日记》的女性文学性质及其属于日本文学的身份属性决定了，《蜻蛉日记》似乎必然也是一部具有"脱政治性"特征的女性文学作品。综上所述，闺怨文学与"脱政治性"是我国学界对《蜻蛉日记》性质的两大基本认识。

---

[1] 久松潜一編集『日本女流文学史』，東京：同文書院，1969 年、第 191 頁。野口元大「女流仮名文学の始発とその意義 『蜻蛉日記』と道綱母の場合」，『日本学研究』1992 年、第 113-122 頁。

[2] 久松潜一編集『日本女流文学史』，東京：同文書院，1969 年、第 181 頁。乾安代、櫻井武次郎、新間一美、西島孜哉、毛利正守『日本古典文学史』，東京：双文社出版、2016 年、第 79 頁。

[3] 斎藤菜穂子『蜻蛉日記新考：兼家妻として「書く」ということ』，東京：武蔵野書院、2018 年。内野信子『蜻蛉日記「巻末歌集」を読む：日記の外周に道綱母を尋ねて』，東京：鴇書房、2021 年。

[4] 足立直子、二宮美那子、本廣陽子、森田貴之監修『プレミアムカラー国語便覧』，東京；数研出版、2017 年、第 144 頁。

[5] 王向远："日本文学民族特性论"，载《烟台大学学报（哲学社会科学版）》2009 年第 22 期，第 56—62 頁。

然而，《蜻蛉日记》在记录作者与兼家的婚姻生活的同时，也从侧面记录了平安中期权臣兼家登上权力巅峰的过程，虽然书中鲜见直接描述兼家政治生活的内容，却直接记录了兼家的日常生活与和歌，还提及了兼家家族中的其他成员，例如藤原登子、藤原怤子、藤原师氏、藤原伊尹、藤原兼通、藤原道隆、藤原道纲等。这些人物在平安政治史中的地位举足轻重。此外，本书还记录了数次重大政治事件，例如，村上天皇驾崩、源高明流放、藤原伊尹薨去，等等。特别是本书下卷结尾记录了有关兼家兄长兼通的诸多史实，这为研究该时期日益公开化、白热化的兼通兼家两兄弟间的政治斗争创造了可能。此外，平安时代的政治制度中，女性官僚在人数上超过半数，因此她们在日本政治生活中亦扮演了重要的角色[1]。综上所述，本书为研究平安中期摄关政治提供无可替代的史料。《蜻蛉日记》作为女性文学的同时，亦与平安中期的摄关政治史[2]密切相关，因此本文将从摄关政治的视角出发，探讨《蜻蛉日记》与平安中期摄关政治的关系，为全面客观理解《蜻蛉日记》的本质提供一个新思路。

二、《蜻蛉日记》与摄关家的文学活动

《蜻蛉日记》的史料价值早在20世纪60年代就为川口久雄所指出[3]，然而，《蜻蛉日记》的政治性并非仅仅体现在其史料价值上，更重要的则体现在其与摄关家文学活动的关系上。

在中国古代传统礼教思想的影响下，平安时代初期的日本朝廷通过编纂敕撰汉诗集对源自中国的"文章经国"思想进行了实践，进入平安中期后，对文学礼教性的追求又转移到和歌文学上，从而促使日本文学史上第一部敕撰和歌

---

[1] 吉川真司『律令官僚制の研究』，大阪：塙書房，1998年、第427-428頁。
[2] 关于摄关政治，参见姜金言，戴宇："藤原氏外戚政治与上皇制度的发展"，载《史学月刊》，2021年第8期，第70—79页。
[3] 川口久雄「蜻蛉日記の史的意義とその影響國文學」，『國文學』1957年第3期、學燈社。

集《古今和歌集》的诞生①，而此后"文章经国"意识不仅成为日本皇室的政治理想，还成为外戚摄关家醉心于文学活动的动机根源。兼家所属的外戚藤原氏北家嫡流亦尝试通过文学活动来彰显自身的政治抱负。而成书于该时代的《蜻蛉日记》很有可能是摄关家文学活动的重要一环。最早注意到这一点的是日本学者今西祐一郎，他指出，纵观兼家的家族史，自其父辈以来，摄关家在政治上施展抱负之余，还期待通过编纂一部文学作品来体现"文章经国"的文学教化意识。例如兼家伯父实赖的《清慎公集》、父亲师辅的《九条右大臣集》、叔父师氏的《海人手古良集》。到了兼家一辈依旧如此，例如伊尹的《一条摄政御集》、与兼通相关的《本院侍从集》、记录兼家同父异母弟藤原高光的和歌与事迹的《多武峰少将物语》。而至兼家子辈，则诞生了更为耳熟能详的作品，例如在道长庇护下撰写的《源氏物语》、与道隆相关的《枕草子》。而这一系列摄关家文学中，唯独缺少有关兼家与道纲的文学作品②。然而，一旦我们把《蜻蛉日记》看作是为兼家与道纲"量身定做"的"文治之功"，这一疑惑便迎刃而解了。

事实上，《蜻蛉日记》的上卷与中卷记录了大量出自兼家的和歌，下卷又记录了许多道纲的和歌。此外，道纲在文中的形象固然是沉着冷静、勇武无比，就连被"控诉"的兼家在文中的形象事实上也并没有那么可憎。事实上，兼家在文中最为作者诟病的地方便是其"好色之心"，然而，平安时代的主流价值观中，男子的"好色"非但不是缺点，反而是一种值得肯定的特质，该种价值观不仅见于《伊势物语》等平安时代文学作品，在此后成书的随笔《徒然草》第三段中亦可窥见一斑③。因此文中作者对兼家的"批判"，事实上非但不能贬损兼家的形象，反而可能还有利于提升兼家在世间的风评。综上所述，《蜻蛉日记》

---

① 尤海燕『古今和歌集と礼楽思想：勅撰和歌集の編纂原理』、東京：勉誠出版、2013 年。
② 長谷川政、今西祐一郎、伊藤博、吉岡曠校注『新日本古典文学大系 24　土佐日記・蜻蛉日記・紫式部日記・更級日記』、東京：岩波書店、1989 年、今西祐一郎『蜻蛉日記』解説、第 515-534 頁。
③「万にいみじくとも、色好まざらん男は、いとさうざうしく、玉の卮の当なき心地ぞすべき。」(周作人译：男子虽多才艺而不知好色，至为寂寞，殆如玉卮之无当也。)

成书时的目的，很可能并不是道纲母一时兴起的泄愤行为，反而有可能是一场有目的有计划地提升美化兼家形象的工程。

从兼家父辈一代人编纂和歌集，到兼家子嗣庇护文人撰写物语与随笔，摄关家的文学风气由编纂和歌集逐渐向编写叙事文学发展。金光桂子指出，直到平安末期摄关家依然保留着撰写物语的传统，例如与九条兼实及其子良通有密切关系的《有明之别》便是一例[①]。由此可见，平安中期至末期，摄关家借由创作文学作品来彰显自身政治抱负的传统一直存在，而《蜻蛉日记》很有可能便是其中的重要一环。

《蜻蛉日记》的摄关家文学性质还体现在其突出的汉学修养上。事实上，摄关家文学中的女流文学与平安时代中期其他女流文学相比，最大的特色就在于对汉学的熟练运用。摄关家女性文学的代表作品《源氏物语》与《枕草子》中对汉学的运用炉火纯青，已是学界共识，此处不再赘述。《蜻蛉日记》对汉学的运用亦令读者印象深刻，目前为学界所知的内容包括：西王母传说、伯牙绝弦、衣锦还乡、百步穿杨、王质烂柯、危如累卵、桓山之鸟等中国典故，以及对《白氏长庆集》《游仙窟》《淮南子》《李太白集》等中国文献的利用[②]。不仅如此，道纲母对中国文学要素的运用绝不只是流于表面，仅仅停留在引用的层面，很多时候，作者往往将中国文学中的典故灵活运用，融会贯通于行文之中：

> 三月三日，难得我备好了节日的佳肴，却没有什么人来，扫兴之余，只得草草了事。我家里的一位侍女，给丈夫家的侍从，写了这么一首开玩笑的和歌：
>
> 欲饮桃花酒，若觅爱桃客何处，且问西王母。

[①] 金光桂子「『有明の別』と九条家」、『国語国文』、2008 年第 3 期、第 1-20 頁。

[②] 久松潜一編集『日本女流文学史』、東京：同文書院、1969 年、第 169 頁。張陵「蜻蛉日記と漢詩文：源氏物語へ 」、『東アジア比較文化研究』（特集 東アジアの源氏物語）2012 年総第 11 期、第 3-22 頁。大谷雅夫「『蜻蛉日記』と漢文学」、『文学』2007 年 第 6 期、第 205-222 頁。

对面的侍从很快便结伴前来，于是就把准备好的菜肴端了出去，饮酒尽兴后，天便也黑了。

（中略）

估计侍女们也是一时没有想到有什么合适的东西可以给，于是便在杨柳枝上绑上了青色的纸条，上面写道：

风吹过前山，今春杨柳丝绦软，竟被输家穿。

他们回过来的和歌，你一言我一语的，遗忘中就只能全凭读者的想象了。但只记得有一首说：

君祝心鼓舞，引来柳叶绽无数，眉开消颦蹙。

比赛决定好要在月末晦日举行，而就在这段日子里，世间有位大人不知犯了何等的弥天大罪，要被流放的消息惊动朝野，满城风雨。①

上文是描写三月三日前后竞射活动的一段，其中穿插了西王母传说、百步穿杨两个典故，而以柳叶喻眉的修辞则源于对六朝以及唐代诗歌的模仿②。由此可见，作者在《蜻蛉日记》中反映出的汉学修养，要远超当时一般的女性文人，在对汉学的理解与运用这一文学风格上，《蜻蛉日记》亦与其他摄关家女流文学有着共同的特征，将之理解为自平安中期以来摄关家文学活动中的一环不无道理。

综上所述，《蜻蛉日记》应该不仅仅是藤原道纲母的个人文学行为，其背后很可能存在着以藤原兼家等摄关家政治势力的支持，本书应是平安时代藤原氏摄关家文学活动重要的组成部分。

---

① 本文中所引《蜻蛉日记》原文以日本宫内厅图书寮藏本为底本，汉语译文为作者拙译。
② 長谷川政、今西祐一郎、伊藤博、吉岡曠校注『新日本古典文学大系24　土佐日記・蜻蛉日記・紫式部日記・更級日記』、東京：岩波書店、1989年。

三、《蜻蛉日记》的核心冲突与政治根源

《蜻蛉日记》的政治性除了体现在其与摄关家文学活动的关系上外，还体现于本书的核心冲突上。本书的核心冲突，表面上体现为作者道纲母与其丈夫兼家之间的婚姻冲突，但根源上则是日本封建社会贵族婚姻一夫多妻制度下，受领阶层的妻子与公卿阶层的丈夫之间因身份地位差异而产生的冲突。这也是作者道纲母一切悲剧的源头。而为了深刻理解平安时代公卿阶层与受领阶层之间的冲突本质，则需要了解平安时代中期的政治与经济背景。

藤原道纲母生活的时代距离日本朝廷迁都至平安京（今京都市）已过去180年，这一百多年间，日本政局相对平稳，除了上层贵族的政治斗争（阳成天皇的皇统更迭、阿衡纷争、昌泰之变等）与零星发生的地方叛乱（承平天庆之乱等）外，整个西日本没有发生较大规模的政权更迭与战乱。得益于相对平稳的政局，社会生产力得到发展，尤其是近畿以外的地区，随着地方上不断开垦出新的私田，其经济实力不断增强，7世纪末期模仿中国政治制度建立起来的朝廷直接管辖人口与土地的编户制与班田制，越来越不能适应当时生产力的发展需要，而以编户制与班田制为基础的顶层政治设计律令制在这个时代便自然名存实亡。在朝廷对地方经济与人口的控制力日益减弱的状况下，一套符合日本当时生产力发展水平的土地制度"名体制"便因此诞生。不同于之前"律令制"体系下朝廷直接管理支配地方的人口与土地，"名体制"更类似于一种以方国为单位的承包制，将原本由朝廷支配的公田编为"名田"分配给地方豪强，而中央在各方国任命地方官，地方官在当地以赋予地方豪强一定的政治地位为交换条件，换取地方势力协助朝廷征收赋税，支配人口。而随着这样的变化，以摄关家为核心的权门体制便在日本政治中基本形成[①]。地方官在上任时充当朝廷势

[①] 吉川真司『律令官僚制の研究』、大阪：塙書房，1998年、第355-458頁。

力的地方代理人的同时，在归京述职时也成为了地方势力在政治中心平安京的利益代理人，地方豪族通过朝廷任命的地方官为中央政治势力提供财源，而朝廷贵族则以地方官为代理人，以政治权力为地方豪族提供庇护与统治的正当性。于是，平安京中的贵族自然产生了分化，诞生出直接染指朝廷最高权力的"公卿"与充任地方官直接掌握地方经济实权的"受领"。值得注意的是，公卿家的贵族在年轻时，往往也会担任地方官的职务，但与普通的受领阶层相对固化的身份地位相比，公卿家的子嗣占有了从地方官升迁为中央高级官吏的跃升通道。自此，朝廷最高实权为藤原氏北家嫡流所垄断，在地方任官的受领贵族与地方豪强则不得不愈发依附于藤原氏北家嫡流的政治势力，为其提供强大的财力支持以换取其于地方统治的合法性。由此，由公卿、受领、豪强、农民四层结构所组成的封建制度便形成了。

这套制度中最大的受益者，莫过于以中臣镰足为家祖的藤原氏一族中的北家。藤原氏自飞鸟时代以来，依次在政治斗争中击败了苏我氏、大伴氏、橘氏等旧贵族，进入平安时代，又击败以源、平两氏具有皇室血统的高级贵族，以及以菅原氏为代表的新贵族，屹立日本政坛数百年而不倒。而本文的作者藤原道纲母以及他的丈夫藤原兼家正属于这荣华数百年的藤原氏中最显赫的北家。二人共属于藤原氏北家，道纲母与兼家之间血缘关系也并不算太远，道纲母的曾祖父藤原高经是兼家曾祖父藤原基经的亲弟弟，因此二人应该是远房的兄妹关系。然而，二人的家世则是天壤之别。道纲母的父亲属于受领阶层，而兼家则是摄关家的嫡流，家世显赫。曾祖父基经的义父良房是平安时代第一位非皇族的外戚，基经也是平安时代第一位关白。此后，基经之子时平、忠平两兄弟依次把持朝政，而忠平之子，兼家的大伯父藤原实赖与兼家的父亲藤原师辅两兄弟的政治同盟则长期把持村上天皇朝政，师辅与正妻藤原盛子的四个子嗣中，大哥伊尹、二哥兼通、兼家三人依次担任太政大臣且掌握实权，而长女安子则是村上天皇中宫（相当于皇后）。兼家与正妻藤原时姬所生的五个子嗣中，道隆、道兼、道长依次担任太政大臣，超子与诠子则分别为三条天皇生母与一条天皇生母。尤其是道长，正如藤原实赖养子实资所记的汉文日记《小右记》中记载的"一家立三后，未曾有"一样，三位女儿彰子、妍子、威子此后又相继立为中宫或皇后，且此后平安时代所有的摄政与关白均为道长的子嗣，其地位的显赫令人叹为观止。就连本文作者的儿子藤原道纲，虽身为庶出，日后依然位列公卿。综上所述，可以说公元1000年前后的日本政治史，从某种程度上来说甚至可以概括为兼家的家史。

兼家与道纲母夫妻在阶层上的不同从本书开头的序文中便可直观看出："犹记得当初，从那难攀的柏木高枝上，掉下一场贵公子的求婚。"

此处的"柏木高枝"是指代摄关家的隐语，代指兼家出身的藤原氏北家九条流，凸显出其高贵的身份与显赫的门第。而反观道纲母，其父藤原伦宁是典型的受领阶级，本书中就记录了其远赴陆奥国担任地方官的史实："而就在这一段时间，我赖以为命的父亲，出仕去了陆奥国。"

由引文可知，道纲母之父伦宁远赴陆奥国担任地方官，而在伦宁离京期间，道纲母的生活只能依附于丈夫兼家，这从伦宁离开时吟咏和歌将女儿托付给兼家一事中可知：

父亲将给信件卷好，装进了留给我的砚箱中后，便泪水氤氲地上了路。而我却暂时难过得连读信的心思也没有，目送着他们渐行渐远，我犹豫再三后，还是上前一探究竟，看看父亲写了些什么：

此去行将远，<u>别后所托唯念君</u>，长路予长心。

读罢此歌，我顿时觉得，这首歌真应该让丈夫来读一读，但因为心中太过悲伤，所以只得又将信件暂时放回原处。此后，丈夫来访，我却总是低头沉思不语。他便开口安慰我道："何必要如此悲伤呢？人世间此番离别应是常有之事，而你现在这种态度，难道是因为把我当成了一个外人，不愿安心依靠我吗?"之后,他才注意到了砚箱里的信,丈夫读罢父亲的和歌,长叹。

从上文中可知,尽管此时道纲母对丈夫兼家冷淡的态度已经心生不满,但由于丈夫是自己生活上唯一的依靠,因此只能采取忍让的态度。事实上,道纲母在与兼家的婚姻生活中历经了数次争吵、冷战、断绝联系,甚至试图出家为尼,但最终依旧不得不屈服于兼家的威权之下,在下卷结束时依旧与丈夫保持着藕断丝连的关系。这其中体现出作者道纲母对丈夫态度上的矛盾:一方面对兼家恨之入骨,另一方面则又屡次向丈夫屈服妥协。此种矛盾态度的原因,不应仅仅归因于作者感情的不坚定,对丈夫余情未了导致的爱恨交加,而更应该追溯到夫妻二人关系的本质,即作者无法脱离丈夫获得自由的原因从根源上说是属于受领阶层的妻子在政治与经济上对属于公卿阶层丈夫的依附这一政治联姻的本质所决定的。这是《蜻蛉日记》中核心冲突的根源。

综上所述,《蜻蛉日记》中所见作者与丈夫的矛盾,表面上看似情感冲突,但其本质则是受领阶层依附于公卿阶层的政治现实所导致的。

四、《蜻蛉日记》中所见道纲母的政治动向

本书中的记录涉及数次平安中期的重大历史事件,而这些历史事件发生后,道纲母的行为表现出与兼家的政治利益高度相关的特征,有时甚至形成一种默契。即便是在本书下卷中作者与兼家彻底决裂,暂时断绝来往的时期,道纲母在与右马头远度以及兼通的交往中也并没有在冲动下做出有损兼家政治利益的行为。这些记录直接反映了道纲母在摄关家政治生活中所扮演的兼家政治盟友角色。

藤原远度为兼家异母弟,其任右马头时,道纲恰巧任其次官右马助,因此

远度就成为了的道纲上司。此后，远度借机向道纲母的养女求婚，而整件事中道纲母对婚事的态度都随着兼家的态度改变而发生改变。

好不容易回到家，第二天天亮，儿子才从练习场回到家，靠近床边对我说："父亲说，'你那边的右马头，从去年开始一直有一件事殷切地要和我商量，你那边家中的妹妹怎么样了？长大了吧？是不是到了情窦初开的年纪了？'另外，右马头也跟我说，'你父亲对你说什么了吗？'于是我便告诉他父亲已提及此事，于是他便说：'后天是个吉日，我去信一封吧。'"我心想，真是奇怪呀，孩子还小，不应该就这么被惦记上了呀，便睡了。

由上文可知，道纲母对此桩婚事原本持消极态度，而此时恰逢道纲母与兼家发生矛盾而断绝来往之时，即便如此，哪怕是从远度口中得知了兼家将养女婚事的决定权交给了自己，对于是否要回绝右马头的求婚，道纲母依旧要征求兼家的意见，而并未断然拒绝。

于是，到了那一天真的有信来了。回信写得十分小心谨慎，不敢把话说开。来信中写道："这几个月来，心中一直有所思，于是便先询问了大人的意思，得知大人说：'此事我已知悉，如今你还是直接去问问那边的意思吧。'但想到此事实在不合自己身份，诚惶诚恐，想必您定会生疑，于是便心生退缩之意。正愁没有什么契机之时，正赶上公子授官，到我衙署中来任职，于是便造访贵府，好让世人也没有什么可怀疑之处。"信写得十分妥当，没有什么可以苛责之处，纸张边缘又写道："无论如何请送到府中名叫武藏的那位女官房中。"这下必须要回信了，但首先得先问问丈夫，把事情的原委弄清楚再回也不迟。

而道纲母对这桩婚事态度的改变，也是因为兼家的首肯：

女儿年纪尚小，这边无论如何也不会考虑这桩婚事，然而右马头却又频频对儿子说道："麻烦转告你母亲大人，大人同意了，正催促呢。"于是我便给丈夫去信说："你怎么能这么说呢？实在是太多嘴了。你给我回一封信，我拿给右马头看，让他死心。"丈夫则回道："我原本也是这么想的，但是儿子之前准备祭典的时候，右马头忙前忙后的，若是过一阵子他还有这个心思，那八月份的时候就把事情办了吧。"见到丈夫的回信，我总算是心里有底，松了一口气。于是便给右马头回信说："家主的意思是，现在还太早，日子也定不下来，有些太着急了，所以家主才那么说的吧？"

由此可见，道纲母对远度求婚发生态度改变的原因明显是因为兼家的介入。此时兼家与其兄长兼通不和，二者互为政敌，而远度则与兼通之间又关系密切①，这一复杂的情势使得远度的求婚异常敏感。而道纲母此时与兼家断绝往来已经过去至少半年时间，在这一事件中，道纲母一改往日对兼家冷淡而任性的态度，率先去信询问，此后虽然在婚事上与兼家意见相左，却仍尊重了兼家的安排，避免了事态的失控，表现出了极高的政治敏感性。

此后，在面对兼通的直接来信时，道纲母同样表现出极为审慎而圆滑的态度：

晚间时分，华灯初上，正准备用餐之际，兄弟到了这边的宅院附近，从怀中取出一封系好的信件。信用的是檀皮纸，外插一支枯萎的芒草，将之取下，准备打开一读，问道："奇怪，谁人来信？"回答我说："一看便知。"于是打开，借着灯光读来，发觉和丈夫那令人厌恶的笔迹有些相似。信上

---

① 川村祐子「蜻蛉日記をめぐる人々―藤原遠度とその周辺」、『活水日文』、1986年総第15期、第3～13頁。

写着:"上次说的'何驹愿食此枯草'那首歌,后来怎么样了?

经霜枯草前,驹虽言老顿生怜,还童续君缘。

啊,真令人伤感。"信中提及的七个字,原本是我之前后悔写给丈夫的和歌。为什么来信之人会知道我们二人的通信呢?着实奇怪。于是便问道:"这是怎么一回事?这应该是堀川殿下的来信吧?"兄弟回答我说:"的确是太政大臣之信。大人的一位随从将此信送到了宅中,告诉他你不在家后,还是拜托我一定要把信送到你手中,说罢便把信留下了。"不知堀川大人是如何得知我的那首歌的,这令我百思不得其解。众人商议之后,老成的父亲也耳闻了此事,惶恐道:"诚惶诚恐,应速速回信,赶紧交给堀川大人的使者送回去。"就这样,回信写得虽也不能说是狗屁不通,但也算得上比较草率:"筱篁拨来见,驹尚不食定将厌,林下心愈远。"

此事发生之前,道纲母面对丈夫的态度依旧冷淡而决绝,而面对丈夫政敌兼通的求爱来信,在明知道兼通暗中监视自己与兼家往来信件的前提下,道纲母并未选择借由顺从兼通之意来报复兼家,而是如画线部分所示,采取了消极态度进行拒绝。这样的处理并非源于封建伦理纲常,事实上,自飞鸟至平安时代,日本人的婚姻伦理与今人不同,一女先后嫁给兄弟二人之事屡见不鲜,最著名的当属额田王先后嫁给天武与天智天皇的史实。因此,道纲母的行为事实上意味着,尽管她与兼家的夫妻感情业已破裂,但在兼通兼家两兄弟的斗争中却并未为了报复丈夫而倒向兼通一侧,这亦表现出道纲母心中凌驾于夫妻感情之上的政治原则。虽然与兼家的政治联姻在感情上虽已名存实亡,但她与兼家之间存在的受领与公卿在政治与经济上的依附性,决定了她不可能与兼家彻底决裂而倒向兼通。

此外,道纲母还在数次政治事件中代替兼家,向与兼家政治关系密切的女性贵族示好。这其中固然有作者自身的社交需要,但更为深层次的原因则是以作者卓越的文学素养与社交能力来笼络对兼家政治利益关系密切的女性贵族。

三月底左右，发现了一些雁卵，尝试着如何把它们十枚垒叠在一起，那真是所谓的"危如累卵"，却不知怎么办才好，只得用闲来无事时消遣纺出的绢丝，系成长长的线，再结结实实地把它们一枚枚都绑了起来，提起来试了试，果然绑得很结实，成功垒在了一起。难得有这样的东西，心想与其自己留着，不如献给九条殿下家的女御。

文中的九条殿下家的女御指的是兼家的妹妹藤原怤子，此前不久怤子入内后成为了村上天皇的女御（即妃子），此处道纲母对她的馈赠显然具有替兼家进行政治经营的目的。又例如上卷后半部分道纲母在村上天皇驾崩后，不仅迅速去信慰问，此后还收留藤原登子在其家居住：

我便往贞观殿女御那里，送去了一封慰问的书信：
世间皆虚幻，先皇御灵葬陵山，怎教不哀叹？
回信写得很凄婉：
寄思帝陵前，哀身去日应不远，心已在黄泉。
（中略）
十二月末的时候，贞观殿女御，从宫中搬进了我新宅院的西厢房。到了除夕这一天，就尝试了一下追傩的仪式，大白天里，就弄得丁零哐啷，十分吵闹，滑稽得自己一个人偷笑起来。就这样，天明之后，白天的时间里，家中的贵客那边，也没有什么男性的贵客来访，因此也就十分清闲。我也就一边听着邻居家的喧嚣声，一边开怀大笑地吟诵着古歌"新年待莺啼"。就在此时，身旁的一个下人，为了消遣，织了一个小玩意儿，让木头做的小人偶给挑了起来，看起来就仿佛进贡用的挑担一般，小人偶的腿上，还有一个木头瘤子。将之取来，放在身边，准备了一张纸笺，贴在了小人偶的腿上，上面写上和歌，就送给了宅中的那位贵客。

　　　　单恋无合欢，犹似腿疾无扁担，山民苦不堪。

此后登子入宫，行东宫太子之母之礼，政治地位一跃而升。而这之前道纲母对其的收留与示好，很明显也是意图明确的政治经营。事实上，《蜻蛉日记》中明确出现名号的贵族女性均为在政治上与九条流构成利益同盟的贵族，从这一点上说，作者与她们之间的交往带有一定政治目的性。

安和之变是平安中期政治史中的重要事件，位居左大臣的源高明因人构陷，以谋反之罪被流放，而日本史学界对安和之变的主谋虽尚未形成定论，但基本都锁定在藤原氏北家的嫡流之中。其中以因源高明流放而官位得以晋升的藤原师尹（小一条流，兼家叔父）嫌疑最大。九条流的兼家是否参与其中虽不得而知，但无论如何，与藤原氏九条流有姻亲关系[①]的源高明被构陷流放这一事实直接导致了藤原氏北家嫡流内部出现了决裂的风险。安和之变后，大病初愈的道纲母迅速安抚了与兼家利益关系密切的源高明之妻爱宫，为成功阻止因安和之变而导致的藤原氏嫡流之间的分裂做出了一定的贡献。其中不难窥见道纲母卓越的政治远见：

　　到了六月底的晦日，正当我感觉到自己的状态稍稍恢复了一些时，便听说帅府夫人已经出家为尼了。听到这消息，心中更是平添了一份感慨。西宫的宅邸，在流放三日之后便被烧毁了，帅府夫人便只得回到了自家在桃园的宅邸。听说夫人整日忧伤沉思，我的心中也十分难过，难以平静，躺下休息时也不免百感交集，于是便将繁多异常的心绪写了下来，虽说是写得十分不堪：

　　（中略）

[①] 源高明之妻爱宫是兼家的同父异母妹，另一侧室则是兼家的同父同母妹。

> 写罢，便暂时放了起来，却被身前的侍女看到，便劝我道："写得实在是感人至深，何不送去给夫人看看呢？"听到这话，我回答道："说得也是，不过要是知道是我写的，反而会有些尴尬呢。"于是便找来朝廷官造的厚纸，把长歌誊了上去，并且用最正式的规格折叠起来，还加上了白木做的轴。嘱咐送信的使者，若是对面问起何人来信，就回答说是多武峰大人，借爱宫的这位出家的兄长名义即可。对面的人一取走信件，我这边的信使便立即回来了，因此也不知对面对我这首歌究竟作何感想。

由上述事实可知，藤原道纲母虽然在夫妻情感上与兼家时常发生冲突，有时甚至表现为决裂，但是在政治生活中却展现出卓越的前瞻性，利用自己的社交能力与文采，为兼家获得更多政治利益做出了贡献。与此同时，兼家则屡次动用自己的权势为道纲母提供了各种庇护与方便。其中最典型的一例体现在上卷道纲母外出游玩时的一幕：

> 就这样，觉得自己在这里也住了一阵子了，天亮之后，便喧嚣着出发了。归途中，明明是一场悄悄出门的旅行，却到处都有人设宴款待，一路上好不热闹。原本计划着第三天就回到京都，但第三天，到了日落时分，才走到山城国久世郡的一个叫作三宅的地方，只好在此留宿一夜。住的地方简陋不堪，入夜以后，只待天明。天还没亮时就出发了，只见黑黑的人影，背着武具装备，策马匆匆奔来。远远地就从马上下来，一直跪在地上，原来是丈夫的随从武士。"怎么回事？"我问道。对答说："昨天傍晚时分，家主便到了宇治的别庄，吩咐我们说，要是您回来了就让我们接您回去。"

由上一段内容可知，藤原道纲母在出游之际，途经了兼家支配的受领所掌管的地域，因此不断有人设宴款待，并有武士随从保护。这些人均非道纲母的家臣，而是兼家提供给作者的资源。此外，在道纲母的母亲去世之际，其葬礼的规模也因兼家显赫的家世而变得异常隆重：

> 专门供养母亲的法事，都由众人各自操心，所以我也就只是浑浑噩噩，嘴里只是念叨着"芒草丛中虫哀鸣"。
> 未曾因花忙，花已自开人已亡，唯露寄断肠。
> 只记得咏出了这首和歌。
> 由于来参加法事的人里并没有在宫中侍奉天皇的人，因此也就不必特地避讳些什么，只是用屏风把房间隔成一块一块的供来客使用，而这其中，似乎只有我没有因悲伤而失态。直到夜里，听见了诵经声，便再也坚持不住，一哭就哭到了天亮。母亲四十九日的那天，该来的人一个也不缺，都到家里来了。由于丈夫也来吊唁了母亲，因此来的人也就更多了。

上述内容很好地体现了兼家对道纲母一家的庇护。事实上，道纲母虽然在夫妻感情上与兼家一直不和，但在涉及兼家政治利益时却一直能保持顾全大局的姿态。正因为如此，即便是在两人彻底断绝来往的时间里，道纲母衣食无忧的生活与尊贵的地位也没有受到任何影响。

五、结语

综上所述，中国学界对《蜻蛉日记》此前的认识主要集中于该作品的闺怨文学特征以及"脱政治性"上，然而，本文证明了，《蜻蛉日记》的本质并不是一部纯粹的闺怨文学，而是藤原氏摄关家文学活动中不可或缺的一环，是典型的政治文学，其成书的背后必然存在着摄关家的支持。此外，《蜻蛉日记》中道纲母与兼家夫妻二人的矛盾，从表面上看是由于情感破裂而导致的，但实际上则是出身受领阶层的道纲母不得不依附于公卿阶层的兼家这一客观现实所造成的。《蜻蛉日记》为后世的读者提供了了解平安时代政治联姻状况的绝好史料。最后，《蜻蛉日记》的原文中随处可见兼家与道纲母这对因政治联姻而结成的夫妻在政治生活中的默契：道纲母利用自己的社交能力与文学素养为兼家笼络贵族女性，而兼家则以自己显赫的家世与政治实权为道纲母提供各种必要的庇护。这一现象贯穿全文，即便是在文中最后二人断绝书信来往的时间里依旧体现得十分明显。

  平安时代的文学是贵族的文学，而贵族又是当时权力的中心。由权力中心所书写的文学必然不可能是"脱政治"的，而是以一种更为隐晦的形式体现出其背后的政治本质。本文以《蜻蛉日记》为主题，探讨了其中的政治因素，并厘清了其与摄关政治之间的密切关系，作者希望以本文为契机，为今后继续探讨政治因素在平安文学中的地位与作用抛砖引玉。

作者简介：黄一丁，文学博士，南京大学外国语学院助理研究员，研究方向为日本古典文献学、平安与镰仓时代文学、中日古典比较文学。

【社会学】

日本慈善事业的基本样貌与宏观动力评述[①]

史 迈

【摘　要】 作为亚洲乃至世界上最发达的经济体之一，尽管日本有着良好的社会福利水平，但国际社会对其慈善事业的发展状况，却存在较大的认知分歧。对此，本文从实践角度重新审视日本慈善事业的发展状况，以求更为立体地呈现出日本慈善事业的真实样貌与基本特征。作为结论，本文将日本的慈善事业特征归纳为以下两点：第一，日本的慈善事业发展总体并不滞后，相反，其高度的组织化、制度化使慈善与社会福祉、社会服务系统高度融合。第二，现代日本社会中的慈善可以被认为是由多元宏观动力因素共同驱使下形成的结果，尤其在较为完备的法人制度和组织分工下，"专业慈善"的部分起到了最为重要的推动作用，而市场溢出部分中的企业参与构成了现代日文语境中"philanthropy"的主要含义。

【关键词】 慈善；日本；非营利组织；宏观动力

一、问题意识

日本是亚洲乃至世界范围内最为发达的经济体之一，同时也是亚洲屈指可数的福利国家，其社会支出、社会服务，以及社会保障水平在众多 OECD 国

[①] 本文为福特基金会（美国）北京代表处资助研究项目"世界公益慈善指数研究与发布"（项目编号：20193000197）的中期成果之一。

家中被认为处于领先地位。然而与其形成鲜明对比的是，国际社会对于日本的慈善事业发展状况却存在着较大的分歧。在以往诸多慈善相关的国别比较研究，尤其是近年来指数排名类的报告中，有些对于日本给出了较为积极的评价。例如，在印第安纳大学 Lily Family School of Philanthropy 研究团队发布的"The Global Philanthropy Environment Index 2018"当中，日本以 4.37（满分 5 分）的指数得分与韩国并列，明显高于东亚的其他国家或地区，在该研究项目涉猎的全部 79 个目标对象中也处于相对较高的位次[1]。另外，在 Centre for Asian Philanthropy and Society 所发布的"Doing Good Index 2018"亚洲地区研究排名当中，日本也同新加坡和中国台湾一样，被认为是综合情况表现最好的"Doing Well"一档[2]。

然而，有些数据结果却与此截然相反。例如在 Charities Aid Foundation 研究团队给出的"World Giving Index 2018"报告中，日本仅以 22% 的分数位列全部 144 个目标国或地区中的第 128 位。在同属儒教文化圈的东亚地区当中，同与其经济发展水平相近的韩国（60 位）、中国台湾（64 位）、以及中国香港（30 位）的排名相去甚远[3]。另外，清华大学 NGO 研究所在 2017 年给出的一份非公开发表的报告书中也提到："日本非营利组织发展的独立性较弱，数量与其他资本主义发达国家相比少得多，与整个国家的经济发展水平不相称，因此日本仍然是发达国家中非营利组织较不发达的国家之一。"

诚然，由于各个研究团队的研究建立在对"慈善"概念不同的理解之上，采用的研究方法与分析指标也不尽相同，得到了截然不同的结论也实属自然。但是，单就日本这一个对象而言，以往不同国别研究结果中呈现出如此之大的

---

[1] Lily Family School of Philanthropy, 2018, The Global Philanthropy Environment Index 2018. https://scholarworks.iupui.edu/handle/1805/15958（2020 年 9 月 20 日查阅）

[2] Centre for Asian Philanthropy and Society, 2018, Doing Good Index 2018. https://caps.org/our-research/doing-good-index-2018/（2020 年 9 月 20 日查阅）

[3] Charities Aid Foundation, 2018, World Giving Index 2018. https://www.cafonline.org/docs/default-source/about-us-publications/caf_wgi2018_report_webnopw_2379a_261018.pdf（2020 年 9 月 20 日查阅）

差异,为我们理解它的正确定位带来了困惑,同时也使我们不禁好奇以往对于日本慈善的评价差异之大的原由以及日本慈善的真实样貌。鉴于这种情况,我们认为有必要暂且放下指数化的排名与评分,回归更为贴近实践的视域来重新审视日本社会中慈善事业的现状,以求从更多元、客观的角度反映出日本慈善的真实样貌,从而勾勒出日本社会对于慈善的理解。基于以上问题意识,本文将从慈善含义的历史变迁、现代非营利组织制度、捐赠与资助等几个方面对日本慈善的现实状况进行基础性的整理。并在此基础上,借助以往研究所提出的慈善系统观察框架,对日本慈善的宏观动力特征进行评述。

二、慈善语境的历史变迁

百年以来,随着近代国家体制的演变以及福利国家确立,日本的慈善事业也逐渐脱胎换骨,形成了富有特色的文化内涵。在日语的语境中,表达慈善活动的方式不止一种,其中既有写作汉字的"慈善"和"公益",也有由英文直译过来写作片假名的"チャリティー"(charity)和"フィランソロピー"(philanthropy)。另外,如果从较为广义的视角来看,日语中的"社会事业"及"社会福祉"等说法,同样也可认为表达了慈善内涵中"公共利益导向"。从几种表达方式在日语中的演变当中,我们也可以大致看出日本慈善事业在近代以来的独特发展历程。参考既往研究的整理,本文将这一过程粗略地分为以下三个阶段。

第一个阶段是从19世纪中期到战后的初创期。以扶贫救济为主的博爱事业是这一时期的慈善活动的主要内容,这也是日语中写作汉字的"慈善"一词所表达的主要含义。1868年,革新派实行"明治维新",废除封建割据的幕藩体制,建立统一的中央集权国家。随着君主立宪制国家的建立,日本出现了历史上最早一批具有公益性质的慈善救助组织。其中,1877年由当时的贵族佐野常民发起成立的博爱社（1887年改名为日本红十字社）被认为是日本民间慈善组织的起点，该组织还在1914年向欧洲战场派出了首批医生护士组成的海外救援队[①]。

这一时期出现的另一个关键词是"公益"，学界也有说法认为我国现在使用的"公益"一词便是来自于这个时期的日本[②]。日本政府于1896年通过的民法第34条，创设了"基于行政主管部门几乎漫无边际的行政自由裁量权的公益法人制度"[③]，有关慈善的社会体制开始逐渐形成。受此影响，一批社会活动家、企业家开始积极投身于"慈善事业"（或称"博爱事业"），民间草根活动团体走向组织化。与此同时，慈善的含义也由原来的扶贫救济拓展到教育、社会服务等更广的层面。在这期间，例如宗教活动家、教育家新岛襄留学归国后投身教育事业，于1875年创立了同志社英学校（即同志社大学的前身）；被称为"儿童福利之父"的石井十次在1887年创设了日本最早的儿童福利机构冈山孤儿院；而由森村组的创始人森村市左卫门在1901年成立"森村丰明会"则是日本最早的慈善资助团体。

第二个阶段是战后到20世纪末的发展期。受西方社会影响，日本政府在战后开始逐步结束对民间慈善活动的过度干预和介入，慈善活动的开展风格开始向现代方式转变。促成这一转变的一个重要的因素源于战后驻日盟军司令部（GHQ）对日本现代国家体制确立所产生的深远影响——由GHQ参与制定的现行日本宪法第89条规定，"公共财产不得用于宗教组织团体，也不得用于不属于公权支配下的慈善、教育、博爱事业"。这使得国家无法在财源上直接干预民间慈善活动的展开，只得通过社会政策或组织规制的方式对其进行引导和监督，国家在慈善中的角色悄然发生转变。得益于此，以往由宗教、社区、民间自发提供的社会服务，逐渐脱离草根范畴走向法人化（组织化程度加强），一跃成为

[①] 王名、李勇、廖鸿、黄浩明：《日本非营利组织》，北京：北京大学出版社，2007年。
[②] 秦晖：《政府与企业以外的现代化：中西公益事业史比较研究》，杭州：浙江人民出版社，1999年。
[③] 俞祖成："如何实现《慈善法》的立法宗旨：基于日本相关立法的启示"，载《浙江工商大学学报》2016年第128期，第105—108页。

日本现代社会事业体系的重要组成部分。

现代社会福祉体系在战后的逐步确立，从某种意义上来说，逐步取代了以往"慈善"概念下的救济活动，所谓"公益"导向下的各项社会事业朝着更为现代、系统、透明、高效的方向发生转变。在这一时期，诸如教育法人（1947年《学校教育法》）、医疗法人（1948年《医疗法》）、社会福祉法人（1951年《社会福祉事业法》）等各种"公益"事业相关组织制度相继确立，诸多非营利性质的法人应运而生。之后，随着1980年代石油危机的爆发，与欧美国家一样，日本在对传统福利国家体制困境的反思中兴起福利多元主义的思潮，公共财政面临的巨大压力也迫使政府更加重视和接受各种民间力量的参与，这也间接助长了各种形式的慈善组织和慈善活动的发展。

第三个阶段是20世纪末至今的成熟期。以1995年的阪神淡路大地震为契机，日本在救灾和灾后重建过程中涌现出了众多以民间部门为基础的志愿性活动，这一年也被称为日本的"志愿活动元年"。大量的非营利组织和志愿者团体的蓬勃涌现也极大促进了政府对于慈善活动（及组织）的法制化进程。1998年政府颁布了《特定非营利活动促进法》，日本社会由此在真正意义上出现了法理概念下的"NPO法人"（即特定非营利活动法人）。另外，在2008年最近一次的民法修订中，日本对已存在长达百年之久的"慈善组织"相关的法人制度进行了进一步的细化和完善，对除上述社会福祉法人、医疗法人、NPO法人等非营利团体以外的慈善活动团体，进一步依据其活动是否具有公益性，细分为一般社团、一般财团、公益社团、公益财团四种法人形式，其中后两者是现在"公益法人"制度的重要组成部分。

随着"公益"相关的组织形式和活动范围进一步细化，时至今日，作为舶来语的"philanthropy"（日语：フィランソロピー）一词在日本成了一个全新的、独立的概念。相比于西方语境中泛指"个人或团体进行的捐赠和志愿者活动的行为"，该词在日文语境中的含义则较为狭窄，在近年来的研究中，除了NPO

法人所开展的非营利活动、由个人和志愿者团体开展的志愿者活动以外，这一词多用来特指企业开展的社会贡献活动等商业溢出带来的慈善行为[①]。这也展示了一个非常有趣的样态变化——在日本社会近百年来的演变过程中，"慈善活动"由明治维新后到战前一段时期主要作为行政职能的补充，到战后开始逐渐代替政府成为社会服务供给的生力军，再到当下的现代社会中进一步与商业社会相融合，成为社会创新与社会服务的主角。由此可见，慈善活动的演变高度融合于日本社会本土的政治经济发展，其形态和内涵并非一成不变。因此，仅从西方的慈善概念视角来理解和探视日本的慈善样貌的话，得到的评价褒贬不一也就在所难免了。

三、非营利组织制度与政策环境

从以上对于慈善概念在历史中含义演变的梳理来看，日本的慈善不仅是单纯的捐赠与资助，若从较为广义的视角来理解，这一概念在日本也可以理解为包括"社会福祉"在内的整个社会服务供给体系。这使得日本并没有一部专门用于规制慈善活动的专门法律，相反，慈善活动相关的法规制度却几乎渗透到了日本的整个民法体系。对此，本文希望通过组织制度的角度（即非营利法人制度的角度）来对日本慈善相关的制度环境进行介绍，尤其是对前文中提到的"公益法人"与"特定非营利活动法人"（NPO 法人）两种非营利法人制度之间的关联与区别，以及它们两者在免税资质方面的相关政策进行梳理。

尽管从理论上来说，法人资格的取得与否并不直接影响慈善活动的展开，但在日本社会中人们普遍认为，取得法人的资格更有利于接受政府和公众的监

---

① 大西たまき「フィランソロピー概念の考察：西欧におけるフィランソロピー研究のシステマティック・レビューと日本のフィランソロピー研究の発展に向けて」，『ノンプロフィット・レビュー』2017 年第 17 期，第 1-10 頁。

管，建立组织的社会公信力，因此也更有助于组织自身长期稳定的健康发展。在前文中提到的，设立于1998年的"特定非营利活动法人制度"（NPO法人制度）是日本比较有代表性的非营利法人制度之一，其设立的出发点在于方便并促进以市民为主体的自发性社会贡献性活动的开展。顾名思义，NPO法人的业务活动需要在法律规定的特定范围内展开，其中包括"增进保健、医疗或福利""促进社会教育的活动""促进社区营造的活动灾害救援活动""科学技术振兴活动"等20余项活动领域。另外，法律还对这一组织的活动内容与治理结构进行了一些额外限制，例如：NPO法人不得开展与宗教、政治相关的活动；组织需要具备10人以上的正式员工方可注册，其中不包括最少3人以上的理事和至少1人担任监事；组织的项目活动收益不得分配给员工，且从组织获得薪酬的管理层人员数量不得超过三分之一；等等。为了更好地促进NPO法人的发展，日本政府于2001年在此制度基础上增设了"认定特定非营利活动法人制度"（认定NPO法人制度），对其中符合公益资质的团体进行认定并给予税务上的优惠。

与此相对，"公益法人制度"建立的出发点则遵从另一种逻辑。如果把前者的NPO法人看作以"活动"为基础建立起来的法人制度，那么后者的公益法人制度则可以被认为是以"财产"或"团体"为基础而设立的法人制度。从成立条件上看，公益法人制度中的"一般财团法人"与"一般社团法人"只需有明确的组织章程、管理条例，以及满足法定的最低结社物质条件即可——社团须2人以上，财团须有300万元日元（约合20万元人民币）以上的初始资金——并不需要规定其开展活动一定在某些领域内，或是一定需要具有"公益性质"。因此也可以认为，公益法人制度设立的初衷是为了方便那些有志于非营利事业开展的公民团体更自由地行使结社权。同前者的"认定NPO法人制度"一样，公益法人制度中也存在相应的"认定制度"，即从登记注册的"一般社团法人"与"一般财团法人"中，认定有利于社会公益的"公益社团法人"和"公益财团法人"，以此来对它们进行进一步的公信力提升，并给予税收方面的优惠。

表 1　两种非营利法人制度的认定制度比较 [①]

认定对象	一般社团法人，一般财团法人	特定非营利活动法人（NPO 法人）
认定条件	· 公益项目比例占 50% 以上 · 收支大抵相等，具有良好财务状况 · 闲置资产在一定规模以下 · 拥有开展公益项目的相应技术能力 · 拥有亲密关系的理事、监事数量不超过整体的三分之一 等	· 符合 PST 条件（*1） · 共益性活动比例不得超过 50%（*2） · 特定非营利活动的项目支出占 80% 以上 · 拥有亲密关系的理事、监事数量不超过整体的三分之一 等
认定主体	由民间有识之士组成的第三方评定委员会评估，并交由行政机关（内阁府、都道府县政府）进行认定	管辖行政机关（都道府县政府以及政令指定都市政府）
认定结果	公益社团法人、公益财团法人	认定特定活动非营利法人（认定 NPO 法人）

注 1：PST（public support test）条件是指判断 NPO 法人是否服务于社区的条件。具体指：（1）捐赠收入占收入总额的五分之一以上，（2）年度接受由 100 人以上金额在平均 3000 日元（约合 200 元人民币）以上的捐赠，（3）依据注册地的管理条例接受相应的业务指导。注 2：共益活动是指活动的受益对象为机构的会员单位等相关利益主体。

由此可见，两种非营利法人制度的关键区别在于组织结社的出发点不同，但他们拥有相似的治理结构。其中"认定制度"可以被认为是在确保法人"非营利性"的基础上，进一步对其"公益性"进行承认和规制的措施（这一点与我国现行的"慈善组织认定制度"相似）。当然，根据两者不同的活动开展方式和内容，不同法人制度对于公益的认定标准也有略微的区别，本文将两者的区别进行了整理（如表 1 所示）。值得注意的是，两种制度的认定主体虽然都是政府，但认定过程不同，公益社团法人和公益财团法人通常由民间有识之士组成的第三方评定委员会评估，并将评估作为参考交由行政机关进行最后决策，而

[①] 内閣府，公益法人と特定非営利活動法人 (NPO 法人)．https://www.cao.go.jp/others/koeki_npo/index.html（2020 年 9 月 20 日时点）

认定 NPO 法人则直接由管辖行政机关进行认定。从认定过程来看，前者由于民间部门的参与似乎更为民主，而后者则更为快捷。

四、税收激励措施

在接受认定之后被认为具有"公益性"的基础上，两种非营利法人便可以享受国家给予的税收方面的优惠政策。同我国一样，这里的税收优惠政策可以分为面向非营利法人公益活动的税收优惠，以及针对捐赠行为的税收优惠两类政策。

一方面，如表 2 所示，面向法人主体的优惠政策又可以细分为三项具体内容。其中，第一项的"盈利活动课税"是指国家仅对法人事业活动中的经营性项目活动部分产生的盈利部分征收税款，也就是说，基于公益认定法被认定为具有公益目的的项目获得的盈利则可以免除这一部分的征税。第二项的"利息、分红收益等相关的源泉所得税相关的课税免除"是指，公益社团法人与公益财团法人通过利息、分红等方式，获得支付补偿金、利息收益、投资收益、费用差益以及利益分红等情况可以免除所得税的缴纳。由于这一项仅适用于公益社团法人与公益财团法人的情况，且限定在所得税当中，因此在法人税上还有一条叫作"视同捐赠"的优惠政策。第三项的"视同捐赠"是指，法人从盈利活动资产中取得的收益用于公益事业支出的情况下，其支出部分的金额可以视作捐赠，并在一定范围内享受相应的税收优惠减免。

从表 2 中整理的法人类型与税收优惠的适用情况来看，所有非营利法人均可享受"盈利活动课税"，而公益社团法人和公益财团法人可以享受所有的免税优惠政策，但只有通过"认定制度"获得公益认定资格的非营利组织才有资格享受"视同捐赠"的政策。从非营利组织管理中的"认定制度"和与其相对应的税收优惠政策中也不难看出，相比于根据法人性质"一刀切"的做法，日本更关注组织实际开展的业务活动是否具有公益性，并将其作为实施税收优惠的主要依据。虽然这种"对事不对人"的税收优惠资格设计逻辑使几种不同层面的制度相互交叉，整体略显冗杂，但却可以最大限度保障和促进法人公益性的提升，以确保那些真正"做实事、做好事"的非营利组织得到相应的鼓励。

表 2 两种非营利法人制度的税收优惠比较：免税资格[①]

	税种	公益社团法人、公益财团法人	一般社团法人、一般财团法人	认定 NPO 法人	NPO 法人
盈利活动课税	法人税	√	√ (*1)	√	√
利息、分红收益等相关的源泉所得税相关的课税免除	所得税	√	×	×	×
视同捐赠	法人税	√	×	√ (*2)	×

注 1：一般社团法人、一般财团法人享受仅盈利活动课税的税收优惠资格需要在保证完全非营利性的基础之上，即必须在组织章程上写明法人活动的非营利性质或完全以共益活动为目的展开业务项目。注 2：成立五年以内通过宽松条件取得认定资格的特例情况（特例认定 NPO 法人）并不享受这一优惠资格。

另一方面，面向捐赠行为的税收优惠政策主要意在鼓励市民和企业的捐赠行为。有关捐赠行为的税收优惠泛泛地讲可以分为三种类型：其一，是对个人税收或法人经营性收入方面的税收减免优惠措施，具体来说包括表 3 中第一项的"个人收入扣除/法人额外业务成本另外规定"与第二项的"个人税额扣除"；其二，是将个人已有财产进行捐赠的情况下，可以享受财产转让方面的相应的优惠；其三，是将个人继承遗产进行捐赠的时候，可以享受财产继承方面相应的优惠。不同的捐赠优惠政策适用的公益组织对象之间略有差别，从类型上来

[①] 内閣府，公益法人と特定非営利活動法人（NPO 法人）. https://www.cao.go.jp/others/koeki_npo/index.html（2020 年 9 月 20 日時点）

看，向公益社团法人和公益财团法人捐赠可以适用全部三种类型中的四项政策，而财产赠与的情况可以适用于全部的法人类型，但个人收入和继承遗产只有捐赠给公益社团法人、公益财团法人，或认定 NPO 法人，即通过"认定制度"的法人主体才能获得相应的税收优惠。

表 3　两种非营利法人制度的税收优惠比较：捐赠优惠[①]

税种		公益社团法人、公益财团法人	一般社团法人、一般财团法人	认定 NPO 法人	NPO 法人
个人收入扣除/法人额外业务成本另外规定	所得税/法人税	√	×	√	×
计算公式：实际税额 =（收入额 - 税额抵扣部分（捐赠额 -2000 日元）） 税率					
个人税额扣除	所得税	√	×	×	×
计算公式：实际税额 = 应交税额 - 税额抵扣部分（捐赠金额 -2000 日元） 40%)					
个人财产捐赠情况下，不再征收捐赠部分的转让所得况(*1)	所得税	√	√	√	√
捐赠个人继承遗产时，不再征收捐赠部分的遗产继承税(*2)	继承税	√	×	√ (*3)	×

注 1：这一条款的适用需要捐赠满足一定的条件，并且需要得到国税部门的认可；注 2：这一条款的适用需要捐赠满足一定的条件，例如继承人（捐赠者）或其亲属等需承担的继承税或赠与税并不会发生不当性减少的情况下才可以；注 3：成立五年以内通过宽松条件取得认定资格的特例情况（特例认定 NPO 法人）并不享受这一优惠资格。

在向公益财团法人和公益社团法人，即同时符合第一项和第二项优惠政策时，纳税人可在年底申告时自由选择两种方式中的其中一种。两者的区别在于，前者的"个人收入扣除"会将计算收入抵扣与捐赠之后的实际金额作为税基，因此捐赠会减少税基的大小，这对于适用较高税率的个人来说更为有利。而后

[①] 内閣府，公益法人と特定非営利活動法人（NPO 法人）. https://www.cao.go.jp/others/koeki_npo/index.html（2020 年 9 月 20 日時点）

者的"个人税额扣除"则根据捐赠的多少直接从应交税额中减免一部分的税金作为税额抵扣，税额抵扣的额度取决于捐赠金额的多少但与税率无关，因此相比前者更为适合进行小额捐赠的情况。

另外，企业等法人主体向非营利法人进行捐赠时也可以享受相应的税收优惠，也就是税法当中的"法人额外业务成本另外规定"的制度。如表4所示，企业所获得的抵扣额度一般分为两个部分进行阶梯计算，基础部分的"一般捐赠算入业务成本"享受的优惠比率较低，只能抵扣较少额度的应缴纳税款金额；而超过这一部分之后的金额，则算入"特殊业务成本"进行计算，比起前者，后者可以享受较高幅度的税收减免优惠。从法人捐赠享受税收优惠总额的计算公式上来看，两者之间存在相对固定的阈值，但总体来说还是"捐得越多，税交得相对越少"。

表 4　法人捐赠享受税收优惠总额的计算公式 [1]

法人捐赠享受税收优惠总额 = A + B	
A. 一般捐赠算入业务成本限额 =	（收入额 ×2.5% + 资本金 ×0.25%）×1/4
B. 算入特殊业务成本限额 =	（收入额 ×6.5% + 资本金 ×0.735%）×1/2

时至今日，日本参与慈善活动的各类非营利组织已达十几万。据日本政府官方统计，截止到 2020 年 6 月，备案在册的 NPO 法人数已达到 51117 家，其中认定 NPO 法人数为 1162 家，仅总数的 2.27%。从 NPO 法人制度成立以来的数量变化来看，如图 1 所示，进入 21 世纪之后日本的 NPO 法人数量出现了井喷式的增长，而这一增长在 2014 年突破 5 万家之后进入迟滞。导致迟滞的原因被认为有两点：第一，在经历了长时间的数量增长之后，社会对于 NPO 法人的需求程度逐渐趋于饱和；第二，2008 年席卷全球的经济危机，以及之后的 2011 年的东日本大地震持续对日本的社会经济带来重创，经济陷入不景气使得政府

---

[1] 内閣府，公益法人と特定非営利活動法人（NPO 法人）. https://www.cao.go.jp/others/koeki_npo/index.html（2020 年 9 月 20 日時点）

和社会都无过多财力支持NPO法人的发展。但与此同时，认定NPO法人在进入2011年之后受"NPO法"修订的影响开始猛增，直到今日依然呈现持续增长的态势。这也可以间接说明，日本的NPO法人也从1998年制度设立以来的数量增长模式向2010年代之后的质量提高模式悄然发生转变。其中，1995年的阪神大地震与2011年的东日本大地震无疑成为促使这一转变发生的重要事件节点。

另外，据日本政府统计，截止到2018年12月为止，日本共有公益法人9561家，其中公益财团法人5392家（56.4%），公益社团法人4169家（43.6%）；从认定机构来看，由内阁府（中央政府）认定的法人2485家（26.0%），由都道府县等地方政府认定的法人7076家（74.0%）。从两种非营利法人组织的现状我们不难看出，时至今日，以两种法人制度为代表的非营利法人制度成为日本第三部门领域以及公益慈善活动开展的主体，它们的出现和成长为社会带来了大量的就业岗位，同时也逐渐成为解决市民各类社会生活问题的主力。

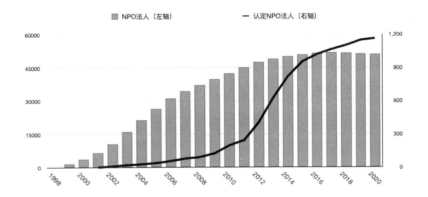

图1　NPO法人与认定NPO法人数量变化（1998—2020）[①]

[①] 内閣府NPOホームページ，認証・認定数の推移. https://www.npo-homepage.go.jp/about/toukei-info/ninshou-seni（2020年9月20日時点）

五、捐赠与资助

尽管拥有较为完善的政策制度体制，但在捐赠和资助领域，同其他发达国家相比日本并不能算是一个捐赠大国。图2展示了Japan Fundraising Association（日本ファンドレイジング協会）统计的日本捐赠市场近十年来的变化情况。首先，日本的个人捐赠市场规模从2009年的5455亿日元增长到2016年的7756亿日元，企业的捐赠市场规模则从2009年的5467亿日元增长到2015年的7909亿日元。2011年由于东日本大地震爆发，个人捐赠的规模一度高达10182亿日元（其中一般性个人捐赠仍为5182亿日元，救灾捐赠为5000亿日元）。

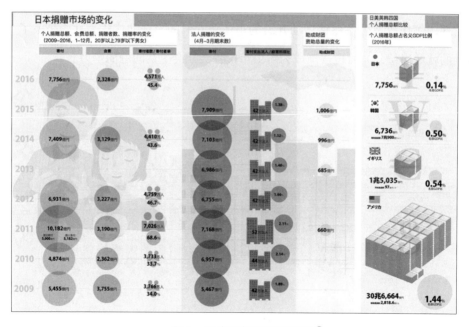

图2　日本的捐赠市场变化[①]

[①] 日本ファンドレイジング協会，2017，寄付白書2017. https://jfra.jp/wp/wp-content/uploads/2017/12/2017kifuhakusho-infographic.pdf（2020年9月20日時点）

尽管捐赠市场的规模连年增长,但在个人捐赠方面,日本与其他发达国家相比规模并不突出。例如,与同为地处东亚的发达国家韩国相比,日本个人捐赠规模虽然在绝对资金上略多,但从占名义 GDP 的比例上来看仍低于韩国(日本 0.14%,韩国 0.5%)。与欧美国家相比,日本的个人捐赠规模仅约英国的一半,美国的 2.5%,占名义 GDP 的比例也是远小于两者(英国 0.54%,美国 1.44%)。据日本政府给出的统计资料(图 3)显示,在 2007 年个人捐赠还未发育成形的时代,法人捐赠的市场占有比例曾一度高达 80.9%,远高于欧美国家的比例(美国 6.0%,2008 年;英国 5.8%,2007 年)。

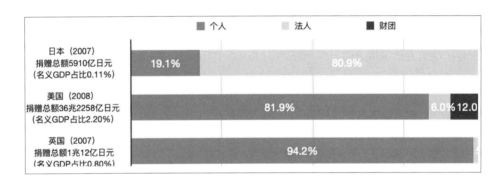

图 3　日本 NPO 接受捐赠市场构成 [1]

综上所述,我们可以看出,与其他发达国家相比,日本的捐赠市场整体规模不算庞大,但其中法人捐赠所占的比例较大,相比之下个人捐赠市场规模较小但正处在连年增长的状态中,尤其在近年来大有与法人捐赠持平甚至超越的趋势。作者猜测导致捐赠市场呈现这一现状的原因可能是多方面的:首先,日本人在国民性中体现的内敛性与集团主义倾向,使得日本人相较于欧美国家的国民而言,或许并不擅长于通过直接金钱捐赠的形式来表达对社会的关切;其

---

[1] 内閣府 NPO ホームページ,寄附金の国際比較. https://www.npo-homepage.go.jp/kifu/kifu-shirou/kifu-hikaku(2020 年 9 月 20 日時点)

次，以往对于捐赠税收的鼓励政策或许并没有良好地刺激国民对于捐赠的热情，而 2009 年的税法改制提供了两种优惠选择（见上文），使得国民更容易受到税制优惠上的刺激，从而在一定程度上改善了这一点；最后，良好的非营利组织体制政策环境为国民从其他途径参与慈善活动提供了良好的机会，从非营利组织的相关数据来看日本的非营利组织结社和志愿者活动的开展还是非常活跃的。

例如，从图 4 展示的内阁府 2013 年《市民社会贡献意识调查》的随机抽样结果来看①，在接受问卷调查的 3 044 人中，对参与志愿者活动关心的比例高达 58.3%，实际参与过志愿者活动的人数占 35%。而从总务省统计局发布的《社会生活基本调查》显示②，2016 年度日本国民总体志愿者活动的平均参加率高达 26%，覆盖从 10 岁以上青少年到 75 岁以上老年人等各年龄层次，其中"社区建设"为所有民众关心的领域之首，参与率约为 13%。有道是"有钱出钱，没钱出力"，尽管个人捐赠并不突出，但相比之下日本国民对于志愿者活动的参与热情并不低迷。

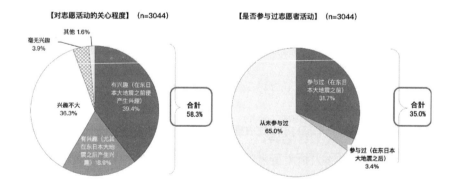

图 4　日本志愿者活动的基本情况③

---

① 内閣府，2013，平成 25 年度市民の社会貢献に関する実態調査. https://www.npo-homepage.go.jp/toukei/shiminkouken-chousa/2013shiminkouken-chousa（2020 年 9 月 20 日時点）

② 総務省統計局，2016，平成 28 年社会生活基本調査の結果. https://www.stat.go.jp/data/shakai/2016/kekka.html（2020 年 9 月 20 日時点）

③ 内閣府，2013，平成 25 年度市民の社会貢献に関する実態調査. https://www.npo-homepage.go.jp/toukei/shiminkouken-chousa/2013shiminkouken-chousa（2020 年 9 月 20 日時点）

与捐赠相对应，资助是观察慈善事业活性的另一个重要观察视角。我国慈善领域的资助活动同美国类似，主要通过基金会来完成，但日本在这一点上有所不同，比起使资助通过制度手段特定在某一种类型的组织身上，资助（日语：助成）在日本更像是一种功能，任何法人都可以在慈善活动的参与中发挥这项功能。日本社会将这种发挥资助功能的组织称为"助成型财团"。"助成型财团"本身并不是一个制度上的法理概念，如果与法人制度相关联来看，其中不仅包括上文提到的"公益法人"（公益财团法人和公益社团法人），同样也包括一般财团法人、一般社团法人、社会福祉法人、独立行政法人、特定非营利活动法人（NPO法人）等多种形式。但尽管如此，与我们熟知的"基金会"概念最为相近的，还当数以促进公益事业为目的开展资助活动的公益法人。

日本助成财团中心（日本助成財団センター，Japan Foundation Center=JFC）自1985年成立以来一直对活跃在日本社会中的助成型财团进行相关的信息收集业务。从其整理发布的数据来看（图5），截止到2018年，日本共有助成型财团2056家，自20世纪70年代后一直呈现持续增长的态势。而进入90年代之后财

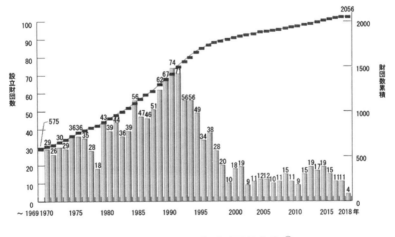

图5 日本助成型财团的变化 [1]

---

[1] 助成財団センター，2020，日本の助成財団の現状. http://www.jfc.or.jp/wp-content/uploads/2014/03/research2019.pdf (2020年9月20日時点）

团的增长数量急剧减缓，90 年代中叶以来仅维持在 10 家左右的增长水平。JFC 认为这是由于 90 年代日本经济泡沫破灭使得经济进入持续低迷状态，从企业到个人都缺少资金上的富裕。而即便财团得以注册成立，日本政府在此期间施行的超低利率政策也使得多数财团难以依靠资产运作收益维持日常的资助活动。

另一方面，现有的助成型财团之间也出现了比较明显的两极分化趋势。从资产规模的数量分布情况来看，在 JFC 调查的 972 家财团中，5 亿资产规模以下的小型财团数量为 277 家，100 亿资产规模以上的大型财团为 129 家；而从资产合计的分布状况来看，数量仅占 13% 的大型财团的资产合计数接近 4 万亿日元规模，占所有财团总资产合计的七成以上，而其他 87% 的财团则拥有剩余的资产。表 5 展示了助成型财团中资产总额规模较大的"头部"组织，以及他们的年度资助水平、设立年份、注册机关等情况，前后两表分别表示由民间和由官方为主体设立的两类团体。

表 5　民间与官方"头部"助成财团资产规模一览 ①

(1) 由民间资本为基础设立的团体

2018 年度决算（单位：亿円）

18	17	財団名	資産総額	年間助成額	設立年	行政庁
1	1	日本財団	2,765.92	334.54	1962	内閣府
2	2	上原記念生命科学財団	1,625.43	14.85	1985	内閣府
3	3	笹川平和財団	1,389.63	8.40	1986	内閣府
4	8	博報児童教育振興会（博報財団）	1,300.39	3.20	1970	内閣府
5	9	稲盛財団	1,145.81	3.50	1984	内閣府
6	6	上月財団	987.83	1.28	2003	
7	7	武田科学振興財団	970.56	26.03	1963	内閣府
8	4	中谷医工計測技術振興財団	934.82	6.85	1984	内閣府
9	5	神戸やまぶき財団	837.46	6.72	2012	兵庫県
10	-	化学及血清療法研究所	788.61	0.07	1945	内閣府
11	13	鉄道弘済会	760.93	3.21	1932	内閣府
12	14	JKA	617.14	51.33	2007	内閣府
13	-	ローム ミュージック ファンデーション	615.22	2.39	1991	内閣府
14	12	似鳥国際奨学財団	588.20	2.22	2005	内閣府
15	-	小林財団	572.73	2.92	2002	内閣府
16	17	出光文化福祉財団	514.39	0.61	2003	内閣府
17	-	テルモ生命科学振興財団	503.37	2.45	1987	内閣府
18	16	市村清新技術財団	468.02	3.98	1968	内閣府
19	-	福武財団	442.08	0.65	2004	内閣府
20	-	東洋食品研究所	441.08	0.08	1969	内閣府
		20 財団合計	18,269.64	475.29		

※行政が設立の主体となっていると思われる団体を除き、主として民間資金を基に設立された団体で作成した。

---

① 助成財団センター，2020，日本の助成財団の現状 . http://www.jfc.or.jp/wp–content/uploads/2014/03/research2019.pdf (2020 年 9 月 20 日時点)

(2) 以政府为主体设立的团体 2018 年度决算（单位：億円）

18	17	財団名	資産総額	年間助成額	設立年	行政庁
1	-	東京都都市づくり公社	646.05	0.06	1961	東京都
2	1	北海道市町村振興協会	638.71	2.08	1979	北海道
3	2	埼玉県市町村振興協会	511.83	1.81	1979	埼玉県
4	3	河川財団	286.05	2.06	1975	内閣府
5	4	関西・大阪21世紀協会	203.65	0.95	1982	内閣府
6	5	神奈川県社会福祉協議会	199.67	0.05	1952	
7	-	埼玉県社会福祉協議会	176.47	0.08	1951	
8	6	大分県市町村振興協会	173.53	1.60	1979	大分県
9	7	日本食肉協議会	168.41	3.20	1958	内閣府
10	8	医療経済研究・社会保険福祉協会 医療経済研究機構	164.75	0.08	1999	内閣府
11	-	日本電気協会	139.26	0.06	1921	内閣府
12	-	沖縄県地域振興協会	138.84	1.70	1981	沖縄県
13	10	岩手県市町村振興協会	136.88	5.01	1979	岩手県
14	-	宮崎県市町村振興協会	131.26	0.12	1979	宮崎県
15	11	沖縄県国際交流・人材育成財団	125.60	7.04	1972	沖縄県
16	12	秋田県育英会	122.64	11.40	1900	秋田県
17	13	長崎県育英会	122.20	3.09	1960	長崎県
18	14	いしかわ県民文化振興基金	120.96	1.03	1990	石川県
19	9	日本国際教育支援協会	118.48	10.54	1957	内閣府
20	15	地域総合整備財団（ふるさと財団）	115.70	1.42	1988	
		20 財団合計	4,440.58	53.38		

  仅从"头部"20家组织的整体情况来看，民间团体的资产总额多于官方背景的团体。但"官方背景"的团体多注册于都道府县一级的政府，名称多以"某某市町村振兴会""某某福祉协议会"为主，我们可认为他们主要致力于本地区社会事业发展。从这个意义上讲，后一个表格中列出的所谓"以行政为主体"设置的助成财团有些类似于"社区基金会"的概念。

  另外，在众多民间主体的助成财团中，由大正、昭和时期的政治家、社会活动家笹川良一成立于1962年的"日本财团"（The Nippon Foundation）无疑是其中的翘楚。而从这一财团的年报中我们发现，这一财团2019年度（2019年4月1日—2020年3月31）高达542.98亿日元的总收入当中，实际捐赠获得的收入（日语：寄付金）为21.08亿日元，仅占整体的3.88%，承担政府项目获得的收入（日语：交付金）竟多达471.06亿日元，占整体的86.75%。虽不能以偏概全，但从日本财团的案例中可见，日本慈善活动资助当中其实有很大一部分资金来源于政府，助成型财团在其中充当了资源转移和分配的功能性角色。

六、宏观动力评述

结合以往研究给出的"慈善系统"框架[1]，本文对日本慈善样貌以及其中的宏观动力构造整理为图6所示。首先，在慈善活动初始的捐赠环节（input），日本社会中发生捐赠行为的主体可以概括地分为个人、市场和国家（包括地方政府）在内的三类。从前文中对于捐赠的资料梳理来看，个人带来的动力影响明显小于市场（企业）。而国家带来的动力影响并不通过严格意义上的"捐赠"来实现，而是隐含于对资助团体的项目委托当中，但这并不妨碍我们把它当作一种来自国家动力影响慈善的表现形式。出现这种状况的原因，除了前文中提到的GHQ治理下日本宪法对于国家在社会事业中参与形式规制的历史原因以外，现今日本社会中严峻的少子高龄化人口结构带来的巨大社会服务需求、广至"社会福祉"和一般性社会服务的宽大慈善领域，以及日本现代国家制度主张"小政府、大社会"的治理风格等因素，无疑也对当前的现状形成带来了不小的影响。从这一意义上来说，日本社会中国家"驱动"慈善之间的关系并非是为了单方面的"吸纳"，而是在历史和社会进程的演变中逐渐产生的"相互依赖"。

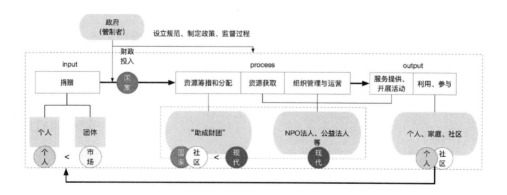

图6 日本慈善的宏观动力构造

---

[1] 史迈、安姗姗："从评价到对话：构建新的国别慈善样态描述框架"，载《中国非营利评论》2021年第27期，第67—88页。

其次，在慈善活动的资源分配与服务开展等过程环节（process），由前文中对于慈善组织法人制度以及相应的税收优惠制度介绍中我们可以发现，日本的现代慈善体系可以说是较为发达的。在一套较为完整的法人体系基础上，日本通过"认定制度"来区分其中的公益组织，保证其可以用较好的公信力，较为公平地享受税收优惠政策。在慈善活动中，公益组织之间的分工也相对较为明确，以公益财团法人为主的"助成财团"主要负责资源筹措和资助，发挥了类似"基金会"的作用，而诸如以 NPO 法人、公益社团法人、社会福祉法人为首的其他公益组织则负责具体的服务项目的开展和服务提供。其中，从上文对助成财团构成的情况来看，由政府或社区为主体设立的财团在资助规模上小于民间，我们可以认为现代慈善带来的宏观动力要比前者更为明显。而在具体的服务提供环节，由于日本战后特殊的社会制度演变过程，民间的各类公益法人社会组织实际上代替了一部分政府功能，成为主导社会服务供给的主力。如果把慈善理解为包括"社会福祉"在内的较为广义的范围，那么我们也可以认为这一部分的宏观动力也是由现代慈善来主要驱动的。

此外，从作为市民的实际收益者角度（output），本文认为由个人和社区进行的志愿者活动是评价日本慈善样貌的另一个不可忽视的视角。正如 1999 年的诺贝尔经济学奖的得主艾莉娜·奥斯特罗姆教授（以及其丈夫文森特·奥斯特罗姆教授）提出的"共同生产"（co-production）概念认为，对于公共服务来说，提供者的努力只能为服务的成形提供有限的作用，利用者的配合和参与同样也是公共（社会）服务得以高质量完成的决定性条件[1]。从上文所述来看，尽管与其他发达国家相比，日本的个人捐赠表现的确并不突出，甚至与英美等国有着较大差距，但日本的志愿者活动客观来说还是比较活跃的。从慈善系统的整体构造来看，这种参与和配合对于慈善所期待的社会问题解决，

---

[1] 史迈「社会サービス提供におけるコ・プロダクション概念の意味」『ノンプロフィット・レビュー』2020 年第 20 期，第 55 - 65 页。

以及最终的价值创造提供了不可或缺的作用。尤其在进入 2010 年代之后，强调市民参与的"地域福祉"理念成为主流①，将"公助、共助、互助、自助"作为口号的地域型社会福利体系在日本逐步确立。因此，本文认为，在日本社会中，个人和地域社会（社区）的参与为公益慈善的形成同样贡献了重要的动力因素。

最后，相比于西方国家以及一些东南亚国家来说，宗教对于日本慈善中的驱动作用似乎并不明显，但这并不代表宗教对于慈善的形成没有产生影响。早在古代社会（20 世纪中叶慈善组织出现之前），寺庙神社等宗教团体在贫民救济中就发挥了重要的作用。日本最早的福利救济机构悲田院即设于位于奈良境内的兴福寺中（723 年），这也被看作是日本现代福利机构的起源。在 20 世纪中叶到战后的初创期，日本社会中涌现出的大批慈善家和社会活动家中受宗教影响，尤其是受到基督教"博爱"思想影响的人物不在少数。除上文中提到的新岛襄、石井十次等人以外，毕生致力于贫困救济事业，被后人誉为"贫民窟圣贤"的贺川丰彦（1888—1969），女性教育先驱、日本女子大学校（现日本女子大学）的创办者成濑仁藏等人，均为牧师出身。然而，由于战后新体制下各类非营利法人在法律体系下的地位逐渐明确，"宗教组织"与"慈善/社会服务组织"之间的活动边界也开始逐渐明晰。这使得一些具有慈善活动传统的宗教组织纷纷通过另设法人的形式参与到现代公益活动当中。总体来说，宗教对日本慈善的形成和发展也起到了巨大的推进作用，但这种影响在现代社会中多体现在间接层面。从这个意义上来说，"现代慈善吸纳宗教"也可以看作是日本慈善样貌的特点之一。

---

① 武川正吾：《地域福祉の主流化：福祉国家と市民社会Ⅲ》，京都：法律文化社，2006 年。

七、结论

综合以上对于日本慈善样貌的评述，回到导言部分中提出的问题，我们可以将其特征概括地归纳为以下两点。

第一，日本的慈善事业发展总体并不滞后，相反，其高度的组织化、制度化使慈善与社会福祉、社会服务系统高度融合。日文语境下慈善的含义依据社会发展几经变化，从最初以扶贫救济为核心的狭义概念扩展到涵盖社会福祉与社会服务等公益领域的广阔范围，这种变化使得观察日本的慈善样貌的口径不同，得出的结论可能也会截然不同。例如，由于日本私人捐赠市场规模较小，若像"World Giving Index 2018"以"捐赠"为主要视角来观察，则日本的慈善样貌似乎确实呈现出与其经济水平不相符的状态；但如果考虑到志愿活动、社会服务、公益法人等等更为宽泛的要素，便也可发现日本的慈善样貌呈现出高度的组织化、制度化和系统化特征。

第二，现代日本社会中的慈善可以被认为是由多元宏观动力因素共同驱使下形成的结果。其中，在较为完备的法人制度和组织分工下，"专业慈善"的部分起到了最为重要的推动作用；"国家慈善"受制于制度约束，其参与形式虽不如前者明显，但同样也起到一定的助力作用；市场溢出部分中企业参与构成了现代日文语境中"philanthropy"的主要含义，尤其从捐赠市场的情况来看，相比于欧美国家来说，日本企业在捐赠市场中占的份额更大，且仍然处于持续增长的态势；个人和社区对于慈善的驱动作用更多体现在志愿活动的参与和配合，这一点尤其在理解日本慈善样貌时同样不应当被忽视。

作者简介：史迈，男，生于1989年7月，清华大学公益慈善研究院助理研究员、博士（社

会福祉学），主要研究领域为公益慈善、社会治理及第三分配等。发表中外文学术论文十余篇，著有『協働モデル：制度的支援の「狭間」を埋める新たな支援戦略』（京都：晃洋書房，2021 年）等。

从"平等地位"问题探讨日本社会福祉法人制度的存在意义

孙 琳

【摘 要】 社会福祉法人制度自1951年成立以来，在日本福祉事业发展中一直发挥着举足轻重的作用。但近年来随着少子老龄化程度的加剧，仅靠社会福祉法人这一类型的服务供给主体开始无法满足逐渐扩大的福祉需求，在社会福祉基础构造改革之下，NPO法人、企业等作为服务供给主体也参与到福祉服务的供给市场当中。然而，在福祉服务市场化和供给主体多元化发展的同时，不同法人资格的供给主体之间存在着参与限制、税收政策等方面的明显差异，要求"同一市场，公平竞争"的呼声越来越高。通过对社会福祉法人制度的考察，本文发现，尽管主张"平等地位"的呼声不绝于耳，但社会福祉法人以其较强的非营利性和公益性等特征，在服务供给端依然可以明显区别于其他供给主体，同时也体现出其在当代日本福祉体系中的重要意义。

【关键词】 社会福祉法人制度；"平等地位"问题；公益性

一、日本社会福祉体系中的社会福祉法人制度

二战后，日本逐渐建立起以残疾人、战争孤儿、失业者、老年人等生活困难群体为对象的社会福祉体系。这一体系主要可以分为以下两个方面。一方面是如养老金等，通过现金补贴方式进行经济援助的"收入保障体系"；另一方面则是通过包括社工在内的专业人员等"人力"和福祉设施等"物力"的介入进

行援助的"福祉服务体系"[①]。相对于通过现金补贴等的经济援助而言，福祉服务是解决仅靠"金钱"无法解决的生活问题，即"非货币需求"的重要援助手段。而社会福祉法人则作为福祉服务的供给主体，在战后的日本社会福祉事业发展中扮演着重要角色。

1950 年 10 月，在社会保障制度审议会颁布的《关于社会保障制度的劝告》中指出，对于民间社会事业团体，"在重视其自主性，发挥其特性的同时，有必要通过建立特别法人制度从而谋求其有组织地发展，并提高其公共性"。受此劝告的影响，在 1951 年颁布的《社会福祉事业法》(后更名为《社会福祉法》)中，建立了区别于民法中公益法人的社会福祉法人制度。

而关于建立社会福祉法人制度的宗旨，则存在着以下几点争议。

首先，有学者认为，社会福祉法人制度的建立是为了规避日本宪法第 89 条中禁止对"不属于国家支配"的民间社会福祉事业进行公共援助这一规定。二战后，日本宪法第 89 条对于国家财产的支出或利用进行了相应的限制，即"公款以及其他国家财产，不得为宗教组织或团体使用、提供方便和维持活动之用，也不得供不属于国家支配的慈善、教育或博爱事业支出或利用"。在无法接受公共援助这一背景下，民间社会事业团体出现了运营困难等问题。原田[②]认为，为了能够对民间社会福祉事业团体进行相应的补助，日本政府建立了区别于一般民间团体，受"国家支配"，以提供慈善、博爱事业为主的特别法人制度，即社会福祉法人制度。也就是说，社会福祉法人制度是为了确保必要的"国家支配"这一条件而建立的。

对此，狭间[③]提出，社会福祉法人制度的建立并非仅仅为了规避宪法规定，

[①] 岡本栄一「社会福祉って何？－社会福祉の見方とその原理－」、岡本栄一・澤田清方編『社会福祉への招待』、京都：ミネルヴァ書房、2003 年、第 1-17 頁。

[②] 原田啓一郎「医療・介護サービス提供主体と特殊な法人形態：社会福祉法人と医療法人を中心に」、『法律時報』2017 年第 89（3）期、第 38－45 頁。

[③] 狭間直樹「社会保障の行政管理と『準市場』の課題」、『季刊社会保障研究』2008 年第 44（1）期、第 70－81 頁。

而是体现出了在国家责任之下活用民间团体这一政策手段的想法。社会福祉法人在受到强有力的监管的同时也被给予了税收方面等相应的政策优待，因此，社会福祉事业的供给主体也在一定的政府控制下达到了数量上的增长。另外，北场[1]认为，社会福祉法人制度的建立维护了社会福祉事业的社会信誉，确保了民间团体经营上的有利条件。同时，熊泽[2]也指出，社会福祉法人的建立是为了充分利用民间资源，让民间社会团体可以同国家和地方公共团体一样提供福祉服务，从而促进社会福祉事业的良好发展。

另一方面，社会福祉法人作为民间团体，本应具备自律性、自主性和灵活性。但随着"措施性制度"[3]的渗透，由于其受到政府监管的影响，这种自主性与自律性被逐渐稀释[4]。因此，社会福祉法人在作为公共福祉事业的供给主体或政府等行政机关的受托人的同时，也被指出应保持其作为民间团体所应具备的创造性、自主性的一面[5]。

然而，随着少子老龄化等社会问题的出现及时代的变迁，战后以生活贫困者救济为中心开展的社会福祉服务的范围也在逐渐扩大，仅靠社会福祉法人这一服务供给主体开始无法满足逐渐扩大的福祉需求。因此，自20世纪90年代后期开始，日本政府便放宽了对公共社会福祉事业的限制，提出并推进了以企业为首的多种事业主体参与社会福祉服务的"社会福祉基础构造改革"，NPO法人、企业等作为供给主体也被允许参与到社会福祉事业当中。2000年推行的长

---

[1] 北場勉『戦後社会保障の形成：社会福祉基礎構造の成立をめぐって』、東京：中央法規、2000年、第201頁。

[2] 熊沢由美「社会福祉法人制度の創設：社会福祉事業法の制定をめぐって」、『社会福祉研究』2002年第83期、第98-104頁。

[3] "措施性制度"是指，由政府等行政机关决定具体福祉服务的对象和内容，社会福祉法人等供给主体依此承担相应的社会福祉事业的制度。

[4] 小林寛「社会福祉法人制度改革と介護保険施設経営」、『商大ビジネスレビュー』2015年第5 (3)期、第99-116頁。

[5] 小笠原浩一「社会福祉法人の改革と施設運営の課題：存在理由と公的責任を問う」、『社会福祉研究』2002年第85期、第27-34頁。

期照护保险制度便是在这一时期诞生的。

在社会福祉事业的发展过程中，社会福祉法人制度也进行了一系列改革。2016年3月的《社会福祉法修正法案》中，针对社会福祉法人制度提出了如下五个方面的改革要求：（1）强化其经营组织治理；（2）提高其事业运营透明度；（3）加强其财务纪律；（4）规定其实施社区公益事业的责任；（5）改善政府行政干预方式。也就是说，社会福祉法人在作为公共福祉服务的供给主体的同时，也被赋予了实施社区公益事业的使命，在促进社区建设中起到了核心作用。尽管社会福祉法人在日本社会福祉事业发展中扮演着重要的角色，但同时，也出现了越来越多针对社会福祉法人这一制度的质疑声。其中，主张同一市场中竞争条件的均等化，即"同一市场，公平竞争"的呼声越来越高。

二、"平等地位"问题

如上文所述，为了满足逐渐扩大的福祉需求，福祉服务的供给主体开始走向多元，福祉服务供给体系也逐渐向市场化过渡。既然出现了不同供给者之间的竞争，那么确保竞争的平等性和公平性便成为必然。毋庸置疑，如果竞争是在不公平、不平等的条件下展开的，那么将会出现资源分配不当等问题。也就是说，在NPO法人、企业等作为供给主体与社会福祉法人提供相同的福祉服务这一前提条件之下，仅对社会福祉法人免除征税，或者仅对社会福祉法人发放补助金时，将会出现不公平、不平等的现象。而这种不公平、不平等的现象是需要消灭的。这种要求实现平等公平的竞争条件的呼声被日本社会称为"平等地位"（equal-footing）问题。

关于"平等地位"这一说法，从21世纪初开始便经常出现在日本政府和地方公共团体等报告书及公开资料当中。2002年，内阁府综合规制改革会议的公开资料《中期汇总：为确保经济活性化应重点推进的规制改革》①中强调，作为建立完善社会安全网、增加社会福祉服务供给的手段之一，不同供给主体参与福祉服务是十分有必要的。同时，对于在同一市场、同一条件下提供福祉服务的不同供给主体而言，应实现补助金、税收等政策方面的相对平等。

同年，公平交易委员会公布的《关于长期照护保险服务领域的竞争调查》②报告中指出，社会福祉法人在与政府等行政机关的关系中处于优势地位。由于个别市町村（地方）会优先将福祉服务委托于社会福祉法人，便影响了不同供给主体在获取使用者这一方面的公平竞争。从竞争政策的角度来看，这种优待行为是不可取的。

此外，在2013年10月之后的规制改革会议上，"平等地位"这一观点也被频繁提出。2014年2月的《关于确立照护·保育事业中平等地位的进一步讨论》③中提出，从供给主体的多元化可以提高福祉服务便利性这一点来看，应适当放宽参与福祉服务供给的限制。另外，鉴于NPO法人和企业等已经参与到服务供给中并与社会福祉法人提供相同的福祉服务，不同供给主体之间所存在的财政措施等制度上的差异也应进行相应的修改。

基于以上讨论，2014年4月，规制改革会议公布了《关于加强照护·保育事业等中的经营管理及确立平等地位的意见》④，对不同供给主体间平等地位的确立进行了规定。意见书中指出，不同的供给主体应站在使用者的立场上，为其提供高质量且种类丰富的福祉服务。而为了确保不同供给主体可以在高生产

---

① 内閣府「中間とりまとめ－経済活性化のために重点的に推進すべき規制改革－」概要．https://www8.cao.go.jp/kisei/siryo/020723/gaiyo.html（2022年3月8日時点）
② 公正取引委員会「介護保険適用サービス分野における競争状況に関する調査について：居宅サービスを中心に」．https://www.mhlw.go.jp/shingi/2003/12/dl/s1222-4d1.pdf（2022年3月8日時点）
③ 内閣府「介護・保育事業におけるイコールフッティング確立の更なる論点」https://www8.cao.go.jp/kisei-kaikaku/kaigi/publication/opinion2/140228/item.pdf（2022年3月8日時点）
④ 内閣府「介護・保育事業等における経営管理の強化とイコールフッティング確立に関する意見」https://www8.cao.go.jp/kisei-kaikaku/kaigi/publication/opinion2/140416/item1.pdf（2022年3月8日時点）

效率下提供丰富的服务，竞争条件的均等化，即平等地位的确立便是十分必要的。如上所述，社会福祉法人同 NPO 法人、企业等新晋供给主体之间存在着可提供的福祉服务种类（参与限制）、补助金、税收政策、与行政机关关系等竞争上的"不平等"问题，但针对这一问题的对策至今还并不完善。

三、社会福祉供给主体之间的具体差异

就以上的"不平等"问题，针对社会福祉法人与新晋供给主体之间的差异进行反思，并要求政府做出改正的声音开始出现。这一主张的表面目的在于实现由多种供给主体参与的社会福祉领域中的公平竞争，但狭间[①]认为，其本质是对社会福祉法人制度在当前社会体系中的存在意义提出的质疑。关于社会福祉中的"平等地位论"的争论大致可以分为以下两个阶段，一个是关于纠正参与限制差异的讨论，另一个则是关于纠正如补助金、税收等优惠待遇差异的讨论。在此，我们将首先通过整理不同福祉服务供给主体之间的参与限制及税收政策的不同，从而对社会福祉领域中不同主体之间的具体制度差异进行探讨。

四、参与限制差异

众所周知，二战后日本的社会福祉服务由都道府县、市町村或国家所设置的公营机构所提供，或是委托社会福祉法人提供相应的服务。此后，在社会福祉基础构造改革之下，虽然对社会福祉事业的参与限制逐渐放宽，但岛贯[②]指出，

---

① 狭間直樹「社会福祉サービスへの営利企業及び NPO 法人の参入に伴う政策手法の変化」、『北九州市立大学法政論集』2006 年第 34（1.2）期、第 29-61 頁。

② 嶋貫真人「2016 年社会福祉法改正の問題点：社会福祉法人制度の在り方をめぐって」、『人間関係学研究』2021 年第 22 期、第 101-112 頁。

为了确保财政的稳定性、福祉服务的公益性及纯粹性，第一类社会福祉事业①的供给主体仍由社会福祉法人独占。从表1中整理的照护服务业中不同开设主体的参与限制的差异中我们可以看出，NPO法人和企业等虽然可以提供有偿养老院、上门护理、上门看护、日托等居家服务，但在特别养护养老院、养护养老院等第一类社会福祉事业的提供中则受到了限制。

表1　照护服务业中参与限制的差异

		社会福祉法人	企业·NPO法人	医疗法人
养老设施	特别养护养老院	●		
	介护老人保健设施	●		●
	介护疗养型医疗设施			●
居家服务	上门护理、日托等	●	●	●
	特定设施入住者生活护理服务　有偿养老院	●	●	●
	特定设施入住者生活护理服务　养护养老院	●		
	特定设施入住者生活护理服务　照护之屋（轻费养老院）	●	（注2）	●
	上门康复训练、日间康复训练等	（注1）		●
	上门看护	●	●	●

注1：若上门康复训练、日间康复训练等服务是由介护老人保健设施所提供的话，社会福祉法人也可以成为这类服务的开设主体。
注2：企业等主体若获得了都道府县知事的许可，也可以开设照护之屋。
资料来源：2016年4月公平交易委员会资料《放宽参与限制等》。

另外，在保育服务的提供中，自2000年起，根据厚生劳动省儿童家庭局通知《关于托儿所的开设许可等》所规定，托儿所的开设条件被放宽，NPO法

---

① 据《社会福祉法》规定，第一类社会福祉事业原则上只能由国家、地方公共团体或社会福祉法人提供。若国家、都道府县、市町村、社会福祉法人之外的法人想要设置社会福祉机构来提供第一类社会福祉事业的话，在该事业开始之前，必须得到设置地都道府县知事的许可。

人、企业等也可开设托儿所并提供相应的保育服务。而在这之前，根据国家规定，托儿所的开设主体仅被限定为社会福祉法人。但从托儿所的开设主体的比例（表2）中我们不难发现，虽然对于NPO法人、企业等的参与限制有所放宽，但其所占比例可以说是相对较低的。

表2　2020年托儿所开设主体比例

开设主体										
	公营			民营						
	国家、独立行政法人	市区町村	部分事务工会、广域联合会	社会福祉法人	医疗法人	公益法人、日本红十字会	企业	其他法人	其他	
设施数（处）	22704	1	6945	3	11864	17	44	2796	933	101
占比（%）	100	0	30.6	0	52.3	0.1	0.2	12.3	4.1	0.4

注1："其他法人"为从"社会福祉法人"到"企业"之外的其他民营法人，包括NPO法人、学校法人等。
注2："其他"为除表2中所显示的法人外的所有法人。
资料来源：基于2022年厚生劳动省《社会福祉设施等调查（2020年）》中数据，由作者制作。

此外，在残疾人福祉服务中，为了使残疾人士能够在社区中与他人自然地交流、生活，对以往24小时生活在封闭的机构或医院中的传统服务提供方式进行了改革。通过区分"日常活动场所"和"居住场所"，拓宽了残疾人士自主选择相应福祉服务的途径。其中，在支援费制度建立之前，为身体残疾人士和智力残疾人士提供的日间照护机构，如车间、康复机构等的运营主体除行政机构之外仅限于社会福祉法人。而在支援费制度建立之后，NPO法人、医疗法人、财团法人等也可作为供给主体提供相应的服务。目前，以访问型服务和日间型服务为主，除社会福祉法人之外的供给主体也在逐渐参与残疾人福祉服务的运营。但对于住宅型设施来说，则与以往一样仅可以由社会福祉法人进行运营。

综上所述，虽然在照护、保育、残疾人福祉服务中参与限制得到了相应的放宽，但对于如第一类社会福祉事业等对保障使用者权益有着较高要求的福祉事业而言，供给主体的参与和运营仍然受到限制。另外，不可否认的是，参与限制虽然得到了相应的放宽，但NPO法人、企业等参与福祉服务的比例依旧较低。其原因之一在于，对不同供给主体而言，由政府发放的补助金或税收政策等制度方面存在着一定的差异。

五、税收政策差异

虽然新田[①]指出，税收优惠等政策实际上并不是对具体福祉事业的补助，而是对作为服务供给主体的社会福祉法人的补助，但在《社会福祉事业法》的制定阶段，并没有考虑到由此引发的不同供给主体之间的竞争条件不平等的问题[②]。在审视现行的《社会福祉法》等法律法规时，我们不难发现社会福祉法人、NPO法人、企业等在税收政策上存在着明显差异（表3）。

表3 不同法人类型之间的税收政策的差异

税收种类	法人类型			
	社会福祉法人	NPO法人	企业	医疗法人
法人税	仅对**盈利**活动所产生的收入部分进行征税，税率为19%	仅对**盈利**活动所产生的收入部分进行征税，税率为25.5%	以收入的25.5%征税	以收入的25.5%征税
所得税	免除征税	征税	征税	征税

---

① 新田秀樹『社会保障改革の視座』、東京：信山社、2000年、第186頁。
② 嶋貫真人「2016年社会福祉法改正の問題点：社会福祉法人制度の在り方をめぐって」、『人間関係学研究』2021年第22期、第101-112頁。

（续表）

税收种类		法人类型			
		社会福祉法人	NPO法人	企业	医疗法人
住民税	等额税部分	在开展**盈利**活动时征税（都道府县住民税：2万日元。市町村住民税：5万日元）	征税（都道府县住民税：2万日元。市町村住民税：5万日元）	征税（都道府县住民税：2～80万日元。市町村住民税：5～300万日元）	征税（都道府县住民税：2～80万日元。市町村住民税：5～300万日元）
	法人税占比部分	在开展**盈利**活动时征税（都道府县住民税：5%。市町村住民税：12.3%）（注1）	仅对**盈利**活动所产生的收入部分进行征税（都道府县住民税：5%；市町村住民税：12.3%）	征税（都道府县住民税：5%；市町村住民税：12.3%）	征税（都道府县住民税：5%；市町村住民税：12.3%）
事业税		仅对**盈利**活动所产生的收入部分进行征税	仅对**盈利**活动所产生的收入部分进行征税	征税	仅对社会保险诊疗外业务所产生的收入部分进行征税
不动产取得税、固定资产税等		用于社会福祉服务的固定资产原则上**不予征税**	征税	征税	征税（注2）

注1：对于社会福祉法人来说，如果将通过盈利活动所获得的收益的90%以上用于社会福祉事业的经营的话，这一部分将不被视为盈利活动收入。

注2：对于用于部分社会福祉事业或由特定医疗法人所开设的护士等医疗相关人员培训处所用的固定资产，不予征税。

资料来源：参考厚生劳动省《社会福祉法人现状》及狭间（2018:64）[1]内容，由作者制作。

从表3中我们可以将不同法人类型的福祉服务供给主体之间的税收政策差异总结为以下五点：第一，就整体而言，社会福祉法人仅对盈利活动所产生的收入部分进行征税。第二，单从法人税来看，NPO法人和社会福祉法人一样，仅对盈利活动部分进行相应的征税。但相比于社会福祉法人的19%的税率来说，对NPO法人则是按照25.5%的税率进行征税。第三，在所得税这一项中，只有社会福祉法人是被免除征税的。第四，从住民税的等额税部分来看，社会

---

[1] 狭間直樹『準市場の条件整備：社会福祉法人制度をめぐる政府民間関係論』、東京：福村出版、2018年、第64頁。

福祉法人只有在开展盈利活动时才被征税。在同样被征税的情况下，对企业和医疗法人所征收的等额住民税要高于社会福祉法人和 NPO 法人。而从住民税的法人税占比部分来看，NPO 法人与社会福祉法人相同，都只对盈利活动所产生的收入部分进行征税，但对社会福祉法人有着"如果将通过盈利活动所获得的收益的 90% 以上用于社会福祉事业的经营的话，这一部分将不被视为盈利活动收入"的规定。第五，从不动产取得税和固定资产税等税收政策来看，与 NPO 法人、企业等相比，社会福祉法人用于社会福祉服务的固定资产原则上不予征税。

综上所述，社会福祉法人较其他供给主体而言，在税收政策上受到优待这一点是不争的事实。针对这一事实，我们认为与其要求提高社会福祉法人的征税标准从而达到在税收政策上的条件平等，更重要的是降低对其他供给主体的税收，使其与社会福祉法人一致。这样不仅解决了在税收政策上不平等的问题，同时也可以促进今后社会福祉事业更好的发展。

六、社会福祉法人的存在意义及其今后发展方向

虽然通过上述内容可以确定，在社会福祉服务的供给中存在着竞争条件不平等的问题，但同时，我们认为从社会福祉法人所具备的非营利性与公益性的特征来看，这种参与限制、税收政策等方面存在的差异在一定程度上是合理的。

首先，相对于以追求利益为先的民营企业而言，由于社会福祉法人具备非营利性的特征，因此，在参与限制上的差异是具有一定合理性的。同时非营利性这一特征也体现出了社会福祉法人在维护稳定的福祉服务供给、保障使用者权益上起到的重要作用。

我们知道，对于民营企业而言由于需要对投资者支付股息，因此实现利润

最大化便成为其最终目的。但从 2007 年的大型照护公司 COMSN 事件[①]中可以看出，正因为企业往往以利润最大化为第一追求，在承担解决民生问题上便会出现不负责任的表现。曾我[②]指出，照护服务这一领域本应保持持续稳定的服务供给，但随着对参与限制的放宽，民营企业等可以自由进出这一领域，这导致了为老年人提供照护服务的基盘受到破坏，同时也严重威胁到了民生。而由于社会福祉法人以提供社会福祉服务为主要目的，其非营利性[③]的特征要求其不会过分追求利润，因此我们认为社会福祉法人不会因为盈利的多少随意退出福祉服务这一领域，从而能更有效地保障使用者的权益。这对于如特别养护养老院、儿童之家、残疾人士支援设施等对保障使用者权益有着更高要求的第一类社会福祉事业是十分必要的。就这一点来说，规定只能由社会福祉法人提供第一类社会福祉事业是有一定合理性的。但同时要注意的是，从非营利性这一特征上我们并不能说明社会福祉法人与 NPO 法人的参与限制上的差异。

其次，从社会福祉法人的公益性这一特征上，我们也可以对所存在的竞争条件的差异，特别是税收政策等条件上的不平等问题进行说明。而社会福祉法人的公益性也体现出了其从战后到当今社会中在社会福祉事业中的重要地位和作用。

针对"平等地位论"这一主张的本质，关川[④]提出了如下疑问，即便社会福祉体系的基本结构从当初的"措施制度"转变为如今的"契约制度"，以企业

---

①COMSN 作为大型照护公司，在整个日本境内都有业务开展。然而在对各地的营业所的监察中发现，其存在着通过虚构人员配置进行非法指定申请和虚报护理报酬等不正当行为。但是这些营业所都在受到取消资质的处分之前，通过主动停业的行为多次逃避处分。针对这种情况，2007 年 6 月，厚生劳动省宣布停止批准 COMSN 提供的所有照护服务的申请与更新。从此 COMSN 便退出了照护这一服务行业，并于 2009 年解散。

②曽我千春「『コムスン問題』から考える日本の介護保障についての一考察」、『金沢星稜大学人間科学研究』2008 年第 1(1) 期、第 27 - 31 頁。

③社会福祉法人的非营利性还体现在其剩余资产必须归属于社会福祉法人及其他福祉服务提供者（最终归属于国库）。

④関川芳孝「社会福祉法人改革と地域福祉」、『日本の地域福祉』2017 年第 30 期、第 39 - 47 頁。

为首的多种事业主体也都可以参与到福祉服务提供当中，但为什么还要继续对社会福祉法人提供特殊的保护与培养呢？也就是说，如果能够明确社会福祉法人与其他法人在参与限制和优惠待遇方面产生差异的原因，那么就可以确定仅对社会福祉法人采取优待措施这一做法是否合理，"平等地位论"是否成立。针对这一疑问，我们可以从社会福祉法人的公益性特征，即社会福祉法人是基于公共责任以提供社会福祉服务为目的这一点来进行回答。

正如松端[①]所指出的，要求社会福祉法人与企业等供给主体在竞争条件上的"平等地位"这一想法从根本上就是错误的，社会福祉事业本身是在不稳定的财政基础上运行的纯粹的公益性事业，而社会福祉法人因其具备的公益性特征，被赋予了代替行政部门开展基于公共责任的福祉服务的使命。正因如此，为了能够确保社会福祉法人的公益性，保证其更好地开展基于公共责任的福祉服务，笔者认为，对社会福祉法人的优待政策是自然产生，并且有十分重要的现实意义。

同时，为了维护社会福祉事业，防止因经营不善等原因导致突然关闭福祉设施、暂停提供福祉服务等现象的出现，社会福祉法人在接受补助金、税收政策上优待的同时，在资金和财产处置等方面也受到了强有力的制约与监督管理。例如，在社会福祉法人成立时对其自有资产和组织运营设置一定的条件；为确保合理化运营，对社会福祉法人制定专门的指导监查机制等。而对于 NPO 法人和企业等而言，这种制约与监管则机制则相对较弱。因此，当我们在追求参与限制、税收政策等条件上平等的同时，也应考虑到不同供给主体之间存在着的财政措施、监管制度等的强弱差异。换句话说，如果社会福祉法人在强有力的财政措施和监管之下，能够发挥其公益性及在社会福祉事业中的作用，那么对于社会福祉法人在税收政策上给予的一定优待也十分必要。

综上所述，社会福祉法人以其较强的非营利性和公益性特征，在服务供给

---

① 松端克文「社会福祉法人改革と地域福祉:『地域における公益的な取組』を中心として」、『日本の地域福祉』2016 年第 29 期、第 21-29 頁。

端区别于其他供给主体,同时也说明了社会福祉服务供给中存在的竞争条件差异的合理性。

在当今的日本社会中,除了作为公共福祉事业的供给主体或政府等行政机关的受托人之外,社会福祉法人也被要求应对不断扩大的社区需求提供相应的社区公益活动。而这些社区活动的开展则体现出了社会福祉法人在当代日本福祉体系中的重要意义。

随着时代的发展,以往以残疾人、失业者、老年人、儿童等为对象"纵向"设定的社会福祉制度逐渐无法满足人们所有的福祉需求。其中,以"8050"问题、双重照护问题(double care)、垃圾屋(「ゴミ屋敷」)等为首的社会问题逐渐显现。为了解决这些复杂多样的社会问题,"社区共存社会"(「地域共生社会」)的创建与形成则尤为必要,而社会福祉法人从其固有的公益性特征出发,在社区共存社会的创建中发挥着重要作用。作为社区社会工作的核心力量,社会福祉法人以其迄今为止培养起来的专业性和与社区的紧密联系为基础,直面上述复杂的社会问题,在构建"综合援助体系"(「包括的支援体制」)上扮演着重要角色。其中,社会福祉法人在社区活动中,不仅为社区居民提供可以互相交流沟通的场所,同时通过开设沙龙活动等方式在与社区居民的日常交流中听取大家的需求,并以此为基础创造并提供相应的福祉服务。同时,社会福祉法人还会定期开展福祉教育活动,对社区志愿者活动进行相应的支援和培训,为社区居民普及社会福祉知识,通过接纳实习生和研修生来培养相关福祉人才,等等。另外,社会福祉法人还会对以往福祉制度无法覆盖到的困难人群进行援助,并在人口稀少地区提供相应的福祉服务。而这些社区公益活动不仅体现出了社会福祉法人的公益性,同时也为今后日本的社会福祉发展指明了方向。

作者简介:孙琳,生于1993年,日本同志社大学社会学研究科博士研究生,主要研究领域为福祉政策及老龄问题等。

【语言学】

双向参照视角下汉日让步性转折标记"虽"与"が"的思维预期与逻辑语义特点分析

刘 颖 钱安儒

【摘 要】 转折复句在汉语和日语中都存在众多类型，一般用于表达最基本的原始联系之上所生发出的异变性联系。该类复句自身在语义和逻辑层面有着相对较高的理解难度，而在实际的互译及教学活动中也暴露出由于忽视汉语和日语中关键性的转折关联词在逻辑语义和翻译条件层面的关系而导致的偏误。本研究以汉日让步性转折关联词"虽"与"が"为研究视点，以汉日语法的双向参照为研究视角，从它们在转折关系语段中所表达的预期层次出发，分析转折关系中思维预期主体的身份，并将让步性转折复句分为"对立让步性转折复句"和"反因果让步性转折复句"两种类型，从而厘清以"虽"和"が"为标记的汉日让步性转折复句在思维预期与逻辑语义层面的特点，期望对汉日跨语际翻译和第二语言教学的相关研究有所补充。

【关键词】 汉日语言对比；让步性转折标记；思维预期；逻辑语义

一、引言：研究背景

中日两国的语言之间有着浓厚的历史渊源，二者间的相似性也很容易被察觉。正因如此，对于中日两国的语言学习者而言，在学习对方的语言时确实存在"入门易，上达难"的问题。此类问题主要表现在无法准确把握某个语言单位在目标语中被对应翻译的条件，以及该语言单位所蕴含的丰富的语言逻辑。

例如，作为复句中重要的一类，转折复句在汉语和日语中都存在众多类型，且语义较为复杂。根据邢福义对复句的分类，复句总体上可被分为因果、转折、并列三类①，而且转折复句发挥着表达最基本的原始联系之上所生发出的异变性联系的作用，可以说该类复句自身在语义和逻辑层面就有着相对较高的理解难度，而实际的汉日互译及教学活动中也暴露出这两种语言在转折复句翻译及理解方面的诸多主观性偏误。因此，可以说对转折关系（思维）以及转折关联词的理解在汉语和日语的翻译及教学中确为两个不可忽视的难点。本文的研究目的在于通过对比分析汉日两种语言中最为典型的一种转折复句——让步性转折复句，来明确以下两个问题：第一，汉日让步性转折标记（关联词）"虽"与"が"的异同点为何；第二，通过考察北京语言大学 BCC 现代汉语语料库和日本国立国语研究所（2011）的《现代日本语书面用语均衡语料库》，从实际语料着手分析汉日让步性转折复句的思维预期和逻辑语义特征为何，并形成对汉日互译及第二语言教学有益的研究成果。

二、研究现状及问题

笔者利用中国知网和日本 cinii 学术期刊网对汉日转折复句对比研究的相关论文进行了检索。总体上来看，目前该领域的研究成果还非常稀少，笔者收集到的具有代表性的几篇文章有：石黑圭 1998 年于『早稲田大学日本語研究』第 6 期发表的论文「逆説の予測：予測の読みの一側面」，刘天宇、李光赫（2016）发表于《外语教育研究》的论文《日语转折复句的日汉对比实证研究——ノニ与"但"的对应关系》，祖铭泽、李光赫（2017）发表于《科技视界》的论文《日语转折复句的日汉对比实证研究——以位于句中的「ニモカカワラズ」为中心》，

---

① 邢福义：《语法问题探讨集》，武汉：湖北教育出版社，1986 年，第 273 页。

王丽莉（2017）的论文《汉日转折复句对比研究》（后全篇收录于其专著《汉日转折关联词语对比与翻译》中）。

笔者通过梳理现有的中日转折复句对比研究的相关资料，发现以下两个较为突出的问题：第一，无论是中国还是日本学者，对"转折复句"这一问题的研究大多集中在本国语言的本体研究范畴内，至今为止对于中日跨语言视域下的转折复句对比研究依然十分少见；第二，虽然目前国内对于日语语法的研究已不鲜于目，但就研究的目的和结论而言基本上停留在梳理和描述客观语言现象和规则的层面，少有研究能够明确指出日语某语言现象背后隐藏的思维逻辑，更遑论疏通汉日双语在特定语言单位上的深层关系了。因此，本文选择从汉日、日汉双重方向入手，以转折复句中极其典型的成员——让步性转折复句为研究视域，并以互译语料中出现率极高的转折关联词"虽"与"が"为研究视点对比汉语和日语在转折关联词这一语言单位上的异同，并考察双方在翻译中应遵守的条件。

三、让步性转折关联词"虽"与"が"的基本含义及用法

（一）"虽"的基本含义及用法

根据《古代汉语词典》（商务印书馆1998年版）的记载，"虽"的古义有如下几个义项：

虫名。《说文·虫部》："虽，似蜥蜴而大。"

连词。表示假设或让步关系。《孟子·梁惠王上》："民欲与之皆亡，虽有台池鸟兽，岂能独乐哉？"《史记·高祖本纪》："今高祖虽子，人主也；太父虽父，人臣也。"

通"唯"。只。《管子·君臣》："虽有明君，能决之，又能塞之。"

【虽然】虽然如此。《墨子·公输》："王曰：'善哉！虽然，公输盘为我为云梯，

必取宋。'"《战国策·魏策四》:"大王加惠,以大易小,甚善;虽然,受地于先王,愿终守之,弗敢易。"①

可以看出,"虽(然)"为连词,可以表示让步关系,在句法上即先确认前一分句所呈现的内容,并对该连词所关联的后一分句所呈现的内容进行转折否定。连词"虽"本写作"虽然",此"然"字本为具有实指的代词,所指代在上文中已经提及的部分内容(可以是某个词、句亦或是某一篇章文段),具有很大的信息承载量。在现代汉语中,"虽然"中的"然"已经虚化并失落了其指代功能,转变为"虽"的附属成分。正是因此,在使用连词"虽(然)"时,需要在其后补充本来由"然"指代的那部分内容。

(二)"が"的基本含义及用法

现代日语中,"が"可以充当格助词和接续助词。这里主要讨论其作为接续助词时的含义及用法。

"が"用作接续助词时,需要接续在活用词(用言及助动词)的终止形后,表示以下三种意义②:

第一,表示确定逆接条件,相当于汉语的"虽(然)……但(是)……",例如:

(1) 仕事はもう終わったが、また課長に残業をさせられてしまった。
译:虽然工作已经结束了,但我又被科长叫去加班了。

第二,表示前后两个事项间的对比,相当于汉语的"……而……",例如:

---

① 《古代汉语词典》,北京:商务印书馆,1998年,第1498页。
② 皮细庚:《新编日语语法教程》,上海:海上外语教育出版社,2011年,第335—336页。

（2）勉強もなかなか重要なことだが、体はそれよりもっと重要なことだ。

译：学习是很重要的事，而身体比学习更重要。

第三，仅表示单纯的接续，没有实际含义，仅为了提起话头，例如：

（3）すみませんが、この鉛筆を貸してもらえませんか。
译：不好意思，可以把这只铅笔借给我吗？

（三）"虽"与"が"的对比

通过分析前两小节的内容不难发现，作为接续助词的"が"在意义范围上明显广于连词"虽"，二者是包含与被包含关系。不过，由于语言性质的不同，"が"在使用时对接续法则有较为严格的要求，其接续内容必须是用言或助动词的终止形（包括复合助动词"だった""でした"），然而"虽"则不受此类形态规则的限制，这也是日语作为黏着语和汉语作为孤立语在形态层面的典型差别之一。

四、让步性转折复句的思维预期

（一）"转折"中的思维预期与逻辑语义关系

"预期"本质上是人类的一种思维活动，是人们对未知事物的预判和推测。郭志良将转折关系语段中参照语段所表述的预期激发性事实分为三种类型：可能性事实、该然性事实、期望性事实[1]，对应的预期也可以分为可能性预期、该

---

[1] 郭志良：《现代汉语转折词语研究》，北京：北京语言文化大学出版社，1999年，第54页。

然性预期、期望性预期三类。下面笔者通过例句对这三种预期类型进行阐述：

(1) 有些作品，文辞平平无奇，但多年后我对它们的印象却最为深刻。（可能性事实）
(2) 我给快递公司付了运费，但他们一直都不发货。（该然性事实）
(3) 老师几次敲黑板，提醒同学们注意，但学生们却始终没有理会。（期望性事实）

例句（1）"有些作品，文辞平平无奇"的预期是"很大可能多年后我对它们没有什么印象"，属于可能性预期；例句（2）"我给快递公司付了运费"的预期是"正常情况下，快递公司应该给我发货"，属于该然性预期；例句（3）"老师几次敲黑板，提醒同学们注意"的预期是"通常老师希望引起学生们的注意"，这是在预期中加入了句子主体（老师）的主观期待，属于期望性预期。

在由条件推导至结果的思维路径中，人们需要考虑的往往不只是某个条件对于产生某结果是否为必要条件，还要考虑该条件对于引起预期结果的有利程度。换言之，在面对有多个必要条件才能引发的某种事态时，我们需要考虑这些条件对引发预期事态的强弱层次。例如下面的句子：

(4) 邀请他的时候，尤其是提到有上好的日本酒，更容易成功。

例句（4）中"尤其"这个词表示在成功邀请到他的诸多必要条件中，"有上好的日本酒"这个条件是更有利的。

此外，通过上面这个例句，我们还可以注意到人们在日常交际时，往往是根据已有的信息对后面的内容和情况进行判断。有的信息对于预判十分有利和可靠，比如在向某人发出邀请时，对方的答复中以"不好意思"为开头，听者基本不需要依靠说者后续传达的信息就可以判断对方打算拒绝邀请，而有的信息对于进行较为准确的预判仅能提供有限的参考，例如在相同情境下，对方的答复以"谢谢"作为开头（排除其他非言语因素），此时听者无法对说者是否接受邀请做出准确的判断。由此，依据前一分句引发后续判断的强弱程度，可以将预期分为该然性预期和可能性预期。转折关系中的预期指的是后一分句否定前一分句而引发的思维预期，因此根据后一分句否定前一分句所引发预期判断的强弱程度，可以进一步判断转折关系的强弱。如果在前一分句中必然能够做出某种判断，但这种判断被后一分句否定，那么此时该复句的转折程度较强；如果在前一分句中能够得出某种可能性预测，但这种预测在后一分句中被否定，那么此时该复句的转折强度较弱。

转折关系中的思维预期，实际上也就是反预期语用功能发挥作用的产物。唐敏在其研究中指出：

> 反预期语用功能的产生必须同时具备两个条件：第一，预期信息，即语境中存在某种隐含信息，这种隐含信息可能是说话人或听话人的主观预期，也可能是一种客观事实或谈话双方共同认可的言语社会的公众认识或一般常理。第二，反预期，即存在与预期信息相反或不一致的情况。[①]

这段话中有几个关键信息，分别是"说话人的主观预期""听话人的主观预期"和"反预期"。依据上述的关键词，笔者这里将转折关系中思维预期的主体分为"说者"和"听者"。因而，"说者的主观预期"就是指说者根据自身经验或公序良俗从前一分句得出的某种预期，"听者的主观预期"指说者在说完前一分句后，对听者主观预期的推测。因而"听者的主观预期"是说者对听者可能

---

① 唐敏：“副词'还'的'反预期'语用功能及'反预期'的义源追溯"，载《江苏大学学报（社会科学版）》2009年第4期，第70页。

预期的一种推测，这一推测可能准确也可能产生误差。接下来，当上述内容中添加了"转折"这一条件时，则表示此时后一分句否定了前一分句引发的预期，此时前后分句间的思维关系通路被建立，整个复句的逻辑语义得以产生。这里，否定"说者的预期"就表示后一分句的事实与说者依据自身经验或公序良俗得出的预期相反。由此，当转折关系中思维预期的主体为"说者"时，该转折复句主要表现的是对常理的悖反。同理，否定"听者的预期"时，该转折关系表示说者推测听者会根据前一分句得出某种预期，但事实上说者的推测是错误的，这里用后一分句来否定说者推测的听者预期，主要表现说者与听者之间的交互。让步性转折复句由于前一分句中存在让步关系，所以已经通过"让步"实现了说者在暂且承认部分事实的基础上根据自身经验或公序良俗得出的潜在预期，而后句中的转折则是对这一潜在预期的否定，体现出对常理的悖反。

（二）让步性转折复句的思维预期与逻辑语义关系

日本学者石黑圭曾以句群为单位分析了转折关系的分类问题，笔者认为其研究成果也适用于以复句为单位的转折关系分类。石黑圭的界定如下：

  1 譲歩：前件で自説と対立する意見の認められる部分は認めておいて、後件で認められない部分は認められないとして自説を述べる関係のあり方。

  拙译："让步"即承认前句中与自身观点相对立的观点中可以认同的部分，在后句中陈述不能承认的部分。

  2 対立：類似性を持つ二つの事象によって構成される間接的に否定するもので、意味的には二つの事象を比べてその相違点を際立たせ、形態的には（前後の文脈を捨象すれば）前件と後件の入れ替えが可能である逆説。

  拙译："对立"即由两个具有相似性的事件构成间接否定，在语义上对两个事件进行比较，突出它们的差异，在形态上（即使舍去前后文脉络）前句事件与后句事件可以对调。

3反対：原因→結果（根拠→判断）によって構成される因果関係を間接的に否定するもので意味的にはある事態の結果として予想されるものと逆の結果を示し、形態的には（前後の文脈を捨象しても）前件と後件の入れ替えが可能であるとは限らない逆説。

拙译："反对"表现为通过对由原因→结果（根据→判断）构成的对因果关系进行间接否定，在意义上则是表示与某个事件可以预想的结果相反的情况，在形态上（即使舍去前后文脉络）前句事件与后句事件不一定能对调。[1]

本文参照石黑圭的论述，将让步性转折句分为对立让步性转折句和反因果让步性转折句。在后续的让步性转折关联词对比讨论中，所涉及的让步性转折句也将遵循此分类。

根据上一小节的分析，让步性转折复句否定的是说者的思维预期，体现的是对常理的悖反。本小节将集中讨论对立让步性转折句和反因果让步性转折句所体现的逻辑语义关系。

（三）对立让步性转折句的逻辑语义关系

根据日本语记述文法研究会对该类让步性转折句的分类，依前一分句中让步对象的不同，可以将该类让步性转折句所体现的逻辑分为两类，一类是与外部观点或预期（即他人观点或客观存在的预想观点）相对立，另一类是自身两种不同观点间的对立[2]。上述分类不仅适用于日语，也同样适用于汉语。在对立让步性转折句中，转折关联词的作用为"划清界限"，即区分开自身认可的观点与

---

[1] 石黒圭「逆説の予測：予測の読みの一側面」、『早稲田大学日本語研究』1998年第6期、第41、52頁。
[2] 日本語記述文法研究会『現代日本語文法 6—複文』、東京：くろしお出版、2008年、第259-260頁。

相对立的观点,并且事先承认对立观点中能够接受的部分。

(四)反因果让步性转折句的逻辑语义关系

反因果让步性转折句所体现的最显著的特点是"因果相悖",在逻辑上即由集合 P 映射至集合 -Q(单元素集,仅含单元素 -q1),其中集合 P 为前一分句体现的"因"所激活的条件序列(内含若干个元素 p1、p2、p3……),集合 Q 为符合说者顺向推测(即顺"因")而得出的单元素结果集合(仅含单元素 q1),-Q 是 Q 的补集。在句中,说者在逻辑上认为 p1 是集合 P 中最可能映射至 q1 的元素,而事实却是由 p1 映射至 -q1,且 -q1 不受条件元素 p1 的制约,该映射体现出强烈的因果悖反之意。

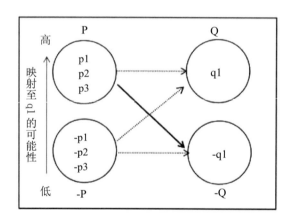

图 1 反因果让步性转折句的集合映射逻辑图示

五、汉日让步性转折复句的思维预期对比

首先请看下列几个例句:

（1）她<u>虽然</u>"从没感到这工作的低微"，<u>但</u>是在工会的报告会上，听了"知识分子在人民民主国家中的作用"，她请求调动工作了。(《冰心全集第四卷》)

（2）第二天早上，<u>虽然</u>我一夜没有睡，<u>仍然</u>按时起了床。(《灵与肉》)

（3）関ヶ原の合戦のときには、日本は世界一の鉄砲生産国だった<u>にもかかわらず</u>、徳川時代は成長より国内の安定が重視され、そうした工業的基盤が次第に衰えていく『徳川慶喜』

翻译：关原之战的时候，<u>虽然</u>日本是世界第一的铁炮生产国，但德川时代国内的安定比发展更受重视，就这样工业的基盘逐渐走向衰败了。

（4）「また、（私から見ると、）犬が報酬を受けるに値するのは間違い<u>ないとはいえ</u>、餌の支給というかたちで犬に「給料を払う」必要がある『食べる人類誌』(句中括号部分为笔者添加)

翻译：此外，（在我看来，）<u>虽然</u>说狗值得获得报酬，但它需要以食物的形式"支付"。

例句（1）为第三人称叙述，"虽然"出现在前一分句，能够提示后句有转折，此时说者已经知道现实与预期是相反的。"从没"表示高程度的否定，暗含强转折，说者根据常识推测"她"从没感到这份工作的低微，那么"她"就不会请求调动工作，这里属于该然性预期。但后句转折的事实是"她请求调动工作了"，这一事实否定了说者根据前一分句得出的预期。因此，该句体现的是让步性转折复句否定说者的该然性预期。

例句（2）为第一人称叙述，根据前句包含的常理推断，"我"一夜没睡，第二天不应该能够按时起床，属于该然性预期，但后句所示现实却与该预期相反，该句同样体现了让步性转折复句否定说者的该然性预期，只是叙述人称与例句（1）有所不同。

例句（3）中"にもかかわらず"接在前一分句末，对后句的转折具有提示

作用（有标），该文节自身具有"与前项事实相反""无关于前项"的含义，一般可译为"尽管""虽然"。该例句中的说者事先已经知道事实与预期相反，由前句"関ヶ原の合戦のときには、日本は世界一の鉄砲生産国"（关原之战的时候，日本是世界第一的铁炮生产国）可以得出的合理预期是：当时的日本国内应该重视工业发展，是该然性预期，但后句的转折展现出与该预期相反的事实，故本例句体现的是对第三人称说者的该然性预期的否定。

例句（4）中"とはいえ"同样接在前一分句末，该文节含义为"虽说""尽管"，对后句转折具有提示作用。本例句为第一人称视角叙述，说者认为按照常理来说给狗报酬是天经地义的，但事实上对狗而言"报酬"是行不通的，必须用"食物"来替代报酬（金钱），这与说者的该然性预期相反。

综上所述，无论在汉语中还是日语中，无论叙述主体是第一人称还是第三人称，让步性转折复句否定的都是说者的该然性预期，也正如本文上一节中的论述所言，当转折关系中思维预期的主体为"说者"时，该转折复句主要表现的是对常理的悖反。

（一）让步性转折标记"虽"与"が"在句中体现的思维预期与逻辑语义特点

同"虽"在汉语中的情况相似，"が"（接续助词）在日语中的使用频次极高，且适用范围十分宽泛。"が"在作为接续助词时的作用是表示让步、对比和反因果转折。本节中笔者会结合具体语料分析和讨论"虽"与"が"在让步性转折句中体现的思维预期与逻辑语义特点。

（二）反因果现象描写下的"虽"与"が"

（1）<u>虽然</u> 20 年来，汉芙只不过买了 50 本书，<u>但</u>她关于书的文字都是

让人心颐的，仿佛酷暑中的冰镇菊花茶，沁人心脾的清凉。(《查令十字街84号》)

翻译：20年以来、ハンフに買かれた本は数５０に過ぎないです<u>が</u>、彼女の本についての言葉は、暑さの中でのアイス菊茶のような、さわやかな涼しさを感じさせ、心温まるものです。

（2）1949年に制定され、各種更生施設や授産施設などが設置された<u>が</u>、基本的には傷病軍人を救済するねらいがあったといえる『社会福祉士のための基礎知識』

翻译：虽然1949年颁布、建立了各种康复和职业设施，但基本上是为了救济伤病军人。

例句（1）的"只不过"限定汉芙20年来买书的数量少。由此推测，她关于书的文字不会十分引人入胜，属于该然性预期。然而事实与预期相反，汉芙关于书的文字都十分令人心旷神怡。该例句中的"虽"和"が"都表现了现象描写层面的因果悖反。

例句（2）"各種更生施設や授産施設などが設置された"表示1949年后政府设立的康复与职业设施的种类多种多样。由此推测，这些设施的用途也应该是多样而广泛的，该预测为该然性预期。但事实与此相反，这些设施基本上都被用来救济伤病军人。

从上述例句可以看出，反因果现象下的"虽"与"が"所连接的前后分句间为反因果关系，从前句得出的预期为该然性预期，整个转折复句描述的是客观事象。

（三）反因果观点表述下的"虽"与"が"

（1）但史循却已接着说："虽然picnic是后天举行，但我们何妨今天就

去。我记得炮台湾有一个旅馆，大概是海滨旅馆罢，很不错。"(《蚀》)

翻译:しかし、史循は続いて「ピクニックは明後日ですが、今日は行ってもかまいません」と言いました。砲台湾には、たぶん海辺の結構よいホテルがあると覚えています。

（2）あなたは一見優しい人みたいですが、奥さんからすると、あなたと生活するのにストレスを感じているのかもしれないです『Yahoo! 知恵袋』

翻译：虽然你看起来是个温柔的人，但是从你妻子的角度来看，她可能会感觉跟你一起生活有压力。

例句（1）中"picnic 是后天举行"表明后天才是活动开始的时间，一般来说史循和友人们应该后天再出发参加活动（该然性预期），但事实与此相反，史循（说者）认为应该今天就出发。

例句（2）中"你"看起来是个温柔的人，一般来讲和这种人相处不容易使人感到有压力（该然性预期），但从说话人的角度看，听话人的妻子依然可能会感觉到一起生活有压力，这与该然性预期不符。

观察上述例句可以发现，反因果观点表述下的"虽"与"が"所连接的前一分句都能提供一个该然性预期，后一分句表达的都是说者的观点。

（四）反外部观点的"虽"与"が"

（1）虽然"海枯石烂"自古以来就被作为证明爱情不朽的誓言，然而尴尬的是，比之海枯石烂，爱情的的确确是一种短期行为。(《无字》)

翻译:「海と石」は古来より愛の不滅を証明するための誓いとして使われてきましたが、恥ずかしながら海と石に比べれば、愛は確かに短期

的な行為です

（2）一歳児でも、友たちへの関心を示し、他の子どもたちの中にいるのを喜ぶのですが、積極的に関わり合いをつくろうとはまだしません『ひとりっ子の上手な育て方』

　　翻译：虽然满一岁的小孩会对朋友们表示关心，和其他孩子在一起会感到高兴，但是还不会积极地与其他孩子建立联系。

例句（1）中说者先承认"海枯石烂自古以来就被作为证明爱情不朽的誓言"的外部观点，然后提出自己的观点，即"比之海枯石烂，爱情的的确确是一种短期行为"，外部观点与说者观点是对立关系。

例句（2）中说者先承认"满一岁的小孩会对朋友们表示关心，和其他孩子在一起会感到高兴"这个外部观点，然后提出自己的观点，即一岁的孩子"还不会积极地与其他孩子建立联系"，外部观点与说者观点同样是对立关系。

从上述例句可以看出，表示反外部观点的"虽"与"が"所连接的前后句之间是对立关系，前句体现的外部观点或评价与后句体现的说者的观点之间也是对立的。

（五）反内部观点的"虽"与"が"

（1）总而言之，虽然一个比较宽容的时代正在到来，然而它更虚伪了。（《树上的男爵》）

　　翻译：要するに、より寛容な時代の幕が開けているが、それはより偽善的である

（2）それほど大きくないイタリア料理店のウェイターの仕事で、条件はまずまずだったが、昼食もついたし、交通費も出してくれた『ノル

ウェイの森』

翻译：我在一家不太大的意大利餐厅当男服务员，虽然条件一般，但提供午餐，交通费也可以报销。

例句（1）中说者在前句中认为"一个比较宽容的时代正在到来"，但在后句中转而批判这个正在到来的时代"更虚伪了"，是对自身先前观点的反驳。

例句（2）中说者在前句中认为自己打工的餐厅"条件一般"，但在后句中又指出这家餐厅"提供午餐，交通费也可以报销"，前后相对立的主体是说者对餐厅的正反两种评价。

通观上述例句不难看出，反内部观点的"虽"与"が"连接的前后分句表现的是说者自身对某事象的正反两种评价。

六、小结与余论：让步性转折标记"虽"与"が"的对应关系

上一节中，笔者参照石黑圭的研究结论，将让步性转折句分为对立让步性转折句和反因果让步性转折句，又进一步根据前后分句间的发话意图和对立指向将"虽"与"が"所体现的思维预期与逻辑语义特点总结为反因果现象描写、反因果观点表述、反外部观点、反内部观点四种类型。笔者认为通过这样的分类，不仅能够理清"虽"与"が"在让步性转折句中体现的思维预期和逻辑语义特点，而且能够为分析汉日转折标记的对应关系提供传统语法构架分析之外的不同思路，故笔者将该部分作为余论与本文小结一同作合并阐述。根据第四节中笔者得出的让步性转折标记"虽"与"が"在思维预期和逻辑语义特点层面的四个分类，可以进一步总结出如下文所示的对应关系。译者在进行翻译时可以此为参考，并同时注意不同情况下二者的发话意图和对立指向能否匹配的问题。主要对应关系为：

（1）当所译句子含有"虽"或"が"，且从前句得出的预期为该然性预期，整个转折复句描述的是客观事象，对立体现在前句提供的预期与后句所述的事项间时，"虽"与"が"可以对应。

（2）当所译句子含有"虽"或"が"，且从前句得出的预期为该然性预期，前句为客观事实，后句为说者的观点，对立体现在前句提供的预期与后句观点间时，"虽"与"が"可以对应。

（3）当所译句子含有"虽"或"が"，前后分句都为观点表述，说者先让步承认前句的外在观点，再以后句的自我观点进行反驳时，"虽"与"が"可以对应。

（4）当所译句子含有"虽"或"が"，前后分句都为说者自身对某事象的观点表达，且前后分句体现的观点呈现正反对立时，"虽"与"が"可以对应。

但需要注意的是，"虽"在"预期主体"的范畴中只能表现"反说者预期"而不能表现"反听者预期"，对此笔者已在第三节中提到。"虽"显然是一个带有预判性质的转折关系词，

当译者遇到诸如"今日はいい天気だ、が、どこへも行けない"此类的句子时，句中的"が"是不能对应为让步关系（翻译为"虽"）的，其原因有二：一是此处的"が"在词性上属于接续词（相当于汉语的连词）而非接续助词，其语法功能是连接前后两个形式上独立的句子（即句际连接），而不是连接同一复句的前后两个分句（即句内连接）；二是上述日文例句从结构上无法体现前一分句对后一分句的预测，因而该句体现的是"反听话人预期"，与"虽"的适用条件不符，故这里的"が"不能与"虽"互译，而应译为表示突转的"但"。

七、结语

本文从汉日让步性转折标记（关联词）"虽"与"が"的基本含义及用法出发，通过横向对比得出"虽"与"が"在意义范围和接续规则方面的异同点，

发现"が"的意义范围大于"虽",并且接续法则在形态层面的严格程度明显高于"虽"。此外,本文还从"转折"中的思维预期与逻辑语义关系着眼,根据郭志良对转折关系语段中参照语段预期的三种分类以及唐敏在其研究中指出的反预期语用功能发生作用所需要的两个条件,分析出转折关系语段中所表达的该然性事实和可能性事实两个思维预期层次,以及转折关系中思维预期主体的两种身份(说者与听者)。接着,本文参照石黑圭以句群为单位对转折关系的分类,将让步性转折复句分为对立让步性转折句和反因果让步性转折句,并单独分析了它们各自的逻辑语义关系,进而深入至对汉日让步性转折复句思维预期的分析阐述。最后,根据前后分句间的发话意图和对立指向,将汉日让步性转折标记"虽"与"が"的思维预期及逻辑语义特点分为反因果现象描写、反因果观点表述、反外部观点、反内部观点四个类别,并分别进行了以实际用例为基础的分析,进而以此为基础在余论中总结了上述四种类别下"虽"与"が"在翻译中存在的对应关系。

可以说,汉语和日语无论是在文字还是语音方面都存在诸多相似性,这对于两国的学习者和翻译者来说既是优势又是挑战。正如开头所提到的,在学习者和翻译者中,已然存在诸多对汉日语言单位如何对应"不思甚解"的情况。笔者望以此文对该类问题进行指出,并以汉日让步性转折复句及其中的转折性标记"虽"和"が"为例呈现出解决此类问题或许可行的方法,期望对有关汉日跨语际翻译和第二语言教学的相关研究有所补充。

作者简介: 刘颖,女,生于1978年,文学博士,哈佛－燕京访问学人,密西根大学访问学者,现为四川大学文学与新闻学院教授,主要研究领域包括翻译研究、比较文学、语言学及应用语言学等。

钱安儒,男,生于1998年,现为四川大学文学与新闻学院语言学及应用语言学专业硕士研究生,主要研究领域为中外(中日)语言文化比较。

【学术争鸣】

《高丽史·地理志·耽罗县》所载"耽罗国"日本起源考

刘均国

【摘　要】历史上韩国的济州岛曾长期存在一个独立的耽罗王国,根据韩国正史《高丽史·地理志·耽罗县》中关于耽罗国开国神话的记载,耽罗国的开国始祖是从地中耸出的三神人,以及自称来自日本国的紫衣使者所带来的三位公主。本文通过对《高丽史》中这段开国神话史料的分析,在结合相关历史事实的基础上,可以考证出:神话中三神人生活的时代应该在日本的弥生时代中晚期,即中国的西晋时期;日本官服制度和日本国号确立的时代应该是飞鸟时代,即中国的唐朝前期。进而得出两个时代的时间相差了四百年以上,最终可以推断出在这一开国神话中,关于日本国使者和公主的记载是不符合历史事实的。

【关键词】高丽史;耸出;紫衣;耽罗国;日本国

根据韩国正史《高丽史·地理志·耽罗县》的记载,济州岛历史上被称为"耽罗",在这个岛上曾建立过一个"耽罗国"。关于耽罗国的建立,《高丽史》"耽罗县"[①]中有着明确的记载:

耽罗县,在全罗道南海中。其古记云:大(太)初无人物,三神人从地耸出。长曰良乙那、次曰高乙那、三曰夫乙那。三人游猎荒僻,皮衣肉

[①] 韩国东亚大学石堂学术研究院:《国译高丽史:志》,首尔:景仁文化社,2011年,第53—54页。孙晓:《高丽史五志(二)》,重庆:西南师范大学出版社,2014年,第1839—1840页。

食。一日，见紫泥封藏木函，浮至于东海滨，就而开之。函内又有石函，有一红带紫衣使者随来。开石函，出现青衣处女三，及诸驹犊五谷种。乃曰，"我是日本国使也，吾王生此三女，云：'西海中岳，降神子三人，将欲开国而无配匹。'于是命臣侍三女以来，而宜作配，以成大业。"使者忽乘云而去。三人以年次分娶之，就泉甘土肥处，射矢卜地。……至十五代孙高厚、高清昆弟三人，造舟渡海，至于耽津，盖新罗盛时也。于时，客星见于南方，太史奏曰："异国人来朝之象也。"遂朝新罗。王嘉之，称长子曰"星主"，二子曰"王子"；季子曰"都内邑"，号曰"耽罗"。盖以来时初泊耽津故也。各赐宝盖、衣带而遣之。自此子孙蕃盛，敬事国家。以高为星主，良为王子，夫为徒上。后又改良为梁。

从这段建国神话故事中，我们可以总结出几个重点的内容：首先，"三神人从地耸出"，这和历史上人类居住方式"竖穴"很相似，此时的"神人"还过着游猎生活，由此可以知道这一时期的济州岛还没有农耕存在，直到"日本"的三位公主带来了牛犊马驹和五谷后才开始了农耕。而日本直到弥生时代才开始有了稳定的农耕生活，所以如果说是日本带给了济州岛农业文化的话，那至少是在弥生时代中后期。其次，使者系"红带"穿"紫衣"要在日本的官员服饰制度确立后的推古天皇时期，大规模的实施服饰制度可能要更晚。最后，在中韩史书上，对日本的称谓一直是"倭"，"日本"作为国号真正出现在中国史书中的时代是在隋唐时期。那么我们通过以上三部分的分析，我们会发现，如果说日本是在隋唐时期到达济州岛传播农耕文化的话，显然太晚了。因为根据《三国志·魏书·州胡》的记载，当时被称为"州胡"的济州岛已经有了畜牧业①。如果深究史料文献，会发现"耽罗国"建国神话中关于"日本"的部分记

---

① 陈寿：《三国志·魏书·东夷传》，北京：中华书局，1959年，第632页。

载是失当的,有值得再讨论的必要。

一、三神人所处的日本时代

首先,人类居住条件、居住地的变化是和人类的生产生活密不可分的,最早的人类栖息地是天然洞窟,而后开始在斜坡进行人工挖掘洞穴,再然后就开始在平坦干燥、直立性好的平地上挖掘洞穴。而《高丽史·地理志·耽罗县》[①]中提到的"三神人从地耸出",就应该是人类居住条件变化的一个阶段,即穴居。通过挖土来构建房屋进行居住,这一居住方式起源于高亢的中原黄土地带[②]。人类最初为了躲避自然灾害和猛兽的侵袭,会选择生活在相对安全的天然洞窟中。而后由于人类生活范围的扩大,生产生活工具有所改进,人们逐渐在有坡度的地方模仿自然洞窟的形态人工挖掘出"横穴"用于居住。此后随着新的生产生活方式不断出现,特别是农耕生活和家禽、家畜的饲养等,人们需要进一步扩大生产、生活范围,开始定居生活。那么此时居住在寒冷干燥,土地直立性好、不易坍塌的中国北方地区的人类,逐渐由居住地区相对受到限制的横穴改为居住地区比较自由的竖穴。中国北方的居住模式就是由竖穴逐渐发展演进而来的。

其次,根据"三人游猎荒僻,皮衣肉食"[③]的记载,可以推测出三神人的时代应该就是济州农耕前的渔猎时期。济州岛是一个由火山喷发而形成的火山岛,岛屿遍布火山熔岩冷却后形成的玄武岩。火山灰适于松柏和杂草的生长,但数量众多的岩石对于农业生产却是不利的。很可能当时的济州岛上没

[①] 韩国东亚大学石堂学术研究院:《国译高丽史:志》,首尔:景仁文化社,2011年,第53页。孙晓:《高丽史五志(二)》,重庆:西南师范大学出版社,2014年,第1839页。
[②] 田大方、张丹、毕迎春:"传统木构架建筑的演变历程及其文化渊源",载《哈尔滨工业大学学报》2010年第5期,第7页。
[③] 陈寿:《三国志·魏书·东夷传》,北京:中华书局,1959年,第632页。

有稻麦等农作物存在，所以早期的济州人过着的是一种原始的狩猎生活。从《高丽史》的记载来看，当时的耽罗始祖"三神人"是从地中耸出的，那么当时的济州人应该是生活在竖穴中；"游猎荒僻，皮衣肉食"则表明当时的济州岛还没有农耕存在，这也为下文中提到的"就泉甘土肥处，射矢卜地"①，做了铺垫。

而日本的农耕开始于弥生时代，在日本漫长的绳纹文化时代中，日本还处于没有农耕文化的蒙昧状态。直到中国大陆和朝鲜半岛等外来移民给日本列岛带来了种植等技术，才使得日本的绳纹人结束了采集和狩猎生活，开始了逐渐稳定的农耕生活②。日本的弥生时代被确定为从公元前三百年开始到公元后三百年结束，如果和《高丽史》所记载的一样，那么"三神人"和"三公主"的"婚恋"应该是在公元前300年以后的时期。但同时我们还要考虑到日本在获得种植技术后，会首先在本土进行开垦播种，而不会冒然进行农耕技术的外传活动，所以这个"婚恋"的时间还要向后推。毕竟在自己还没有能力填饱肚子的情况下，弥生时代的日本人是不会去其他地区传播农业的。综合考虑到以上的情况，日本农耕社会发展到能造出载着牛马和五谷的大船去国外传播农耕的时期，至少应该在公元后。这一说法比较有力的证据就是在公元57年的时候，日本向当时的东汉光武帝献贡，汉光武帝赐给倭奴王的"金印"③，这可以说明当时的日本已经可以乘船远渡。

但是《三国志·魏志·东夷传》④中记载："种禾稻、纻麻，蚕桑、缉绩，出细纻、缣绵，其地无牛马虎豹羊鹊。"

根据这条记载，结合《三国志》成书时代，可以得出公元3世纪时，虽然

---

① 陈寿：《三国志·魏书·东夷传》，北京：中华书局，1959年，第632页。
② 陆盈霏："日本文化之根——岛国农耕文化"，载《青年文学家》2012年第1期，第217页。
③ 范晔：《后汉书·光武帝纪》，北京：中华书局，1965年，第57页。同样的内容还载于《后汉书·东夷列传·倭》，北京：中华书局，1965年，第1907页。
④ 陈寿：《三国志·魏书·东夷传》，北京：中华书局，1959年，第634页。

并没有注明当时日本是否有五谷种子，但已经有了种植水稻、养蚕织布的农耕生活。而此时的日本却还没有牛马等牲畜的存在，那么根据"神话"中"诸驹犊五谷种"的记载，则"三神人"和"三公主"的"相遇"可能要推到公元3世纪以后。可以从"三神人从地耸出""三人游猎荒僻，皮衣肉食""诸驹犊五谷种"这部分的记载得出，济州岛最早的先民应该是生活在竖穴中，以狩猎为生，处在游猎生活和农耕生活的过渡时期，而这个时期对应的至少是日本的弥生时代后期。首先，是日本的弥生时代才开始进行农业种植，早期的日本农耕规模不会太大，发展速度也不会太快，作为域外引种的作物，并不是每一种作物都会适应日本列岛全新的自然环境①，所以对外传播农业的可能性不大；其次，日本在弥生晚期也没有牛马饲养和使用的记载，所以日本的谷类和牲畜也是要在弥生时期以后才能传到济州岛。

二、日本官员"服紫"的时代

中国古代的历史文献中，"服紫"的记载在春秋时期"齐桓公好服紫"中就已经出现②，但是自春秋时期开始，很长时间里"紫色"并未被当作是"正色"而作为官员服色使用。而是被当作"间色"，处于一种"红紫不以为亵服"③ 而被轻视的地位。但是紫色因在古代汲取困难，紫色服饰的制作工艺烦琐，所以紫色在古代虽然是"间色"但仍然被用在恩赐上。如《三国志·魏志·东夷传》记载的：景初二年时，当时的曹魏赐予卑弥呼"今以汝为亲魏倭王，假金印紫绶，装封付带方太守假授汝"。④ 这条记载表明，在当时"倭王"进献方物后，魏明

---

① 赵越云、郭凤平、李文丽："先秦-秦汉时期中国农业移民对日本列岛的影响"，载《农业考古》2013年第4期，第272—276页。
② 朱芸、朱秀芝："紫色在中国古代服色中的流变及其文化内涵"，载《和田师范专科学校学报》2009年第28卷第3期，第54—55页。
③ 杨伯峻：《论语译注·乡党篇》，北京：中华书局，1980年，第105页。
④ 陈寿：《三国志·魏书·东夷传》，北京：中华书局，1959年，第635页。

帝曹叡特恩赐她"金印紫绶"。这里的紫绶指的就是紫色的丝带，一般是用作金印的饰物便于系在腰间。当时的官员还是没有相关的服饰规定的，否则按照中国中原王朝的特点，一般会在赐予礼物的同时，还会赐予服饰。比较有名的就是历史上，自武则天起，朝廷开始赐予僧人"紫衣"[①]。

而中国真正开始以服饰色彩来界定官位是在南北朝时期，《中国服饰史》[②]提到"百官公服自南北朝以来以紫为贵"，可以看作是紫色从原来被认为是"恶紫之夺朱也"，而逐渐变成尊贵的颜色的证据。《北史·魏本纪·魏孝文帝纪》[③]："（太和）十年，夏四月辛酉朔，始制五等公服。甲子，帝初法服御辇祀西郊。"而具体的"五等公服"的解释说明在《资治通鉴·齐武帝·永明四年》[④]中："公服，朝廷之服。五等：朱、紫、绯、绿、青。"紫色由原来被儒家排斥的"间色"，逐渐升级为档次高级的官服色彩，这其中受到了中国当时周边少数民族和西方外来文化的影响[⑤]。

而真正开始将服饰颜色制度化是在中国的隋唐时期，《隋书·礼仪志七》[⑥]记载在隋炀帝时期："至六年后……五品已上，通着紫袍，六品已下，兼用绯绿，胥吏以青，庶人以白，屠商以皂，士卒以黄。"在隋大业年间，官员根据官位高低开始穿着不同色彩的服饰，五品以上的官员所穿官服是紫色。而后的唐朝沿袭了隋朝的官服制度，《旧唐书·高宗纪下》记载：

> 改咸亨五年为上元元年，大赦。戊戌，敕文武官三品已上服紫，金玉带；四品深绯，五品浅绯，并金带；六品深绿，七品浅绿，并银带；八品深青，九品浅青，鍮石带；庶人服黄，铜铁带。一品已下文官，并带手巾、

[①] 董立功："唐代僧人获赐紫衣考"，载《世界宗教研究》2013年第6期，第45页。
[②] 沈从文：《中国服饰史》，西安：陕西师范大学出版社，2004年，第128页。
[③] 李延寿：《北史·魏本纪·魏孝文帝纪》，北京：中华书局，1974年，第101页。
[④] 司马光：《资治通鉴·齐纪·世祖武皇帝上之下》，北京：中华书局，1956年，第4272页。
[⑤] 杉本正年、樊一："中国古代的服色及其思想背景"，载《成都大学学报》1995年第4期，第21页。
[⑥] 魏征：《隋书·礼仪志七》，北京：中华书局，1973年，第279页。

算袋、刀子、砺石，武官欲带亦听之。①

类似的记载还在《新唐书·车服志》②中有所体现："开元初……百官赏绯紫，必兼鱼袋，谓之章服。当时服朱紫、佩鱼者众矣。"因此可以确定的是：在中国，紫色正式作为高级官员的官服色彩始于南北朝时期，官服颜色的制度化始于隋唐时期。

那么日本官员从什么时候开始"服紫"的呢？从《三国志·魏书·倭人传》③的记载来看：

> 其风俗不淫，男子皆露紒，以木绵招头。其衣横幅，但结束相连，略无缝。妇人被发屈紒，作衣如单被，穿其中央，贯头衣之。

公元3世纪的日本服饰还是相当简陋的，其男性的服饰基本是没用针线缝制的；女性的服装也很简单，就是在一块类似被单的布中央穿个洞，披在身上。同时史书中也没有提到当时日本官员的服饰情况。而有记载的日本官服制度是在第三十代日本推古天皇时期，当时的推古天皇仿照隋朝的官服制度而制定了"冠位十二阶"，《日本书纪》推古天皇十二月④的记载如下：

> 推古天皇十二月，戊辰朔壬申，始行冠位。大德、小德、大仁、小仁、大礼、小礼、大信、小信、大义、小义、大智、小智，并十二阶。并以当色纯缝之，顶撮总如囊而著缘焉。唯元日著髻花。

---

① 赵莹：《旧唐书·高宗纪下》，北京：中华书局，2000年，第67页。
② 欧阳修、宋祁、范镇等：《新唐书·车服志》，北京：中华书局，2000年，第351页。
③ 陈寿：《三国志·魏书·东夷传》，北京：中华书局，1959年，第634页。
④ 方琳琳：《中国对日本飞鸟奈良时代服饰制度的影响》，浙江大学硕士论文，2007年，第32页。

这个"冠位十二阶"制度,是将官员分成 12 个等级,并以"冠"的颜色作为区别官位高低的制度。当时的冠色共有六色,由上而下是紫、青、赤、黄、白、黑。此时的官员服饰制度还主要是用官帽的颜色来区别官位的高低,而不是官服的颜色来区别。所以在此后的奈良时代,推古天皇所制定的服色制度得到延续,并发展出了法定冠服和朝服的严格禁色制度。《大宝律令》颁布的次年元旦,朝廷在太极殿举行朝贺之礼。冠位、服制,以及朝廷仪式均仿效唐风①。

这一记载和《隋书·东夷列传》②中关于日本官员等级的记载相同:"内官有十二等:一曰大德,次小德,次大仁,次小仁,次大义,次小义,次大礼,次小礼,次大智,次小智,次大信,次小信,员无定数。"日本天皇称呼的出处和冠位十二阶制反映出了当时日本崇尚紫色的观念,这是受到了中国道教的影响,可以说日本的十二阶制是模仿中国而来③。

综上可知,中国是在隋唐时期才开始制定严格的官员服饰和三品以上"服紫"的服色制度④,那么作为以中国为模板的日本要在公元 7 世纪开始才有可能仿照中国开始穿紫色官服。所以耽罗国神话中的"日本使者"身着"红带紫衣"的时期,则不可能早于中国的隋唐时期,类似曾经出访唐朝的日本官员"朝臣真人",《旧唐书·东夷传·日本国传》⑤记载:

> 长安三年,其大臣朝臣真人来贡方物。朝臣真人者,犹中国户部尚书,冠进德冠,其顶为花,分而四散,身服紫袍,以帛为腰带。

---

① 方琳琳:《中国对日本飞鸟奈良时代服饰制度的影响》,浙江大学硕士论文,2007 年,第 41 页。
② 魏征:《隋书·东夷列传》,北京:中华书局,1973 年,第 1826 页。
③ 杉本正年、樊一:"中国古代的服色及其思想背景",载《成都大学学报》1995 年第 4 期,第 25 页。
④ 李薇:《中国传统服饰图鉴》,北京:东方出版社,2010 年,第 103 页。
⑤ 赵莹:《旧唐书·东夷传·日本国传》,北京:中华书局,2000 年,第 3633 页。

当时出访中国的遣唐使"朝臣真人"类似于中国的户部尚书,官位应该是在三品以上,所以官服才是紫色。那么根据"耽罗国"的神话记载,作为护送"公主"远行的"使者",这位官员的级别显然也要达到三品以上。

三、日本国号确立的时代

日本国号确立的时间也是要考虑的部分,从中国史书的记载来看,历史上对日本的称呼有"倭""倭国""倭奴国"等。《汉书·地理志·燕地》记载"乐浪海中有倭人,分为百余国,以岁时来献见云"①和《后汉书·东夷列传·倭》记载"倭在韩东南大海中,依山岛为居,凡百余国。自武帝灭朝鲜,使驿通于汉者三十许国,国皆称王,世世传统。其大倭王居邪马台国"②都显示出日本早期的国号是"倭"。而关于"倭国"的记载是:

> 建武中元二年,倭奴国奉贡朝贺,使人自称大夫,倭国之极南界也。光武赐以印绶。

在《三国志·魏书·东夷传》③《隋书·东夷列传》④等都有关于"倭国"的记载,但是没有以"日本"为条目的记载。这说明在其时,还没有"日本"这一国号的存在。

国号从"倭国"发展到"日本"是从隋末开始的,在《隋书·东夷列传》⑤记载,大业三年,倭国使臣带来的国书中,"其国书曰'日出处天子至书日没处

---

① 班固:《汉书·地理志·燕地》,北京:中华书局,1962年,第1658页。
② 范晔:《后汉书·东夷列传·倭》,北京:中华书局,1965年,第1906页。
③ 陈寿:《三国志·魏书·东夷传》,北京:中华书局,1959年,第633页。
④ 魏征:《隋书·东夷列传·倭》,北京:中华书局,1973年,第1825页。
⑤ 魏征:《隋书·东夷列传·倭》,北京:中华书局,1973年,第1827页。

天子无恙'云云",提出"日出之国"的概念。这可能是最早在中国史书中关于"日本"概念的记载。到了唐朝,"日本"的国号开始在史书中正式出现,据《旧唐书·东夷传·日本国传》①:

> 日本国者,倭国之别种也。以其国在日边,故以日本为名。或曰:倭国自恶其名不雅,改为日本。或云:日本旧小国,并倭国之地。其人入朝者,多自矜大,不以实对,故中国疑焉。

《新唐书·东夷传·日本国传》②也有类似的记载:

> 咸亨元年,遣使贺平高丽。后稍习夏音,恶倭名,更号日本。使者自言,国近日所出,以为名。或云日本乃小国,为倭所并,故冒其号。使者不以情,故疑焉。

值得注意的是,《旧唐书·东夷传》中不仅有《倭国传》,而且增加了《日本国传》。这是"日本"二字在中国史书中首次出现。在《新唐书》只有《日本传》而没有了《倭国传》。此后中国的史书《宋史》《元史》《明史》均有《日本传》,《清史稿》中有《日本志》,在这些史书中,"倭国"均被记作"日本"。

我们可以从《新唐书》的记载中得出"日本"国号具体的确立时代:日本国号的确立应该在"咸亨元年"之后,即公元670年之后。也有学者经过考证,认为是武则天时期给日本改定了国号。③根据上述的史料分析,我们能够确定的是,"日本"这一国号的出现是在唐高宗晚期,也就是公元7世纪末,"日本"

---

① 同赵莹:《旧唐书·东夷传·日本国传》
② 欧阳修、宋祁、范镇等:《新唐书·东夷传·日本国传》,北京:中华书局,2000年,第4714页。
③ 胡稹、洪晨晖:"'日本'国号起源再考",载《外国问题研究》2011年第4期,第41页。

的国号才被唐朝政府认可,并得以被记载在史书中。

此外,我们还可以从其他国家的史书中找到关于"日本"改国号的记载,关于"日本"的记载在韩国史书《三国史记·新罗本纪·文武王》一零年条①:

> 土星入月。京都地震。中侍智镜退。倭国更号日本,自言近日所出以为名。

那么这段记载和《新唐书》中的关于日本的记载相一致,新罗文武王十年也就是公元670年,即"咸亨元年"。这和上述提到的"咸亨元年,恶倭名,更号日本"的相印证。作为一种国际惯例,日本如果要将自己的国号由"倭"改为"日本",一定会告知当时的唐朝和新罗。

从上面的几段中国、日本和韩国的古代文献分析,我们可以得出:首先,日本古代官服根据颜色来规定品阶始自中国的隋唐时期,是推古天皇时期仿照中国的官服制度而定立的,其后在日本奈良时代模仿唐朝的官服制度才开始形成严格的官服颜色制度。其次,根据史料分析,结合专家的研究表明"日本"的国号是在唐高宗时期才正式出现在中国的历史典籍中,可以说是在"咸亨元年"。当时的"倭国"借祝贺唐朝平定高句丽的时机,提出了更改国号为"日本"的要求,从而在得到了唐朝政府的认可后,将最后的国号确定为"日本"②。所以从韩国的《高丽史》记载中,出访的"使者"身穿紫色官服,并自称是"日本国"的使臣,我们可以确定:耽罗国的建立者应该是在中国的隋唐时期才可能接受来自日本的农耕文化。

---

① 金富轼:《三国史记》,首尔:景仁文化社,1994年,第75页。
② 王连龙:"'日本'国号出现考",载《唐史论丛》2016年第2期,第81页。

四、隋唐时期的耽罗国情况

但是在隋唐时期的济州岛是什么景象呢？根据《新唐书·东夷传》①的记载：

> 龙朔初，有儋罗者，其王儒李都罗遣使入朝，国居新罗武州南岛上，俗朴陋，衣大豕皮，夏居革屋，冬窟室。地生五谷，耕不知用牛，以铁齿杷土。初附百济。麟德中，酋长来朝，从帝至太山。后附新罗。②

根据史书的记载，唐"龙朔"（661—663年）时的耽罗已经有了王，而且也已经有了五谷和农耕。这里的"儋罗"就是济州岛的"耽罗"，根据韩致奫的考证，"耽罗"的含义是指"岛国"，韩文中的岛屿"섬"的发音类似"耽、涉、聃牟、耽浮、托"③。从《新唐书》的记载中可以了解到：在唐高宗时，耽罗国的王"儒李都罗"派遣使者来到唐朝，而耽罗国位于新罗南边的海岛上，其民风朴实，以猪皮为衣，夏天居住在"革屋"，冬天居住在穴窟里。耽罗地里生长有五谷，耕种不使用牛，而是使用铁齿来耙地。耽罗刚开始依附于百济国。麟德年间，耽罗国的酋长来朝见，随从皇帝到达泰山。后来耽罗又改为依附于新罗。

由此可以得出唐初的耽罗已经有了农耕生活，并且饲养了猪，同时也有了领导人"酋长"。换句话说，"三神人"是不可能出现在唐初的，因为根据《高丽史》的建国神话记载，唐初的时候耽罗国应该是没有多少人烟的荒岛，其地的民众过着"皮衣肉食"的游猎生活。是不可能有农耕生活和饲养家畜的，更不会有"酋长"等政治领导的存在。

---

① 欧阳修、宋祁、范镇等：《新唐书·东夷传·流鬼传》，北京：中华书局，2000年，第4715页。
② 赵莹：《旧唐书·刘仁轨传》，第1893页也有类似的记载："麟德二年，封泰山，仁轨领新罗及百济、耽罗、倭四国酋长赴会，高宗甚悦，擢拜大司宪。"
③ 王天泉："海上王国耽罗"，载《济州周刊》2016年9月26日，W05版。

再根据《三国志·魏书·东夷传》①关于"州胡"的记载:

> 又有州胡在马韩之西海中大岛上,其人差短小,言语不与韩同,皆髡头如鲜卑,但衣韦,好养牛及猪。其衣有上无下,略如裸势。乘船往来,市买韩中。

史书的这段记载说明:位于马韩西部地区的大海岛上的耽罗人个子矮小,语言和三韩地区的人不一样,发式和鲜卑人相似,身穿皮革,喜欢养牛和猪。有上衣而无下衣,类似于裸体。坐船往来各地,和三韩、中国做贸易。这和《后汉书·东夷列传》②中关于"州胡"的记载相类似:

> 马韩之西,海岛上有州胡国。其人短小,髡头,衣韦衣,有上无下。好养牛豕。乘船往来,货市韩中。

结合《三国志》等史书的成书年代(280年),很显然在公元3世纪,即中国的西晋时期的济州岛上已经有先民居住,并且饲养牛、猪,这和唐史中的"衣大豕皮"相照应,同时关于耽罗做海上贸易的记载也表明当时耽罗的航海技术是很发达的。从这些史料的记载来看,济州岛的居民在四百年间的生活基本没有太大的变化,同时也印证了《三国志》和《新唐书》中关于济州的记载是真实的。

在公元3世纪末期,日本刚刚结束了弥生时代,开始向古坟时代迈进。根据此前提到的史书记载,日本在公元3世纪时已经种植五谷,并进行养蚕织布。但是当时的"日本"官员是不可能穿着"紫衣",并且自称是"日本国"

---

① 陈寿:《三国志·魏书·东夷传》,北京:中华书局,1959年,第632页。
② 范晔:《后汉书·东夷列传·倭》,北京:中华书局,1965年,第1906页。

的使者，因为日本要在公元7世纪初才开始模仿中国的官服制度，在公元7世纪晚期才开始使用"日本"作为其国号。所以这和上面第四部分得出的结论显然矛盾。如果"三神人"遇到穿"红带紫衣"且自称是"日本国使"的日本官员在公元3世纪是不可能的；而如果是在公元7世纪遇到的话又太晚了，毕竟7世纪的济州岛上早已有了农耕、畜牧和领导者，是不会再过着没有农耕的"游猎"生活的。

进而可以得出如下结论：耽罗国的建国神话中是有实有虚的，关于"三神人"的游猎生活和居住条件的记载应该是和史实相符的，特别是"从地耸出"的记载和《新唐书·东夷传》的"冬窟室"是互相印证的；但是关于"日本国使者"的记载则是不符合史实的，根据史书的分析，"三神人"的生活时代要早于《三国志》的成书时代，即中国西晋时期；而"日本国使者"来到"耽罗国"的时代要晚于《隋书》的成书时代，二者前后相差了四百余年。

五、"耽罗国"建国神话记载日本的缘故

通过前几个部分的分析，耽罗国神话中"日本使者""服紫"和自称来自"日本国"的记载是不切合当时实际的情况的。日本官员的服饰制度建立是在推古天皇时期，并在奈良时期得到了确立和推广；日本的国号确定也是在中国的隋唐时期，真正使用"日本"的国号是在唐高宗时期。因为日本的农耕是在弥生时期开始出现，所以弥生时代向邻近的济州岛传播农耕文化是可能的；但是如果说使者身穿紫衣，并宣称自己来自"日本国"则显然要在日本的飞鸟时代，甚至奈良时代才可能，即在公元7世纪或8世纪。而且耽罗国在公元3世纪时已经开始饲养猪等家畜，并且可以造船只在"韩"和"中国"之间进行贸易往来。此时的日本则刚刚结束了弥生时代，是不可能有"日本"的国号和官员"服紫"的情况。

那么，为什么韩国的正史中会记载这个神话呢？很有可能是如下几种原因：

首先，耽罗国长期以来是个相对独立的王国，夹在百济、新罗、日本、中国等强国之间，曾臣服于百济。根据《三国史记·百济本纪·文周王》①记载："（二年）夏四月，耽罗国献方物，王喜，拜使者为恩率。"这和《新唐书·东夷传》中"初附百济"②的记载是一样的，也符合《高丽史》"耽罗县"③的记载：

> 百济文周王二年拜耽罗国使者恩率，东城王二十年，以耽罗不修贡赋，亲征至武珍州，耽罗闻之，遣使乞罪乃止。

从三本史书的记载可以看出，在早期耽罗国是依附于百济的。而百济世代是和日本通好，比较有名的就是在《古事记·应神天皇》④的记载中，应神天皇向百济提出"百济国'若有贤人者贡上'"的要求后，百济将本国的大儒王仁（古事记写作"和迩吉师"）送到了日本，开创了日本的儒学时代。

根据《隋书·东夷列传》⑤记载："新罗、百济皆以倭为大国，多珍物，并敬仰之，恒通使往来。"可见在当时的国际关系中，"倭"的国力不逊于当时朝鲜半岛的国家，所以"新罗、百济"和日本的往来频繁。

除了文化上的交流外，百济和日本还存在军事同盟的关系。史书中曾记载，在高句丽好太王时，曾攻陷百济国北方重镇，"百济的第十七代王阿华王六年送子至倭为质子"，此后的"十一年、十二年"皆有和"倭"的交流

---

① 金富轼：《三国史记·百济本纪四》，首尔：景仁文化社，1994年，第1页。
② 欧阳修、宋祁、范镇等：《新唐书·东夷传·流鬼传》，北京：中华书局，2000年，第4715页。
③ 韩国东亚大学石堂学术研究院：《国译高丽史：志·耽罗县》，首尔：景仁文化社，2011年，第54页。
④ 海村惟一、海村佳惟："古代日本对《论语义疏》的扬弃——以圣德太子《宪法十七条》为主"，载《孔学堂》2018年第1期，第49页。
⑤ 魏征：《隋书·东夷列传·倭》，北京：中华书局，1973年，第1827页。

记载。历史上有名的中日第一次海战,《旧唐书》关于"白村江战役"①记载比较详细:

> 仁轨遇倭兵于白江之口,四战捷,焚其舟四百艘,烟焰涨天,海水皆赤,贼众大溃。余丰脱身而走,获其宝剑。伪王子扶余忠胜、忠志等,率士女及倭众并耽罗国使,一时并降。

这段历史记载中,百济末代国王扶余丰虽然在白江口战败后逃走,但当时的百济王族和倭众都向唐军投降,同时投降的还有"耽罗国使"。这里可以看出当时的百济和日本有着军事同盟,同时耽罗也是跟从百济和倭国一同谋求百济复国的。

其次,在百济灭亡之后,耽罗国曾直接朝贡于日本。根据《日本书纪》中"天智天皇"②(669年)的记载:

> 八年春正月庚辰朔戊子,以苏我赤兄臣拜筑紫率。三月己卯朔己丑,耽罗遣王子久麻伎等贡献。丙申,赐耽罗王五谷种,是日,王子久麻伎等罢归。

在百济被唐罗联盟灭亡后,耽罗国失去了原来的宗主国,故转向日本纳贡。在日本天智天皇八年时,耽罗王派遣王子久麻伎到日本进献方物。在耽罗王子回国时,日本的天智天皇则赐给了谷物种子。此处的记录和耽罗的"开国神话"有相似的地方,即耽罗获得了"五谷种子"。当时日本自推古天皇改革后已经过了数十年,加上"咸亨元年"日本自称国号为"日本"。如果此时的"日本国"

---

① 赵莹:《旧唐书·刘仁轨传》,北京:中华书局,2000年,第1891页。
② 舍人親王『日本書紀』卷二十七、成都:四川人民出版社、2019年、第3页。

派遣使节陪同耽罗王子回国的话，那么日本使者"服紫"和自称来自"日本国"是极为可能的。

在630—895年的二百六十多年间，奈良时代和平安时代的日本朝廷一共派出了十九次遣唐使。如此频繁的派遣活动中，在630年到665年的遣唐使船队大多是取道朝鲜半岛西海岸①，那么就很可能是经过济州岛北侧的济州海峡，或是济州岛南侧的黄海到达朝鲜半岛沿岸。如此频繁且规模庞大的"遣唐使"往来于中日之间，应该给当时的济州先民留下很深刻的印象。

最后，还有一种可能性是：在1910年日本通过强迫"大韩帝国"签订《日韩合并条约》，实现了完全占领朝鲜半岛的目的。为了维护自身的统治，显示自己的统治的正统性，可能会篡改了原本史书上的具体内容。通过"三公主"出自"日本国"的记录从而表述出日本和济州岛的密切关系，进而可以缓和日本与朝鲜半岛的紧张关系。二战期间，日本在台湾、朝鲜半岛等地推行"皇民化政策"，而且在朝鲜半岛还施行了"创氏改名"②的规定。日本设立在朝鲜半岛的总督府还在朝鲜半岛上进行土地测量和整理工作，将当时很多地名和山名都改为了日式名称，所以日本很有可能对当时的官方史书《高丽史》进行过篡改，以证明自己在朝鲜半岛统治的合法性。

六、结论

东西方许多国家都流传着建国神话，很多神话是在历史事实的基础上进行的加工改造。本文所讨论的济州岛的"耽罗国"建国神话，就应该是在一定的历史事实的前提下，添加了主观的观点。"三神人"的"从地耸出"和"游猎"是符合史实的，而"日本使者"的记载则不合当时的真实情况。在高丽

---

① 東野治之『遣唐使』、東京：岩波書店、2007年、第64頁。
② 刘芳："韩国人名的时代变迁"，载《湖南民族职业学院学报》2010年第2期，第41页。

朝之后，李氏朝鲜的文人在《瀛洲志》①中将"日本国"改为了"碧浪国"。改为"碧浪国"的原因很大程度上可能是当时的文人也认为耽罗的"开国神话"时代和日本所处时期是不相符的。我们可以比照《瀛洲志》和《高丽史》的内容：

> 瀛洲太初无人物也。忽有三神人，从地涌出镇山北麓。有穴曰毛兴。长曰高乙那、次曰良乙那、三曰夫乙那，状貌甚伟，器度宽豁，绝无人世之态也。皮衣肉食，常以游猎为事，不成家业矣。一日，登汉拏山望见紫泥封木函，自东海中浮来，欲留而不去，三人降临，就开，则内有玉函，形如鸟卵，有一冠带紫衣使者随来开函。有青衣处子三人，皆十五六，容姿脱俗，气韵窈窕，各修饰共坐。且持驹犊五谷之种，出置金塘之岸。三神人自贺曰："是天必授我三人也。"使者再拜稽首曰："我东海碧浪国使也。吾王生此三女，年皆壮盛而求得所偶，常以遗叹息者岁余，顷者吾王登紫霄阁，望气于西溟则紫气连空，瑞色葱隆，中有绝岳降神子三人，将欲开国而无配匹，于是命臣侍三女以来，宜用伉俪之礼以成大业。"使者忽来云而去，莫知所之。

通过上面《瀛洲志》的内容可以看出，关于"三神人"的生活记载是一致的，而关于"使者"的记载则有了很大的不同，在这里"使者"自称是来自"东海碧浪国"而不是"日本国"。"使者"从"碧浪国"来的话就可以解决此前关于"服紫"和"国号"问题。"碧浪国"这个国家可以是真实的，也可以是虚构的，所以使者穿"紫衣"和自称来自"碧浪国"也就没有可以挑剔的。

---

① 朴用厚. (1991). 瀛洲誌에 대한 考察. 제주도사연구, 1, 13-15.

《高丽史·耽罗县》 影印版

韩国东亚大学石堂学术研究院：《国译高丽史：志》，首尔：景仁文化社，2011年，第53—54页。

作者简介：刘均国，男，1982年生，山东济南人，山东青年政治学院副教授，教学科研办公室主任。研究领域：朝韩政治文化、区域国别研究等。

论佐久间象山与《海国图志》

洪伟民

【摘　要】先行研究中经常会发生对重要文献资料的误读和误用，本文论述了先行研究中的史料误读，把佐久间象山接触《海国图志》的时间通过文献梳理和分析进行了重新考察。并以《海国图志》流入日本的时间、翻刻该书的时代背景和《圣武记》《海国图志》里的记载等史料为依据，论述了该书在1854年之后流行于日本的具体原因。

【关键词】海国图志；佐久间象山；吉田松阴；日本

一、引言

有关《海国图志》给予日本影响，学界已有不少研究[①]。中日学术界几乎都认为，魏源的《海国图志》为日本的明治维新打开了认识世界的窗口，是明治

[①] 比如，顾春："《海国图志》与日本"，载《河北民族师范学院学报》2017年8月；刘燕："《海国图志》在中日两国的传播及影响之比较"、载《邵阳学院学报（社会科学版）》2017年第16卷第五期；王梦如："论《海国图志》与日本型华夷观念的颠覆"，载《青年文学家》2015年第八期；鲁霞："《海国图志》与日本幕末时期海洋环境的认识"，载《日本研究》2013年第四期；郤玉松："《海国图志》的重要思想及其对日本社会的影响"，载《邵阳学院学报（社会科学版）》2011年8月第10卷第4期；张晓刚、国宇："《海国图志》与日本世界观念的重构"，载《北华大学学报（社会科学版）》2010年10月；娄晓欢、张英魁："《海国图志》对日本近代启蒙思想的影响"，载《文教资料》2008年第六期；张玉平："日本维新思想与《海国图志》的渊源关系"，载《历史学习》2004年第十二期；容应萸："《海国图志》与日本明治维新"，载《船山学刊》1994年12月；李汉武："论魏源思想对日本明治维新运动的影响"，载《求索》1987年12月；大谷敏夫："《海国图志》对'幕末日本的影响'"，载《福建论坛》1985年第6期；陈选："魏源的《海国图志》及其在日本的传播和影响"，载《文史知识》1982年10月；日本比较著名的有源了円「幕末・維新期における『海国図志』の受容：佐久間象山を中心として」、『日本研究』第9卷、1993年9月；……等。

维新的推动力①。而有关《海国图志》和魏源的研究状况，中日都有不少。综合性的可以参见郭汉民、袁洪亮的《近二十年来〈海国图志〉研究回顾》②，熊吕茂等的《20 世纪 90 年代以来魏源研究综述》③，夏剑钦的《魏源研究百年回眸》和《魏源研究的回顾与展望》④，杨晋龙的《魏源研究的评价与反思》⑤，李纪祥的《近代观与西学观：魏源研究的多元面相与反思》⑥和李文明的《〈海国图志〉对日本影响新辩》⑦，等等。

李文明论文虽然不是综合性研究，但前面的"先行研究"，将学界有关魏源与《海国图志》研究做了综合性的论述：

> 1986 年、1990 年王晓秋先生发表题为《鸦片战争在日本的反响》和《鸦片战争对日本的影响》的论文，对"《海国图志》影响日本"问题进行了系统的研究。（中略）对《海国图志》日本翻刻本的版本进行考察，王晓秋的研究在国内尚属首次，（中略）之后国内的很多相关研究，基本上是在王晓秋论文框架内阐述的。（中略）综合而言，学界关于《海国图志》的日本影响，尚存两个值得商榷的问题：一是《海国图志》是否使日本产生了"睁眼看世界"的重大影响，其地理知识影响的程度究竟如何；二是《海国图

---

① 比如大谷敏夫："《海国图志》对'幕末日本的影响'"，载《福建论坛》1985 年第 6 期，第 51 页；李汉武："论魏源思想对日本明治维新运动的影响"，载《求索》1987 年 12 月，第 64 页；容应萸："《海国图志》与日本明治维新"，载《船山学刊》1994 年 12 月，第 62 页；刘世明："日本明治维新与中国戊戌变法之比较"，载《理论导刊》1991 年 11 月，第 39 页；顾春："《海国图志》与日本"，载《河北民族师范学院学报》2017 年 8 月；等等。日本比较著名的有源了円「幕末・維新期における『海国図志』の受容：佐久間象山を中心として」，『日本研究』第 9 巻 1993 年 9 月，第 13—25 页；等等。
② 郭汉民、袁洪亮："近二十年来《海国图志》研究回顾"，载《益阳师专学报》2000 年第 4 期。
③ 熊吕茂等："20 世纪 90 年代以来魏源研究综述"，载《湖南城市学院学报》2007 年第 1 期。
④ 夏剑钦："魏源研究百年回眸"，载《求索》2004 年第 7 期；"魏源研究的回顾与展望"，载《邵阳学院学报》2008 年第 5 期。
⑤ 杨晋龙："魏源研究的评价与反思"，载《湖南大学学报》2004 年第 4 期。
⑥ 李纪祥："近代观与西学观：魏源研究的多元面相与反思"；载黄爱平、黄兴涛主编《西学与清代文化》，中华书局，2008 年。
⑦ 李文明："《海国图志》对日本影响新辩"，载《东北亚学刊》2017 年 11 月。

志》在日本主要是"地理书",还是"海防书",哪方面的影响更为深刻①。

大谷敏夫则论述了日本学界对《海国图志》、林则徐、魏源的相关研究②。

而顾春的《〈海国图志〉与日本》一文引用了容应萸、源了圆论文观点,从幕末日本知识分子阅读《海国图志》的体验为切入口,在分析其阅读感受及社会变革的主张之上,辨析与魏源变革思想的异同。指出这种异同与日本幕末政治、经济、教育、思想及文化传统有着深刻的关联,也是《海国图志》得以在日本迅速普及并促发维新的基础。同时认为,不可否认的是日本维新的发生非在朝夕,不能脱离综合要素东向而望,正是幕末资本主义统一市场和资本主义生产关系的形成、强藩雄出幕府没落、兰学兴盛教育普及综合作用成就了《海国图志》的迅速推广和日本近代的社会转型③。关于日本接受《海国图志》的三种类型,顾春在源了圆论文的基础上认为:第一类主张采取西方的科学技术保持日本独立,占大多数,代表人物有岛津齐彬、川路圣谟、佐久间象山、吉田松阴、西村茂树等;第二类通过此书更加坚定了攘夷的信念,从书中获取攘夷之道,代表人物有破邪道的儒者安井息轩、攘夷派志士赖三树三郎等;第三类为从攘夷转向开国,并倡导积极的贸易论,主张不仅要学习西方的先进技术,亦要全盘吸收西欧的政治、法律、经济、社会结构、福利厚生等,这类人时而带有变革日本的倾向,代表人物有开明志士桥本左内、横井小楠等。其中第一、三类人数最多,好比我国的"洋务派"与"维新派"④。

此外,单篇论文虽然很多,但直接论述佐久间象山(1811—1864)与《海国图志》的并不多。其中,源了圆的《幕末维新期的〈海国图志〉的受容:以佐久间象山为中心》是较为详实的一篇。该文认为,魏源(1794—1857)的《海

---

① 李文明:"《海国图志》对日本影响新辨",载《东北亚学刊》2017年11月,第52—53页。
② 大谷敏夫:"《海国图志》对'幕末日本的影响'",载《福建论坛》1985年第6期,第55—56页。
③ 顾春:"《海国图志》与日本",载《河北民族师范学院学报》2017年8月,第45—54页。
④ 顾春:"《海国图志》与日本",载《河北民族师范学院学报》2017年8月,第48页。

国图志》是明治维新前夜由中国传入日本的众多书籍中特别受日本人欢迎，并给予很大影响的一本书。该书于1854年传入日本后仅三年，就被翻刻了23种和刻本，其中，16种是日语训读本，这就为不懂汉文的普通庶民提供了方便。相对于日本人对此书的狂热态度，中国知识分子对此书的漠不关心则成了鲜明的对照。

当时日本接受《海国图志》有三种类型。第一种是"师夷长技以制夷"，即吸收西洋的科学技术使日本完全独立；第二种是学习该书中的战法、战略以攘夷；第三种是学习西欧诸国的政治、法律、经济以及社会组织中的各种卓越之点，以此达到日本开化之目的。

该论文认为，其中的第一、第三种是比较重要的，论文以第一种为主进行论述，将魏源与佐久间象山进行了比较。虽然两者之间并没有交接点，但两者都主张接受西欧科学技术，可以说，魏源是象山在海外的"同志"[①]。

尽管如此，两者之间还是有很大的差异的。魏源仅仅只满足于购买各国的战舰、大炮；而象山则不满足于此，他试图模仿西欧的样式来制造大炮，并且为此自学了荷兰语。通过阅读用荷兰语撰写的制炮技术的书籍，成功地制造了大炮。

虽然象山很尊敬魏源，但他并没有采用《海国图志》里记叙的制炮技术。在象山看来，"魏氏海国图志中，辑铳炮之书，类皆粗漏无稽。如儿童戏嬉之为"[②]。佐久间象山是个兵学家，精通炮学，对魏源只强调坚壁清野、严防死守的战略主张并不同意，而提倡讲究炮、舰，主动出击于外海，对书中关于炮、舰之学谈得粗浅也提出了批评。

[①] 佐久间象山在1842年11月向幕府老中真田幸贯上书《海防八策》时，提出了与魏源相同的设想，所以他在读魏源的《圣武记》后不禁感慨："呜呼！予与魏，各生异域，不相识姓名，感时著言，同在是岁，而其所见，亦有暗合者。一何奇也，真可谓海外同志矣！"。「省諐録」『象山全集』上卷、尚文館、1913年、第13—14页。转引自前揭顾春:"《海国图志》与日本"，第48页。

[②] 增田涉:《西学东渐与中国事情》，由其民、周启乾译，南京：江苏人民出版社，2010年，第27页。

从中我们可以看出轻视技术的中国读书人与重视技能的日本武士文化之间的差别①。

相对于大多数论文都是肯定《海国图志》给予日本以深厚影响之说而言，李文明论文是少数几篇提出《海国图志》并未如学界所说的那样给予了日本和幕末之士以很大影响的观点的论文。他认为，"《海国图志》并没有像19世纪以前传入日本的汉籍那样在日本产生重大影响。《海国图志》的内容和思想也并未超出同时期日本人的海外知识水平。魏源只是日本幕末思想家的'海外同志'。他们只不过在思想上有很多相似的不谋而合之处而已"②，因此，"很难说《海国图志》打开了日本人的眼界"③。

而吉田松阴与《海国图志》的研究，并没有大量、具体的论述，大都只在讲述《海国图志》给予日本影响的时候顺便带过。论述得比较多的是王晓秋的《鸦片战争对日本的影响》④《鸦片战争在日本的反响》⑤和鲁霞的《吉田松阴的近代化意识》⑥及其《〈海国图志〉与日本幕末时期海洋环境的认识》⑦和李汉武的《论魏源思想对日本明治维新运动的影响》⑧，以及拙文《吉田松阴与〈海国图志〉》⑨和《再论吉田松阴与〈海国图志〉》⑩，日本的有阿川修三的《〈海国图志〉

---

① 源了円「幕末・維新期における『海国図志』の受容：佐久間象山を中心として」、『日本研究』第9卷、1993年9月，第13-25頁。
② 李文明："《海国图志》影响日本问题商榷"，载《日本研究论集》2008年12月，第286页。
③ 李文明："《海国图志》对日本影响新辩"，载《东北亚研究》2017年11月第6期，第51页。
④ 王晓秋："鸦片战争对日本的影响"，载《世界历史》1990年5月，第92—100页。
⑤ 王晓秋："鸦片战争在日本的反响"，载《近代史研究》1986年，第20—45页。
⑥ 鲁霞："吉田松阴的近代化意识"，载《日本研究》2005年第5期，第92—95页。
⑦ 鲁霞："《海国图志》与日本幕末时期海洋环境的认识"，载《日本研究》2013年第4期，第101—106页。
⑧ 李汉武："论魏源思想对日本明治维新运动的影响"，载《求索》1987年第6期，第64—72页。
⑨ 洪伟民："吉田松阴与《海国图志》"，载大阪府立大学人文学会编《人文学会集》第36号，2018年3月，第79—99页。
⑩ 洪伟民："再论吉田松阴与《海国图志》"，载大阪府立大学人文学会编《人文学会集》第37号，2019年3月，第125—140页。

与吉田松阴——幕末西洋事情的受容》①等。

上述部分先行研究中，大都认为魏源的《海国图志》给予了吉田松阴以很大的影响，在《海国图志》的影响下，形成了吉田松阴的"对外认识"。阿川论文则认为吉田松阴在接受魏源思想的同时，也对其对西洋认识不足而拘泥于中华思想予以了冷静的批判②。而拙文《吉田松阴与〈海国图志〉》却认为，"魏源的《海国图志》传入日本后确实影响了不少人，在开阔日本人当时的国际视野上确实起了很大的作用，在日本的开国还是攘夷上也起了相当大的作用。但就吉田松阴个人而言，其受魏源的影响，并未如学界认为的那样大。相反，由于吉田有自己的一套完整的对外思想、方针、决策，而并未完全受《海国图志》的影响，甚至在一定程度上还给予了否定与批判"③。就是说，由于吉田松阴有自己的一套完整的对外认识的看法，有些甚至早在接触到魏源的《海国图志》之前就已经发表出来。所以，当他看到了《海国图志》之后，并未如学界所认为的那样，深受其影响，并进而发表了各种各样的言论。正因为此，松阴甚至觉得魏源的有些想法不切实际，进而对其提出批评。查看整个松阴文集，真正能看到松阴评论魏源《海国图志》的不过两篇，其余也只是在与其兄及友人的信件来往中提到而已。

而在《再论吉田松阴与〈海国图志〉》中，就笔者与部分先行研究中的某些观点截然不同的原因，进行了考证、论述，认为是某些先行研究中所引资料有误，以及因断章取义后将松阴的思想归结为是受了魏源《海国图志》影响所造

---

① 阿川修三「『海国图志』と吉田松陰——幕末事情の受容」、筑波大学『中国文化：研究と教育』第70卷。
② 阿川修三「『海国图志』と吉田松陰——幕末事情の受容」、筑波大学『中国文化：研究と教育』第70卷、第28页。
③ 洪伟民："吉田松阴与《海国图志》"，载大阪府立大学人文学会编《人文学会集》第36号，2018年3月，第99页。

成的①。

在写作上述两篇论文时，笔者发现，李汉武先生的论文中就佐久间象山与《海国图志》问题时，同样存在史料的误用与误读的问题。因无法归入《吉田松阴与〈海国图志〉》之内，特另作一题，就其资料误用、误读等问题，做一探讨，以求教于大方之家。

二、先行研究中的问题

1849 年，佐久间象山到底读到的是《圣武记》，还是《海国图志》。

1987 年，李汉武在《求索》杂志上发表的《论魏源思想对日本明治维新运动的影响》（下称李文）一文中讲到魏源的《圣武记》和《海国图志》给日本的影响时，引用了诸多日本学者的资料。引文有些长，但为了说明这个问题，特引录于下：

> 关于魏源《圣武记》《海国图志》传入日本的最初时间及其他情况，增田涉《西学东渐和中国事情》的《日中文化关系史之一面》一章中，引证了大庭脩氏的《江户时代中国泊来书之研究》的一则材料。这个材料是大庭脩氏收集的日本幕末时代从长崎进口中国书籍的一个帐单，其中记载了中国书籍进口的书名、部数、入价和出价及其买书人等材料。与其他书相比，《圣武记》和《海国图志》进口得最多，价格最贵，而买者又多是幕府老中。江户城的红叶山学问所与昌平坂学问所都购入了魏著。据大庭氏调查，《圣武记》于弘化元年（1844）年初泊入，老中阿部伊势守买了一部。后来是 25 匁（日本币名）一部，到安政 6 年（1859）6 月本屋启太郎买时，

---

① 洪伟民："再论吉田松阴与《海国图志》"，载大阪府立大学人文学会编《人文学会集》第 37 号，2019 年 3 月，第 140 页。

却要 160 匁 3 分一部，价格上升了近 6 倍；《海国图志》于嘉永 4 年（1851）初泊入时 130 匁一部，到安政 6 年 7 月本屋启太郎买时，却要 436 匁的高价，这点也可说明日本当时争读魏著的情况。

根据大庭氏的调查，我们可以看到，《圣武记》进入日本的时间，是在 1844 年初，距该书出版仅一年多一点时间。《海国图志》进入日本的时间是 1851 年。但另据北山康夫先生所引佐久间象山的《省譽录》中讲道：

> 先公登相台，嗣管海防事。时英夷寇清国，声势相逮，予感时事，上书陈策，实系壬寅十一月也。后清魏源《圣武记》，亦感慨时事之所著，而其书之序，又作于是岁之七月，则先余上书仅四月矣。而其所论，往往有不约而同者，呜呼，予与魏氏生异域，不相识胜名，感时著言，同在是岁，而其所见，亦有周合者，一何奇也？真可谓海外同志矣！

增田涉先生引《省譽录》讲到，象山于"嘉永己酉（1849 年）冬天，在江户获读魏氏之书。（那书中）有设学校专译外国书，研究外国历史，了解敌情以制夷敌等意见，这些都与自己意见相合"。很显然，象山 1849 年冬天在江户所读的书是指《海国图志》，而不是《圣武记》。由此可知，《海国图志》泊入日本的时间当早于 1849 年冬天，不然象山就无法读到。① （画线部分为笔者所加）

李文仅仅根据增田涉引平象山《省譽录》说的"1849 年冬天，（中略）（那书中）有设学校专译外国书，研究外国历史，了解敌情以制夷敌等意见，这些都与自己意见相合"，就得出象山在 1849 年冬天读的是《海国图志》而非《圣武记》，"《海国图志》泊入日本的时间当早于 1849 年冬天，不然象山就无法读到"

---

① 李汉武："论魏源思想对日本明治维新运动的影响"，载《求索》1987 年 12 月，第 64—65 页。

之结论的依据，不知何在？

第一，象山在《省谙录》里自己就清楚地说过，"清魏源《圣武记》，（中略）则先余上书仅四月矣"，因"其所论，往往有不约而同者"而深感魏源是其"海外同志"。此外，我们并未在象山的其他著作里发现他有说过在1849年读过《海国图志》。可见，象山当时读到的就是《圣武记》，而不是《海国图志》。

第二，李文一边根据增田涉引象山《省谙录》资料说"《海国图志》泊入日本的时间当早于1849年冬天"，一边又引鲇泽信太郎、尾佐竹猛等人的资料说《海国图志》于1850年①泊入、1854年刊印②。那么，说象山读到了一本在1849年还未泊入日本的《海国图志》，看似自相矛盾。况且，即使流入日本的，1851年3部，1852年1部，1854年也才12部，大都为幕府（御文库、学问所御用、老中牧野备前守忠雅）等所购，其中只有1854年的时候，有5部流入市场竞卖③。李文既然对学界早有定论的《海国图志》于"1851年才泊入日本"的说法也已认可④，就是说，《海国图志》是在1851年进入日本后，于1854年正式出版的。那么，1849年的冬天，象山是不可能读到《海国图志》的。

第三，就算按李文的说法，《海国图志》是1849年进入日本的，佐久间象山是在那一年看到《海国图志》的。那一年，师从佐久间象山的吉田松阴19岁。

1851年（嘉永四年）3月5日，为了学习兵学，松阴从藩主东行。4月9日到达江户，师从佐久间象山、安积良斋、古贺茶溪、山鹿素水等学习；又从藩士平冈弥三兵卫学剑；这些都是幕末叱咤风云的人物。

---

① 据阿川修三引大庭脩『漢籍輸入の文化史』（研文出版、1997年）、『江戸時代における唐船持渡書の研究』（関西大学出版部、1967年）说，《海国图志》最早泊入日本是在嘉永4（1851）年。（『「海国図志」と日本：塩谷世弘、箕作阮甫の訓点本について』、文教大学『言語と文化』第23号、2010年、第6页。）

② 李汉武："论魏源思想对日本明治维新运动的影响"，载《求索》1987年12月，第65页。

③ 阿川修三「『海国図志』と日本：塩谷世弘、箕作阮甫の訓点本について」、文教大学『言語と文化』第23号、2010年、第6页。

④ 李汉武："论魏源思想对日本明治维新运动的影响"，载《求索》1987年12月，第65页。只不过，李文引鲇泽信太郎资料说的是1850年，但都晚于1849年。

吉田松阴于 1851 年（嘉永四年）3 月从藩主游学江户，从而结识佐久间象山，并从其学习兵学，时年 22 岁。1853、1854 年美国海军准将佩理两次来航，松阴受其师影响，于 1854 年，不顾"海禁"之令欲登船外出被拒而成"下田事件"，时年 24 岁。而从文献上来看，松阴最早接触到《海国图志》的时间是在"下田事件"后自首入狱的 1854 年 11 月 22 日。在编号为 133 的给《兄衫梅太郎宛》信中，松阴开始读到魏源的《海国图志》。信中说："《海国图志》一卷，日前已抄写（中略）原本脱误较多，特别是有倒置之处（中略）祈望能尽早拜借后卷"①。

而松阴正真阅读并评议魏源《海国图志》的时间是在第二年的 1855 年的 5 月②和 7 月③。

前文中已经提到，李文认为，"《海国图志》泊入日本的时间当早于 1849 年冬天，不然象山就无法读到"，当时松阴才 19 岁，也还不认识象山。我们假设真的如李文所说的那样，《海国图志》早于 1849 年冬天传入日本，象山是在那一年冬天看到这本书的，如果说这个时候松阴没有听说，也没有看到过《海国图志》还情有可原的话，那么，在松阴 1851 年 22 岁时结识象山，师从象山学习兵法，并在其影响下完成"下田踏海"事件后，仍要等到 1854 年 11 月手抄《海国图志》上卷，1855 年 5 月、7 月才正真读到《海国图志》并作了两篇评论，

---

① 山口県教育会編纂『吉田松陰全集』第八卷、岩波書店普及版 1940 年。下称『全集』（普及版）。第 298 页。

② "清魏默深《筹海篇》议守、议战、议款，鑿鑿中窾，使清尽用之，固足以制英寇而驭鲁拂矣。然吾独疑：此书之刻，在道光二十七年，曾未三四年，广西民变，扰及八省，祸延十年，遂致北京殆不守，其所底止，未可知也。则清之所宜为虑者，非在外夷，而在内民也。何以默深无一言及于此耶？（中略）噫，民内也，夷外也，谋外而遗内者凶；治内而制外者吉。悲哉！五月四日。"吉田松陰「籌海篇を読む」（清の魏源『海国図志』首篇）、『全集』（普及版）第四卷、36-37 页。

③ "清人魏源喜论外国事情。谓鲁与墨与拂，皆恶于暗，宜收以为水陆之援。援古事而指今事，鑿鑿有据。然以吾视之，是知一而未知二者耳。凡夷狄之情，见利不见义。苟利，则敌仇亦为同盟；苟害，则同盟亦为敌仇。是其常也。今读此记，鲁与杜开衅，暗拂诸国，合谋助杜拒之，然则鲁暗交恶，如源所计，而暗拂合谋，则出其计外。（中略）故立国之体，无如使人待于我，而我无有待于人。苟使人待于我，则敌仇亦可以为我用也。我有待于人，则同盟亦将来啮我也。方今鲁墨暗拂，交来我国，魏源之书大行我国。吾读此记，深有感，故书。乙卯七月。"吉田松陰「甲寅倫頓評判記を読む」、『全集』（普及版）第四卷、51-52 页。

无论从哪方面来讲都有点不合情理了。

第四,从时代背景来说,翻刻、重印《海国图志》不可能是在1849年,而只能是1854年之后。实际上,正如李文自己也认可的那样,《海国图志》最早于嘉永四年(1851)初泊入,因其有涉及宗教等内容而被列为禁书,直至嘉永七年(后改安政元年,1854)"黑船来袭"后,为了切合日本"开眼看世界"的需要,才正式开始大量地泊入、翻印、翻刻:

> 《海国图志》泊入日本的部数并不多,鲇泽信太郎《锁国时代日本人之海外知识》一书引证伊东多三郎《禁书之研究》的材料说,《海国图志》在幕末天保年间(1830—1847年)后期被列为禁书,嘉永三年(1850)泊入的三部书,发现其中有违禁文字;嘉永六年(1853)泊入的一部也蒙遭同样命运;嘉永七年(1854年)泊入15部,除御用外,其余8部在一般市场上出售。由于《海国图志》切合了日本锁国时代思想界开眼看世界的需要,泊入的部数又少,故其书更显得珍贵,翻刻本日益增多。据尾佐竹猛的研究,日本最早的《海国图志》翻刊本当是嘉永七年(1854)盐谷世弘刻本。①

就是说,正式在市场上开始流通的是1854年,也是这一年开始,《海国图志》不仅流入日本的数量开始增多,日本本土也开始了翻刻、翻译该书。据鲇泽信太郎的统计,这些翻刻、翻译主要集中在1854至1855年;就其内容来看,主要是与英、美、法、俄等欧美列强方面有关的②。

因此,从时代背景来说,《海国图志》从有"违禁"的宗教内容而不被允许泊入日本,到大量的翻刻、翻译,正是日本社会遇到了与大清一样的欧洲列强的入侵,他们需要从反省鸦片战争的《海国图志》里了解世界、了解西方。由此,

---

① 李汉武:"论魏源思想对日本明治维新运动的影响",载《求索》1987年12月,第65页。
② 李汉武:"论魏源思想对日本明治维新运动的影响",载《求索》1987年12月,第66页。

《海国图志》的大量泊入、大量刊印成为了可能。而在1849年之前,并未见有《海国图志》泊入日本的记录;1850年之后虽有泊入日本的记录,但不仅数量少,而且仍被当作禁书而不得流行于市。

因此,1849年冬天的这个时候,象山看到的只能是《圣武记》,而不可能是《海国图志》。

第五,最重要也是最有力的证据是,增田涉在引用了这段话后还讲,"这里所说的'魏氏之书',从所引用的字句看,应是《圣武记》卷十二'武事余记'中的一节"①。

在《圣武记》里,魏源同样讲到了设立专属翻译馆的事情,认为"专译夷书、夷史,则殊俗敌情","制驭外夷者,必先洞夷情":

> 礼部会同四译馆,掌宾四夷之事。馆内存贮外国之书。回回、高昌、西番、西天为一处,曰西域馆;暹罗、缅甸、八百、苏禄、南掌为一处,曰百夷馆。凡十种,皆译以汉文。分其门类,然皆不能全,仅存崖略而已。惟安南、朝鲜、琉球表章皆汉文。近则西洋英吉利,亦能以汉字通于中国。<u>夫制驭外夷者,必先洞夷情</u>。今粤东番舶,购求中国书籍,转译夷字,故能尽识中华之情势。<u>若内地亦设馆于粤东,专译夷书、夷史,则殊俗敌情</u>,虚实强弱、恩怨攻取,瞭悉曲折,于以中其所忌,投其所慕,于驾驭岂小补哉(下画线为笔者所加)?②

笔者所加画线部分,不就是"设学校(译馆)专译外国书,研究外国历史,了解敌情以制夷敌等意见"吗?因为"西洋英吉利(中略)购求中国书籍,转译夷字,故能尽识中华之情势",所以,魏源提出了要"制驭外夷者,必先洞夷情

---

① 增田涉:《西学东渐与中国事情》,由其民、周启乾译,南京:江苏人民出版社,2010年,第27页。
② 魏源:《圣武记》附录卷十二〈武事余记·掌故考证〉,道光二十二年刊影印本,第15页。

（中略）设（译）馆于粤东，专译夷书、夷史，则殊俗敌情"的主张。因为与自己的意见相合，象山才会发出魏氏"其所论，往往有不约而同者。（中略）而其所见，亦有周合者，（中略）真可谓海外同志矣"那样的感叹。象山正是因为看到了魏源《圣武记》里与自己的"不约而同"的主张，才会认同魏源是其"海外同志"的。

李文只看到了增田涉说"（那书中）有设学校专译外国书，研究外国历史，了解敌情以制夷敌等意见"，就以为那是《海国图志》里所说的"欲制外夷者，必先悉夷情；欲悉夷情者，必先立译馆"[①]的意思，而未曾想到《圣武记》里也有类似的记载。

由此可见，1849 年冬天，象山看到的就是上述这段文字。因此，象山看到的就是魏源的《圣武记》，而非《海国图志》。

三、结语

本文就佐久间象山"何时接触到《海国图志》"的问题进行了论述。认为象山在 1849 年冬天读到的就是《圣武记》，而非《海国图志》。这是因为，第一，象山在《省諐录》里清楚地说过，自己读的就是"清魏源《圣武记》"。第二，李文一边认为"《海国图志》泊入日本的时间当早于 1849 年冬天"，一边又认可学界普遍认定的 1851 年才泊入日本，1854 年才开始翻刻、训读、出版该书，且不是自相矛盾？如果是 1851 年才泊入日本的，1849 年的冬天，象山又怎么可能读到《海国图志》？第三，师从佐久间象山的吉田松阴有读书记笔记的习惯。从已知的记录来看，也只有 1854、1855 年间有看《海国图志》的记录[②]，而这正好是该书大量流入日本并开始翻刻、训读、刊印的时期，却从未有 1849、1950

---

① 魏源：《海国图志·筹海篇三（议战）》，岳麓书社 1998 年，第 26 页。
② 吉田松陰「野山獄読書記録」、『全集』（普及版）第十一卷、第 3-16 页。

年的相关读书记录。如果该书早在1849年就已泊入日本，并流行于市，象山也已经看到该书，并鼓励弟子松阴不顾海禁"出海看世界"而酿成日本历史上著名的"下田事件"，却没有让松阴知晓并看过该书，直到松阴在1854年"下田事件"后入狱，在狱中才读到刚刚出版不久的《海国图志》，这无论从哪方面来讲都有点不合情理。第四，从时代背景来说，1854年日本社会遇到了与大清一样的欧洲列强的入侵，他们需要从反省鸦片战争的《海国图志》里了解世界、了解西方。这就为曾被列为"禁书"的《海国图志》的大量泊入、刊印成了可能。第五，李文把《圣武记》卷十二中所说的设立专属翻译馆，"专译夷书、夷史，则殊俗敌情""制驭外夷者，必先洞夷情"，当作是增田涉所说的"(那书中)有设学校专译外国书，研究外国历史，了解敌情以制夷敌等意见"，而把它看作是《海国图志》里的"欲制外夷者，必先悉夷情；欲悉夷情者，必先立译馆"的意思了。

显然，李文未将这一资料进行确认，就以为看到的这段文字出自《海国图志》了。

虽然佐久间象山与幕末许多日本的有识之士一样，对魏源的《海国图志》倍加赞赏，并给予了很高的评价，但那都是1854年《海国图志》大量被刻印、翻译出版之后的事了。而在1849年的冬天，象山看到并为此感叹"专译夷书、夷史，则殊俗敌情""制驭外夷者，必先洞夷情"的，应该出自《圣武记》而非《海国图志》。

作者简介：洪伟民，男，1961年出生于上海，上海工商外国语学院东语系教授、中华日本学会理事、上海市日本学会理事、上海日语教学理事、复旦大学日本研究中心客座研究员，主要研究领域为中日比较文化、日本学。

【和平与反战】

日军攻打南京时的俘虏政策

雷国山

【摘 要】 本文以解读新发现的原始档案为基础,主要阐明了两点:一是日军参谋本部和陆军省先后指示松井石根的华中方面军不要按国际公约对待俘虏,向后者提供了杀死俘虏的处置选项,后者实施了包括针对平民在内的南京大屠杀;二是在南京暴行的发生期间,松井石根对来自东京的指责态度消极,对落实东京的指示显示出怠慢的姿态。

【关键词】 南京大屠杀;俘虏政策;松井石根

在 2016 年的年末,笔者在南京大屠杀史与国际和平研究院的年度研讨会上,作为一个建议,向与会同行提出了研究"东京首脑机关是否与南京大屠杀有关系"这一课题。随后从 2018 年开始,参加了教育部重大委托项目"抗日战争专题研究",并承担其中一个子课题,题为"太平洋战争研究"。这是很大的一个题目,涉及资料庞大,花费了两年多的时间。在研究调查的过程当中,笔者发现在太平洋战争当中,日本跟欧美(美国、英国等)交战国之间,围绕俘虏问题的文件浩如烟海,而在我们关注的"南京大屠杀"事件里面,同样是关于俘虏,当时日本跟中国什么都没有详细涉及。注意到这点的同时,没想到在研究过程中意外收集到了一些新的档案材料。下面将新旧材料糅在一起,简单地分析一下日军攻打南京时的俘虏政策。

首先来看一份新发现的档案。

一、新发现：陆军参谋本部的"七月指示"

图 1 "七月指示"的封面

"七月指示"是笔者起的简称，全称是《对支那军作战的参考》①（图 1）。这份材料是一本小册子，只有薄薄的几十页。至于它的重要性，我们可以看到，这是参谋本部于 1937 年（即昭和十二年）7 月份在华作战的陆军部队统一配发的资料。当时的参谋总长就是日本皇室的载仁亲王。当时海军配合陆军作战，所以也领取了这本册子。

这本册子的名称很有意思，并没有使用"战争"一词，而是用了"战斗"一词。使用"战斗"一词是故意的，实际上是日军参谋本部想要规避国际法。

我们来看内容的第八条，即"俘虏的对待"这一条（图 2、图 3）。这一条下面的"其二"，讲的就是"俘虏的处置"，翻译出来是这样的：

图 2：俘虏的处置①

图 3：俘虏的处置②

---

① 日军参谋本部编：《对支那军战闘ノ参考》（昭和十二年七月），日本防卫省防卫研究所藏，检索号：支那—支那事变全般—473。

  俘虏不一定要像对待其他国家的人那样送到后方去监禁，以待战局发展。

  除了特殊情况之外，多数时候可以就地进行适当处置或予以释放，抑或转移至他地进行适当处置或予以释放。

这里值得注意的是，所谓"其他国家的人"，大概率上指的是"欧美国家的人"。分析"俘虏不一定要像对待其他国家的人那样送到后方去监禁，以待战局发展"这句话，可知不仅仅是对中国军队，已经暗含着对整个中国的民族歧视了。

通常的战俘处置方法是送到后方去监禁劳动。这里就排除通常的做法，还特别指示，没有特殊情况，多数情况应该就地处置或予以释放，并提出了一个可选项，"抑或转移至他地进行适当处置或予以释放"。

可见日军参谋本部在首先就否定了"后送监禁"，然后给出的是两个选择。那么一线部队对俘虏就只有处决或者是释放这两个选项。我们可以看到，日军参谋本部给一线在华部队提供的只是一个指导性的意见，给了一线高级指挥官以一定的裁量权，至于说具体怎么处理俘虏则是一线高级指挥官自己决定的事。

话虽如此，可是大的框架参谋本部已经画出来了，实际的处置办法就只有刚才说的两种方法：处决、释放。南京之战中，松井石根率领的日军华中方面军对解除了武装的中国军人的处置，全部都是枪杀。这是完全符合日军参谋本部的指示精神的。

我们可以看第八条"俘虏的对待"之下，第一项指示就是"关于解除武装的注意事项"，第二项指示才是"关于俘虏的处置"。事实上，根据现在公布的史实，就像中岛师团长的日记记载的那样，在南京获得俘虏后，日军是完全按照东京中央指示的程序去办的，即首先把对方国——中国军队的武装解除，然后才进入第二道程序即处置俘虏。可以说，华中方面军处理俘虏的每一步都是照着参谋本部的指示做的。

二、旧材料：陆军省"八月指示"的再解读

陆军省属于日本中央政府的机构。陆军省在 1937 年 8 月制定了一个文件叫作《关于交战法规的适用》。在此姑且称之为"八月指示"。这份材料有好几个档案版本，其内容大概一致，8 月 5 日下达给日军华北部队的版本便是其中之一。该版本的中译版已经编入《日本军方文件》(《南京大屠杀史料集》第 11 卷，江苏人民出版社，2006 年）这本书。我们来看一下这个"八月指示"的内容。

它的开头便如此说道：

在目前形势下，帝国不能发动对支（对华）全面战争。将有关陆战的法规惯例条约及其他有关交战法规各条约的具体事项全部适用并付之行动是不适当的。①

它在结尾处再次强调说：

另外，帝国目前 [的] 国策是要尽力避免陷入日支 [华] 全面战争。要努力避免发生会被认为是先于对方已下决心发动全面日支 [华] 战争的言论 [和] 行动（例如，使用"战利品""俘虏"等名称，或军队自身比照、应用交战法规的相关名称。此外，非在万不得已的情况下，不应有刺激诸国神经的言论和行动）。②

---

① 张宪文主编《南京大屠杀史料集》第 11 卷《日本军方文件》（王卫星、雷国山编），江苏人民出版社 2006 年 1 月第 1 版第 1 次印刷，第 11 页。
② 同上。

由此可见:(1)东京中央在唆使在华作战部队不要按照国际法来实施作战,并且还明确说那样做不适当。(2)在上面引文的括弧里,则要求日军华北部队不要使用"战利品""俘虏"之类的名称。

对于这个已经出版的"八月指示",以前大家可能总觉得这个材料有用,却又不知道怎么用。原因就在于它是一个孤证,而且它并不是发给日军华中方面军的指示。所幸的是,这次意外地读到了它的姊妹档案,正好是发给华中方面军下辖的第十军的。在同年的11月4日,日本陆军省将相同内容的文件用电报发送给了即将登陆杭州湾的第十军(即柳川平助军团)。在这份电报[①]中有着"已经通告各军"的字样。我们知道,在此前的10月29日,第十军和上海派遣军组建成了攻打南京的华中方面军,松井石根任方面军司令官。既然11月4日第十军收到这份电报,并且电报还说"已经通告各军",那么从逻辑上我们可以准确地判断出,松井石根无疑早已收到[②]。

通过前面披露的陆军直接指挥作战的参谋本部的"七月指示",就可以看到,"八月指示"现在不是孤证了。如果将陆军省的"八月指示"与前述参谋本部的"七月指示"联系起来思考,就会发现"七月指示"是关于一线作战的指示,"八月指示"则有着国际法上的考量;二者一前一后,在精神上是高度一致的,那就是主观故意在规避"战争""战利品""俘虏"等字眼,目的就是规避国际法(指《日内瓦公约》)。

三、日军"杀俘令"证据链的现状

至此,我们就可以来梳理一下南京大屠杀的"杀俘令"的证据链。东京的

[①] 陆军省:《支受大日记》(密),昭和十三年。日本防卫省防卫研究所藏,检索号:陆军省-陆支密-大日记 S13~1/110。

[②] 据查,同一文件8月5日发与华北部队,9月3日发与关东军,11月4日发与第十军。照此时间的节奏来看,日本陆军省将同一文件发与松井部队的时间当在9月或10月。

指示分两个部门,一个是直接负责指挥作战的陆军参谋本部,另一个是负有从国际法上处理战争之责的陆军省。二者沆瀣一气,各有分工。虽然东京的指示并没有明文下令屠杀,但据前面的分析,它包含着对杀俘的明显暗示,因此在此也被纳入了"杀俘令"来统计(参见表1)。

表1 南京大屠杀相关"杀俘令"的证据链

指示或命令来源	指导机关或作战单位	"杀俘令"证据的现状
东京的指示	日军大本营陆军参谋本部	新发现
	日本政府陆军省	已经出版,一部出现;有新的旁证
日军华中方面军(松井石根为方面司令官)的屠杀命令	华中方面军司令部及所辖军级司令部	缺
	各师团	已经出版,一部出现
	师团以下部队、官兵	已经出版,充分出现

由表1内容可知,在攻打南京的一线部队中,华中方面军师团以下部队(官兵)关于"杀俘令"的记录材料是非常充分的,主要见于日军官兵的作战日志。比如刚才提到的日军第十六师团长中岛今朝吾,他的部下佐佐木到一(少将)就曾经明确下令说:"各部队至师团有指示前,不得接受俘虏。"① 这是什么意思?那就是"杀"的意思,抓到(俘虏)就杀,不按国际法(对待俘虏的规定)来出牌。

我们再往上一级看各师团的记录。这里说有"一部出现",指的就是当时攻打南京的第十六师团的中岛师团长的战地日记(图4②)。我们来看这份材料,他写道,"由于大体方针是不实行俘虏(政策),原本决定一小股一小股地处理,但现在俘虏达到了一千、五千、一万的规模,我们连解除他们的武装都做不

---

① 佐佐木到一:"步兵第三十旅团命令"(1937年12月14日凌晨4时50分下达),罗文文译,张宪文主编《南京大屠杀史料集》第11卷《日本军方文件》(王卫星、雷国山编),南京:江苏人民出版社,2006年1月,第49页。

② 张宪文、张建军编:《人类记忆:南京大屠杀实证》(第1册),北京:人民出版社,2016年12月,第101页。

到……""后来得知，仅佐佐木部队就处理了大约一万五千，守备大[太]平门的一个中队长处理了大约一千三百，集结在仙鹤门附近的大约有七八千人。（敌军）仍在不断来降"。（笔者译）

"不实行俘虏政策"是东京中央（陆军参谋本部和陆军省）确定的方针。关于俘虏政策，作为一个师团长记载了上级松井石根的命令是不实施俘虏政策，那么就意味着其他师团从松井石根那里接到的命令也是一样的。

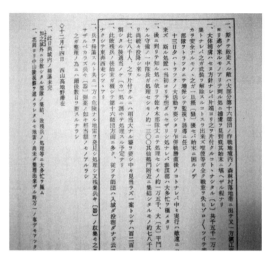

图4　日军第十六师团长中岛今朝吾的战地日记

目前来看，日军的"杀俘令"证据，除了华中方面军司令部及所辖军级司令部这一级别的档案材料暂缺，其他全部存在。不过据刚才的梳理，它已经被松井石根下达给包括中岛师团在内的各个部队了，而且中岛师团长对俘虏的处置方式（枪杀）表明，华中方面军司令官松井石根已经在东京定的大框架下，对俘虏的处置做出了选择，那就是杀掉。

四、关于日军攻打南京时的俘虏政策的初步结论

至此，我们在这里可以做一个关于日军在南京攻略战中的俘虏政策的一个初步结论：

第一，狭义上的"南京大屠杀"，它的证据链至此已经比较完整。

为什么说"狭义"？因为我在这里谈的只是"杀"。实际上现在各方专家都知道，学术界理解和讨论的"南京大屠杀"是一个广义的概念，它不仅仅包括

"杀"，还包括烧、掠、淫等，是日军在南京的暴行的一个总称。

第二，华中方面军在南京屠杀中国战俘，没有违背东京的指示精神，是执行东京指示的结果。

第三，屠杀对象的扩大（在宁军人＋在宁民众），主要因为东京首脑机关蔑视中国人的生命，导致其默许了一线部队在南京的非人行为。

上面只讨论了战俘，大家知道，日军在南京还屠杀了无辜的老百姓：他们有的把人奸污之后再杀掉，有的抢劫遇到阻碍就一刀捅过去，甚至还有日军用刺刀剖开孕妇的肚子把婴儿挑出来的。这些都是日军对南京民众实施的暴行。

为什么日军的屠杀会扩大到老百姓呢？笔者认为主要还是因为作为首脑机关，东京方面本身蔑视中国人的生命。因为刚才在参谋本部"七月指示"里讲得很清楚，不要像对待其他国家的"人"一样对待中国"俘虏"。我们可以看到，这种说法很容易让一线部队把对中国"俘虏"的蔑视转化为对整个中国"人"的蔑视（大家知道，本来从甲午战争以来，日本就是蔑视中国人的）。所以发生这样的事情毫不奇怪，可以称之为"情感平移"①，也就是把对中国俘虏的蔑视感平移到中国老百姓的身上去。正因如此，攻打南京的日军部队才会干出这些野蛮的事情。这表明，"七月指示"对一线部队在南京的非人行为具有事前的怂恿性（暗示）和事后的默认性。

五、日军参谋本部训斥松井石根却无用

但问题是松井石根率领的部队在南京犯下的罪行，在上文提到了，并不仅仅是杀人，还有其他的一些行为。比如滞宁外国使领馆遭到了日军的监禁，滞宁外国使领馆的人员遭到了日军鲁莽的殴打。还有国际安全区的委员（会）给

---

① 这里说的是日军对南京平民实施零星屠杀时的心态。至于日军针对逃难平民群体实施的屠杀，华中方面军高层的解释是里面混有军人。

日方递交的那么多的抗议信，在宁日方机构都置若罔闻。但是日军的这些暴行，被侠义之士、人道主义之士记录了下来，他们中有的人还拍了日军暴行的录像，更不用说那些文字资料了，全世界都给报道了。这个时候，日本在国际上下不了台，参谋本部就来训斥松井石根了。

那么日军参谋本部是怎么训斥松井石根的呢？

这里有一份新材料①（图5，图6），是一份档案，上面标有"极秘"字样，是1938年1月4日由参谋本部写给松井石根的信，内容如下：

图5　参谋本部训斥松井石根函①

> 回顾起来，皇军的奋斗已逾半载。其所到之处，总能收获赫赫战果。我军官兵的忠诚勇武冠绝中外，皇军的真价愈加广为人知。然而一旦深察军队内部的真相，我们确认存在不少的瑕疵。
>
> 尤其在军风军纪方面，令人忌讳的事态于近时日见其繁。虽然不想相信（它们是真的），但也不能不令人生疑。……

可见陆军参谋本部的措辞非常严厉。大家可以看到这封信函很长，一共写了将近4页，在此无法一一列举。

我们还可以看到，另一处有"粗暴越轨"这四个触目惊心的字（见图6右起第三行）。浏览全文可以看到，参谋本部在对松井的去

图6　参谋本部训斥松井函②

---

① 陆军省：《支受大日记》（密），昭和十三年。日本防卫省防卫研究所藏，检索号：陆军省-陆支密-大日记 S13~1/110。

函中,并没有提到"俘虏"或者"战俘"这样的字眼。之所以没有提到杀俘,按照前面梳理下来的逻辑,是因为战俘处置这个事情,本来就是参谋本部授意松井去杀的,所以它在这方面不会管松井,自然也就没有批评松井。总之,东京方面没有把杀俘当回事,反而是关注到了另外的"烧、掠、淫、莽"等暴行,称之为"粗暴越轨"。所谓"莽",指的就是对美国等第三国在国际法上作为领土延伸的使领馆处置不当,此外还有对妇女实施的众多暴行。诸如此类的实情被传到西方并被报道出来,日本政府感到颜面扫地。所以我们可以看到这里写的是:"希望注意皇军的名誉与品位,要让敌军和第三国都要敬服。"总之,这封信花了很大的篇幅,在反复地、语重心长地教导松井。

这封信函的最后落款,是陆军本部参谋总长载仁亲王,是他写给华中方面军司令官松井石根的信函。

无疑,日军参谋本部的训斥函,从另一个角度坐实了松井石根及其部队在南京犯下的累累罪行。

最后我们来看一下,松井把东京的训斥当回事了吗?我们来看一下。

1938-01-04　东京电报训斥松井;
1938-01-09　松井的参谋长将东京电报通知各师团长;
1938-01-13　松井才对在宁日军宪兵队训话。

从这个时间上的排序可知,在收到东京的电令后,松井石根根本没有把东京的训斥当回事,而是在时隔 5 天之后才把东京来电的内容通知各部队,对宪兵队进行训话更是被安排在了收到电令之后的第 10 天。显然,松井石根放纵了他统帅的部队在南京继续施暴。

六、结语

　　最后剩下一个问题，就是为什么日本陆军参谋本部和陆军省竟敢如此无视关于战俘的国际法呢？关于这个问题，原因还是出在日本政府那里。对于国际红十字会在1929年倡导并召开的"日内瓦战俘优待公约"会议，日本政府当时确实是派了代表参会并在公约上签了字的。但是日本国内最终没有批准它。正因如此，日本政府和日本军部才会掩耳盗铃地认为，日军随意杀俘可以不受国际公约的约束。但是，东京审判仍然有理有据地将南京大屠杀的罪魁之一松井石根送上了绞刑架。遗憾的是，原日本陆军参谋本部的参谋总长载仁亲王因为多方面的原因逃脱了审判和惩罚。

* 本文为2021年8月26日在侵华日军南京大屠杀遇难同胞纪念馆为"紫金草和平讲堂"所做的同题演讲的记录稿。

作者简介：雷国山，男，1971年生，南京大学外国语学院副教授、博士，研究领域为近代中日关系史，代表作有《日本侵华决策史研究：1937—1945》（专著）、『南京大虐殺史』（合译）。

民国报刊中日本反战文献分类与整理研究
——以《中国近代中文报纸全文数据库》为核心①

李 杨

【摘　要】1931 年—1945 年是我国抗战的十四年，此期间民国报刊中刊载了许多关于日本反战的报道与记录，其反战群体涉及军人、农民、工人、学生以及文人知识分子等。本文以《中国近代中文报纸全文数据库》为核心，对十四年抗战期间以《中央日报》《新闻报》《时报》《大公报》《民国日报》《益世报》等刊物刊载的日本反战文献进行分析与整理，并着重对日军哗变反战、日军战俘反战以及日本国内反战运动报道进行剖析。通过对这些日本反战文献的全面总结与分析，有利于进一步呈现抗战时期日人反战的多元面貌，并能够勾勒出近代日本民间反战运动的一角。

【关键词】民国；报刊；日本；反战；文献

1931 年 9 月 18 日，震惊中外的九一八事变爆发，标志着世界反法西斯战争的开始，同时也揭开了第二次世界大战东方战场的序幕。2021 年是九一八事变爆发九十周年，回顾历史，勿忘国耻。日本法西斯政府发动对外侵略战争的同时，也曾受到不少本国国民的反对，他们的反战历史也应该为人所知。但在军国主义残暴的统治下，日本人民的反战和平声音被战争的咆哮所掩埋。幸得抗战期间我国的报刊媒体记载了不少日本反战的报道与新闻，为后世留下了不

---

① 本文为国家社会科学基金重大项目《日本民间反战记忆跨领域研究》(17ZDA284) 的阶段性成果。

少珍贵的一手研究史料。因此，有必要对民国时期的报刊进行梳理与整理，为日本民间反战记忆研究提供更多的历史史料支撑。

一、民国日本反战文献研究的报刊来源

受益于现代数字技术的飞跃发展，卷帙浩繁的民国报刊得以被收录进《中国近代中文报纸全文数据库》。利用该数据库可以对民国时期报刊的新闻报道进行搜索与下载，极大地便利了学术界的历史研究工作。目前该数据库中收录有《中央日报》《新闻报》《时报》《大公报》《民国日报》《益世报》以及众多小报等。以《大公报》为例，该报是迄今为止我国近代发行时间最长的中文报纸（1902—1966）之一，同时也是解放前我国影响力最大的报纸之一。该报还刊行很多地区版，包括：重庆版《大公报》、香港版《大公报》、天津版《大公报》、上海版《大公报》以及桂林版《大公报》等。而《中央日报》（1928—1949）作为南京国民政府时期国民党中央的机关报，是研究民国时期政治史以及国共关系的重要参考资料。既具有鲜明政治性，又呈现了浓厚的文学性，文艺副刊贯穿始终。另外除了上述全国性的报纸之外，各地区各行业还存在一些"小报"（1897—1949）。所谓小报，从版面上看，较大报而言偏小；从内容上看，偏重消闲娱乐，如小说、随笔、小品文、影戏舞动态等。小报"能纪大报所不纪，能言大报所不言，以流利与滑稽之笔，写可奇可喜之事"。[①] 因此，在文辞和销量上，小报都不逊大报，以其独特的文化趣味，成为展现市井百态的万花筒。

但同时《中国近代中文报纸全文数据库》并未将民国时期所有的报刊收集齐全，如我党主办的《解放日报》以及《新华日报》等报刊并未收录其中，实属遗憾。但利用该数据库收录的报刊文献依然能还原民国时期我国报刊中关于

---

① 季宵瑶："近代上海小报的话语策略与自我定位——以1920年代上海《晶报》为个案"，载《新闻大学》2006年第1期，第47页。

日本反战的大部分面貌。目前在日本反战研究领域,关于民国时期我国报刊中刊载的反战文献研究相对较少。因此发掘这些翔实的文献记载,对于完善近代日本反战研究有着重要作用。

二、民国报刊中的日本反战文献计量分析

以往针对近代日本反战的研究多从文学的视角展开,而对于新闻报道的整理则不多见。本稿以上海图书馆的《中国近代中文报纸全文数据库》为核心文献来源,对民国时期报刊中记载的日本反战文献报道进行计量分析,可以对抗战时期日本反战情况有一个较为宏观的具体认识。

笔者以"反战""日反战""敌反战"为检索词分别在数据库中进行检索:共计检索出"反战"文献1092篇(包括正文1072、图片9、广告11)、"日反战"文献179篇(包括正文177、图片1、广告1)、"敌反战"文献177篇。从整理的统计数据来看,日本反战的文献记载共计356篇,占据全部反战文献的32.6%。其中"日反战"时间跨度从1932年至1949年;"敌反战"时间跨度从1937年至1945年。下面以表1所示数据来具体了解民国报刊中日本反战文献的来源以及分布等情况。

表1 民国报刊中日本反战文献来源及其记载数量

文献来源	"反战"载文量	"日/敌反战"载文量
《前线日报》	198	80
《大公报》(香港版)	148	56
《中央日报》(重庆版)	144	56
《大公报》(重庆版)	97	39
《新闻报》	71	16

（续表）

文献来源	"反战"载文量	"日/敌反战"载文量
《立报》	53	24
《益世报》（重庆版）	49	17
《中央日报》	25	10
《民报》	23	11
《益世报》（天津版）	22	4
《大公报》（桂林版）	19	9
《中国商报》	18	0
《时报》	17	3
《益世报》（昆明版）	17	5
《晶报》	12	2
《大公报》（上海版）	12	1
《锡报》	11	3
《大公报》（天津版）	10	3

注："反战"文献记载小于10篇的报刊未整理至此表。

从单一文献来源看，《前线日报》堪称记载日本反战文献最多的报刊，抗战期间一共记载了80篇文献报道，占据总文献量的22.5%。该报刊于1938年10月武汉会战结束之际创刊于安徽省的屯溪，是抗日战争时期国民党第三战区长官司令部机关报，并以"宣传抗日至上，激发民族意识，促进民众动员"为办报目标。顾祝同在该报创刊号上便表示："前线日报之出版，我希望他能够极力开发政府抗战建国方策，坚决树立民众抗战胜利信心。以极正确之理论，扫荡一切敌伪反动谬说；以浅显之文笔，就切近之事实，灌输军民以必要的抗战知识。"① 《前线日报》最初为日刊，四开四版，内容上主要偏重军事报道，一般第一版为国内战事新闻，第二版为社论以及国际战争新闻，第三版为地方新闻及战地通讯，第四版为副刊。1939 年 4 月报纸迁往江西上饶以后扩展为四开八版，第一张一至四版为国内外电讯与新闻，第二张第五版为通讯，第六、七两版为两种副刊，第八版为社会服务、新妇女、新闻战线、版画、学生之友、士兵园地等内容。同时还设有写实文学连载、战地卫生讲座、战地小语、抗日英雄特写、战地文艺等栏目配合抗战宣传。其次记载较多的为《大公报》（香港版）以及《中央日报》（重庆版），两刊均为 56 篇文献报道。另外《大公报》（重庆版）、《新闻报》与《益世报》（重庆版）记载不少日本反战文献报道。其他小报虽然也有一些零星反战报道，但内容大多转自上述主流报刊。

从文献正文内容的类型来看，通讯类反战文献有 512 篇，其中日本反战文献占 194 篇；消息类反战文献 448 篇，其中日本反战文献占 154 篇；评论类反战文献 23 篇，日本反战文献仅 1 篇；其他类反战文献 78 篇，日本反战文献占 2 篇。从数据库收录的反战文献来看，通讯类以及消息类文献占据绝大多数。

从出版时间来看，1904—1929 年间反战文献仅 5 篇；1930—1939 年间反战文献共计 537 篇，日反战文献 100 篇；1940—1949 年间反战文献共计 494 篇，日反战文献 77 篇。从年段数量来看，日本反战文献报道量也有着某些规律，如"敌反战"的报道量：1937 年（5 篇）、1938 年（11 篇）、1939 年（64 篇）、1940 年（69 篇）、1941 年（15 篇）、1942 年（9 篇）、1943 年（0 篇）、1944 年（2 篇）、1945 年（2 篇）。"敌反战"报道量在 1940 年达到了顶峰的 69 篇，但在 1941 年却突然出现了"腰斩式"的大幅减少，在战争的最后 3 年甚至只有 4 篇报道。从反战文献报道数量的大幅减少可以看出，随着日本侵华战争的加剧以及太平洋战争的爆发乃至扩大，在日本军国主义政府的大规模残酷镇压下，日本国内的民众已经很难以公开的形式开展反战活动了。

---

① 顾祝同："晶前线日报"，载《前线日报》1938 年 10 月 1 日，第 1 版。

三、民国报刊中日本反战文献类型分析

从收录的日本反战文献来看,文献报道类型大致分为4类:一、反映日本国内反战的新闻报道;二、反映日本军人反战、厌战、哗变以及火并的新闻报道;三、反映在华日人反战同盟在华开展反战活动的新闻报道;四、著名在华日本反战人士的新闻报道。这些反战文献记载详细,对于完整呈现近代日本民间反战面貌起到非常重要的参考作用,其历史价值也值得学界关注一二。

(一)日本国内反战报道

明治维新以降,日本政府靠着对外侵略扩张走上了资本主义发展道路。长年累月地对外侵略,底层劳苦大众备受天皇法西斯政府的剥削与压迫,不少知识分子以及底层民众开始抑制政府的战争行为。特别是九一八事变爆发后,在日本共产党以及其他左翼民主势力的号召下,日本国内也曾产生不少反战活动,数据库中涉及"敌国反战"的文献报道有68篇。1937年12月15日,以众议院议员加藤勘十为首的15名反战人士因开展"人民阵线"反战活动而遭到逮捕,在关押长达两年半后不仅没有被释放反而又被移交至刑事法庭进行公审。随着中日战争的全面爆发,日本开始在国内加大征兵力度。针对日本政府穷兵黩武式的战争行为,连劳动大同盟与社会大众党也开始反对战争。侵华战争的持续进行,导致日本国内兵源急缺,法西斯政府将男性入伍年龄宽限至18岁至55岁。不堪忍受兵役的日本国民也开始反抗政府的无度征兵行径,被征召入伍者"勉强应征,毫无斗志,近以战争持久,征调频繁,人民怨声载道,社会极度不安"①。日本国内作家祖石寒田,曾在他的《什么是人民联合阵线运动》②中呼吁

---

① "敌国内强征,怨声载道",载《时报》1937年10月25日,第3版。
② 此文原稿标题字迹模糊,经研究,推测应为《人民联合阵线运动》。

"立即停止对中国的战争,撤回中国境内的日本军队,以维持和平。尊重大中华民族的独立自由,并且跟中国人民建立真正的友谊",同时号召"反对军费增加和军备扩充,拥护裁兵,缩紧军费预算而用它到救济事上去"①。但政府当局随即开始加大力度镇压民众的反战活动。据新闻报道记载:"自沪战后,相继被秘密逮捕下狱之大学教授、学生、作家等,至少已经达到四五百人,有数人已被秘密处死。"②尽管日本民众受到反动政府的恐怖统治,但民间反战活动依然在持续进行。1939年1月,福冈县一煤矿被反战矿工炸毁,随后不久大阪一家陆军火药库亦被该厂反战职员川琦义及炮兵少尉增本八平等3人炸毁。1940年3月28日,不满日本米荒加剧的反战民众一把火焚烧了福岛县白川郡,同日东京某街道也遭到反战民众纵火。甚至不少日人秘密前往中国来进行反战活动。1941年上海日本领事馆警察署长遭到日本反战人士的枪击,后经调查表明"最近日本反战分子在国内无法活动,来沪者颇众,复受敌领事馆警士压迫,遂狙击警察署长宫中"③。这也从侧面印证了自1941年开始,由于受到政府当局的残酷镇压与大清洗,日本国内反战活动已经举步维艰,难以开展了。同时也能表明,日本人民反战斗争的主战场已经从日本转移到了中国大陆。

表2 民国报刊中日本国内反战文献(部分)

报道日期	报刊	新闻标题
19370904	《民报》	日国内反战运动愈烈: 东京遍贴有打倒军阀标语,京都宇治火药制造所爆发
19371001	《中央日报》	敌国内反战运动已绝难遏止
19371005	《民报》	日国内各大城市发现反战大同盟

① "日本反战思想澎湃",载《前线日报》1938年11月1日,第4版。
② "敌国教授学生作家被捕下狱者四五百人",载《时报》1937年10月5日,第6版。
③ "敌国反战分子多潜逃到沪",载《大公报(桂林)》1941年9月7日,第2版。

（续表）

报道日期	报刊	新闻标题
19371025	《中央日报》	敌国内不安：伤亡惨重征调频繁，民间反战空气浓厚
19380415	《力报》	敌国内酝酿反战运动
19390209	《益世报》（昆明）	敌国内部反战情绪益高
19390304	《大公报》（香港）	日国内发生反战风潮
19390318	《前线日报》	敌国内反战分子活跃采反战实际行动
19400330	《大公报》（重庆）	敌国内反战运动：反战分子到处纵火
19400404	《益世报》（重庆）	敌国内反战潮：纵火事件日有数起
19400405	《大公报》（香港）	日国内人民反战怒潮
19420514	《益世报》（重庆）	敌国压迫国内工人：政府新订多种惨酷条例，敌国工人反战情绪益剧

（二）侵华日军反战报道

数据库中收录的日本反战文献中，"敌军反战"文献报道有95篇，"日军反战"文献报道有57篇。从各报刊报道的日军反战文献来看，涉及的地域跨度极大，几乎涵盖了日军侵略的所有地区。正如列宁在批评沙俄侵略中国的文章《对华战争》中所言："成千上万个家庭因劳动力被拉去打仗而破产，国债和国家开支激增，捐税加重，剥削工人的资本家的权力扩大，工人的生活状况恶化，农民的死亡有增无减，西伯利亚大闹饥荒——这就是对华战争能够带来而且已经带来的好处。"[①] 该段评论也同样适用于日本侵略者，日本军国主义政府穷兵黩武，发动对华侵略战争，其最终获益的只是日本一小撮财阀资本家及军部的大军阀而已，而广大被征召入伍的贫苦普罗大众则将其尸骨毫无价值地埋在异国他乡。截至1941年，日军人数达到240万，占日本男子总人数的6.9%，许多

---

① 《列宁全集》第2版第4卷，北京：人民出版社，1984年，第319—323页。

日军士兵战死，沦为帝国主义战争的炮灰。但另一方面在侵华的日军中，也有一小部分日本军人尚有良知，拒绝参加对华战争。如侵华日军中曾有将 20 万发步枪子弹赠送给东北抗日游击队后饮弹自杀的日本共产党员伊田助男；也有被俘后经我军思想教育后加入日人反战同盟的前田光繁、香川孝志及小林宽澄等人；甚至还有不少日籍八路军、新四军战士为了抗击法西斯日本侵略者而牺牲在中国大陆，如松野觉、宫川英男等数十人。日本在华反战组织——在华日人反战同盟的诞生，正如曾经的日籍八路军战士小林清所记载，"它是中国共产党统一战线政策下的产物；它的产生，是中国反法西斯战争发展的必然结果"[①]。

表 3　民国报刊中日军反战文献（部分）

报道日期	报刊	新闻标题
19370704	《晶报》	东北义军活跃，日军多反战
19380301	《大美晚报晨刊》	日军大队长反战宣传共产主义被枪决
19390207	《前线日报》	江阴敌军反战哗变
19390210	《新闻报》	汉口日军庞大反战组织
19390314	《新闻报》	日军反战运动已遍布东四省
19390408	《新闻报》	日军反战秘闻
19390527	《前线日报》	开封敌军反战，焚毁大批弹药
19390607	《新闻报》	武昌日军因反战哗变
19391103	《晶报》	粤日军逮捕反战官兵
19391206	《大公报》（香港）	华北日军反战：一批军官被捕处决
19400124	《前线日报》	赣北敌军反战益烈，炮轰己阵，集团逃亡
19400204	《大公报》（香港）	广州日军反战：自相火并各死百余
19400218	《大公报》（香港）	琼崖日军反战情绪益浓

[①] 小林清：《在华日人反战组织史话》，北京：社会科学文献出版社，1987 年，第 1 页。

（续表）

报道日期	报刊	新闻标题
19400223	《大公报》（香港）	日军反战焚毁皖北军械库
19400226	《大公报》（香港）	安庆日军反战情绪高涨，军官士兵被捕
19400907	《益世报》	敌军反战益烈，射死永仁亲王
19420503	《中央日报》（重庆）	越南敌军反战

经过文献整理，可以看出侵华日军的反战原因大致分为三种：一种是受到上级军官的不公待遇与欺压而反抗，特别是新兵极易受到老兵殴打与压榨，后期入伍的新兵经常吃不饱饭；一种是受到我军反战宣传影响而觉醒，由于我军的积极宣传，部分本来就不愿意从事侵华活动的士兵以各种消极方式反对军事行动，甚至有不少日军偷偷跑到我军活动区投降；一种是感受到战争的残忍而拒绝作战，加之思念故乡亲人而反抗军官甚至发生哗变。根据收录的文献报道来看，日军反战活动基本上囊括了日本国内以及沦陷区的大部分地区。从报道来看，我国东北、华北、华中、华东、华南以及台湾等地均发生日军反战活动，甚至在越南也有零星日军的反战活动，其反战原因通过如下三则报道可见一斑。

盘踞宿县湖沟之敌小队长西林，组织反战同盟，已被敌发觉，押送回国，其部下士久乡四十一名，日前由宿县设法脱出敌兵步哨，至我方投诚。据称：敌物资缺乏，补充困难，美英若再长期封锁，其国殊有崩溃之虞，侵华一战，得不偿失，实属不智……①

据中国军事方面今日称，华北日军总司令部，最近会将驻防北平、天津等地及派赴山西、河北、察哈尔、绥远、山东各处与游击队作战之日军，

---

① 载《益世报（重庆版）》1941年11月21日，第2版。

作全部之思想测验,一观其对于中日战事之态度。结果,日军表示厌战者,占百分之三十八,其中多数士兵,皆觉长此作战下去,必将毫无所获,故多希望早回日本,从事和平时代之生活。①

潼关十五日电:晋省日军厌战自杀者近来不断发生,顷驻侯马日军廿师团中队长绢川真夫,所接国内来信得知伊老母妻室俱因冻饿忧郁,于去年十二月死亡,绢川得悉之余,即放声痛哭,并大骂军阀,当晚即自缢身死。该师团官兵睹状,身为感动,业已秘密活动反战组织。②

(三)日人反战同盟报道

数据库中收录的"日反战同盟"文献报道有42篇之多。不少日军士兵在战场上被我军俘虏,经思想教育后觉醒了反战意识,从而自觉地开展反战宣传运动。他们或是在我党的支持下成立各种反战组织(如日人觉醒同盟、日本人民反战同盟等),或是通过加入八路军或新四军在战场上直接对抗侵华日军,等等。如前文所述,抗战爆发以后,随着日本国内反战活动力量渐衰而息,日本人民反战的主战场就已经从日本国内转移到了中国大陆。1939年12月25日,以鹿地亘为首的国统区日本和平反战人士在桂林发起成立了"在华日本人反战同盟"西南支部。而以杉本一夫(前田光繁)为首的解放区被俘日军士兵在山西省发起建立了"华北日本士兵觉醒联盟"。截至1945年8月,据统计在华日籍反战盟员多达1000余人,其中为了中国人民的解放事业而献出生命的在华日本人反战同盟成员便有30多人。③这些被俘的日本士兵和下级军官,通过我党的思想教育,世界观发生了根本性的转变。从最初信奉武士道的"为天皇献身的皇军"转变

---

① 载《文献》1939年第7期第141页。
② 载《新闻报》1939年2月16日,第9版。
③ 孙金科:《日本人民的反战斗争》,北京:北京出版社,1996年。

为坚信马克思主义的"无产阶级的解放者";从侵略中国的士兵转变为抗击日军的"国际纵队"。日本士兵加入反战同盟,对于壮大抗日革命统一战线,孤立和瓦解侵华日军和伪军,具有十分重要的意义。

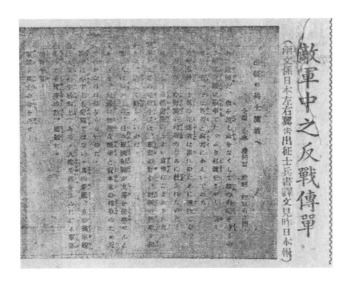

图1　日军中发现的反战传单[1]

上述反战传单译文如下:

告出征中国士兵书:哎!悲惨啊!你们远适异国去流血卖命,结果为了谁的利益呢?军阀与财阀适籍了战争,来达到他们自己的私图!你们在故乡的妻子儿女,在贫病交加之中,已经到了不能支持的境地了!我们在满洲事件中死伤了的二十万同胞,究竟为谁而牺牲?这不过是为了军阀的野心和财阀的榨取继续进行当中,绝不会有终止的可能!中国人是敌人吗?不是的!日本军阀财阀侵略中国的时候,我们始不得不为了毫无理由

---

[1] 载《大公报》(上海)1937年10月9日,第3版。

的战争和资本家贪婪的榨取,而被驱使前去送死!战争不一定是爱国!真正的爱国,真正的国家观念乃大众生活的向上,蹂躏大众生活的军部和战争,才是民众的敌人!我们要即时和平!军部啊!还士兵的命来!①

日人反战同盟的一系列反战活动通过新闻报刊报道为国人所知,这些报刊记载的文献报道也将成为日本民间反战记忆的有力证明。在这些报道中,有报道反战同盟成立的,如《日反战同盟西南支部成立》(《晶报》1939年12月25日第1版)、《日人反战同盟将组织西北支部》(香港《大公报》1940年9月10日第3版)、《日反战同盟会在鄂组织支部,对倭瓦解宣传成绩颇为可观》(《前线日报》1940年7月22日第2版);有报道反战同盟在前线宣传抗日活动的,如《日反战同盟队员在前线工作》(香港《大公报》1940年1月10日第3版)、《日在华反战同盟自粤北前线返桂》(香港《大公报》1941年2月2日);还有报道反战同盟队员牺牲的,如《日反战同盟松山等三人遇难》(重庆《大公报》1940年2月22日第2版)、《鹿地亘为文追悼日反战同盟烈士》(香港《大公报》1940年3月1日第4版)。另外反战同盟还通过上演各种抗战剧宣传抗战,其中尤以鹿地亘编写的《三兄弟》最为有名,该三幕话剧于1940年3月8日在桂林向中国公众公演。夏衍将全剧内容译成中文,《中央日报》及《大公报》多次刊载相关演出信息,该剧的上演在抗战大后方引起巨大轰动。王向远教授曾高度评价《三兄弟》是"鹿地亘在华期间创作的反战文学的最重要、水平最高、影响最大的作品"。

【中央社讯】日语剧《三兄弟》自五日起假国泰戏院上演后,因该剧情景逼真,连日观众拥挤,而前昨两日于公演前半小时,均有节目参加及

---

① 载《国闻周报》1937年第14卷第40期,第1页。

各反战同盟员合唱义勇军进行曲等歌曲,尤博得观众不少掌声,该剧公演尚有两天,并于九日(星期日)下午四时加演一场。①

除了反战剧目《三兄弟》之外,由战俘主演的电影《东亚之光》在上映后也引起了社会的广泛关注。该影片主要由日本战俘柏源清(38)、高桥三郎(30)、冈村甚(26)、玉利陆夫、高桥长市(35)、中条嘉久一(30)及谷口荣(23)等十余人主演。影片上映前后,《大公报》《中国商报》《中央日报》以及《前线日报》等主流报刊均对《东亚之光》进行了大篇幅的跟踪报道。张治中曾在该影片献映之际予以题词,郑用之在献映词中高度赞扬该影片的演出实际上是"觉悟了的日本俘虏自赎自救的第一步行动"②。茅盾也题词称赞"'东亚之光'为民族解放战争中伟大的文氏武器"③。觉醒了的战俘们不仅组织文艺反战运动,甚至也"穿越火线"前往战场的最前线。1939年12月,昆仑关战役打响,不少日本反战同盟的队员奔赴前线开展反战宣传活动。1940年1月,反战同盟西南支部的松山速夫、大山邦雄以及鲇川诚二三人在阵前开展对敌反战宣传工作之际,不幸遭遇敌人猛烈的炮火攻击而牺牲在昆仑关战役取得大捷的前夜。战役结束后,国共两党均在党报上发文追悼三人的英勇事迹,反战同盟领导人鹿地亘也撰文哀悼三人,同时也鼓励日本人民们继续开展反战运动,打到日本帝国主义。

【中央社讯】在华日本人民反战同盟西南支部,自成立以来,盟员中对于前线宣传工作,非常努力,携带播音机,前往最前线进行播音工作,收效甚宏,我军事当局,极为嘉许。不幸一月下旬,该同盟员正在火线工

---

① 载《中央日报》(重庆)1940年6月8日,第3版。
② 载《大公报》(香港)1941年12月2日,第8版。
③ 同上。

作之余，因炮火剧烈，同盟员松山、大山及鲇川三人均壮烈牺牲，其余盟员四人现已安全回到后方。前线某长官顷电此间某机关，详细报告，并准备开追悼会，以慰英灵云。①

（四）著名日人反战报道

抗战期间还有不少日本反战和平人士在中国抗战前线活跃着，其中尤其以鹿地亘、青山和夫、池田幸子及绿川英子等最为著名。其中民国报刊中针对鹿地亘的报道最多，达到83篇之多，特别是《大公报》《前线日报》及《世界晨报》记录最多，如《反战的火焰：一个敌国俘虏致鹿地亘的公开信》(《前线日报》1939年8月13日）、《鹿地亘在桂南向敌军播讲》（重庆《中央日报》1939年12月29日第2版）。文献中记录青山和夫的记载有43篇，其中多为青山本人在报刊上的发文，如《打倒日本天皇》（重庆《大公报》1944年1月31日第3版）、《打破阿倍内阁的阴谋》（香港《大公报》1939年11月12日第2版）、《致敬中国的弟兄们》（上海《导报》1938年7月19日）。记录池田幸子的专刊仅有2篇，分别是张十方撰写的《记池田幸子》(《前线日报》1939年9月17日）以及《关于池田幸子》(《铁报》1936年11月28日第2版）。张十方在文章中对池田幸子的反战活动给予高度评价，并认为传到日军手中的那些反战传单是"思想上的炸弹，也是粉碎日阀的力量之一"②。关于绿川英子的文献有4篇，其中一篇是张十方的《记绿川英子》(《前线日报》1939年7月29日第7版），另外还有3篇是绿川英子发表的文章，其中关注较多的是她在1938年发表的《纪念九一八，告故国同胞》（香港《大公报》1938年9月22日）。作为在华开展反战活动的为数不多的日本女性，池田幸子以及绿川英子的英勇事迹无疑是值得我们永远铭记的。

---

① 载《大公报》（重庆）1940年2月22日，第2版。
② 张十方："记池田幸子"，载《前线日报》1939年9月17日，第7版。

图 2　绿川英子发表演讲[①]

四、结语

　　从上述民国报刊中的日本人民反战文献报道可以看出,在抗战时期也是有不少日本人民帮助中国人民抗击日本侵略者的。他们之中,有的在日本受到法西斯的压迫不得已奔走异国他乡;有的则是从田间地头被军国主义分子赶上侵华的列车,在战争中被唤醒革命反战意识,与中国人民一道,对抗日本军国主义的侵略行径。他们的浴血奋斗值得在历史上留下痕迹,也是中日友好交往的历史见证。2019年1月16日,最后一名日本籍八路军小林宽澄因病逝世,享年99岁。历史见证人一个一个逝去,但历史中的记忆却需要我们永远铭记。近代的日本,自明治维新以降,多年发动对外侵略战争,给中国以及东亚各国人民带来了巨大灾难。至今日方依然有不少顽固右翼分子不思反省,继续敌视中国,中日两国和平人士均需要加以警惕,携手为中日友好交往,创造光明与未来。

作者简介:李杨,男,1992生,南京师范大学外国语学院2021级博士研究生,主要研究领域为日语语言文学、日语教育。

[①] 载《良友》1940年,第153期,第9页。

【历史记忆】

听井上靖谈孔子

陈喜儒

日本著名作家井上靖先生对中国历史情有独钟,他不仅写了《天平之甍》《异域人》《苍狼》《楼兰》《敦煌》《洪水》《杨贵妃》《孔子》等中国题材的历史小说,还多次到中国西部考察,写了《西域之旅》《西域物语》《丝路诗集》等文学作品。

《孔子》是井上靖先生创作的最后一部中国题材的长篇历史小说,其用时之长(前后二十年)、行程之远(六次到中国考察)、查阅资料之多,在他所有小说的创作中都是独一无二的"之最"。在井上靖先生呕心沥血、殚精竭虑构思与写作期间,我有幸多次听他说孔子、讲《论语》。在他的娓娓道来中,仿佛孔子不再是遥远的辉煌,而是漫步在悠悠岁月中的睿智师者,正微笑着缓缓走来。

一

第一次听井上靖先生谈孔子是在1982年6月20日,严文井率领中国作家代表团到风景如画的箱根小住,下榻于小涌园饭店。当晚,井上靖夫妇从东京赶来,设宴款待中国作家。井上靖先生刚刚在东京参加了"新潮第十四次文学大奖"的授奖仪式,其新作——长篇历史小说《本觉坊遗文》获奖,大家举杯表示祝贺。

《本觉坊遗文》描写了日本战国时代的茶人千利休和横行天下的丰臣秀吉相互利用、相互斗争的故事。为了写好这本书,井上靖先生在史籍中钩深索隐、详细考证，还进行了社会调查，深入到年迈的茶道爱好者中间，出席各种茶会，观察茶室、茶具的摆设和装饰，从而了解老年人的心情，体验茶道的气氛，探索千利休的精神世界。日本评论家说："这部历史小说是井上靖先生酝酿十年才问世的杰作。它的诞生，把日本历史小说推到一个新的高度、新的境界。"

不过井上靖先生对此很淡然，他说："我写完一本书就算完了，至于怎样评价，那是别人的事情，我要专心致志地构思新作品。我一直认为，如果一本书有五个人说好，那就肯定有五个人说坏，只是我没有听到而已。一本书必须经过读者、时代、历史的筛选，才有可能成为传世之作。我认识到这一点也不容易，这应该感谢中国唐代的书法家颜真卿。

"中国有一部书叫《颜鲁公文集》，收集了反对和赞成颜体的文章，两方各抒己见，针锋相对，互不相让。一千多年过去了，颜真卿端庄雄伟、遒劲郁勃、大气磅礴的书法流传下来，深受人们的喜爱；历史证明，颜真卿是伟大的书法家。现在再来看，那些反对颜真卿的文章起了反向作用，那就是使人们从另一个维度认识了颜体的艺术价值。日本历史上也有几个书法家，但没有人反对，只是一味说好。从这点看，日本不是书法之国，而中国才是真正的书法之国。文学作品也是如此，一片赞扬声，并不一定是好事。"

他喝了一口酒，继续说："十年前，日本学者贝家茂树在《中央公论》上发表了一篇关于孔子的文章，引发我的兴趣。从那时起，我开始读《论语》，为孔子的人生理想深深感动、倾倒，进而开始搜集资料，酝酿着写孔子。去年，我和妻子到山东的曲阜访问，看了孔庙、孔府、孔林。孔子是一个思想家，不是宗教家，他的思想受到人们的尊重，流传了下来，这是为什么呢？

"为了回答这个问题，我详细地搜集了世界各国对孔子的研究，我发现不同国家、民族、文化背景、宗教信仰的人，对孔子的理解和评价是不同的，但有一点出奇一致，那就是赞成孔子关于'仁'的思想。日本人很喜欢孔子的那句'逝者如斯夫，不舍昼夜'，时间如滔滔的河水，滚滚而去。我认为人类创造的历史就像这河水一样，尽管百折千回，弯弯曲曲，但最终都会流入大海，也就是人类的共同理想。我要写孔子，也要写他的高徒颜回、子路，人物性格在《论语》里已经有了，但我还不能动笔，还要继续酝酿、构思。也许最后写不成，但我已经准备十年了。小说家总愿意讲自己的创作计划，总是野心勃勃，总想用一本书包打天下，但成功者似乎不多……"说完，他哈哈大笑。

二

第二次听井上靖先生谈孔子是在1984年5月，我随巴金先生赴日本参加国际笔会大会。5月17日下午，应日本时事通信社的邀请，巴老与井上靖先生进行对谈。

井上靖先生说："把自己没写的小说告诉举世闻名的作家巴金先生，简直是匪夷所思，班门弄斧。但机会难得，我还是想跟先生说一说我的创作计划。我在国际笔会东京大会的开幕式上讲了葵丘大会，那是公元前651年，齐桓公在葵丘召集各国诸侯于祭坛前盟誓，约定黄河沿岸的各国不用黄河之水作为武器互相攻击，史称'葵丘会盟'。春秋战国，天下大乱，各国剑拔弩张，争雄称霸，血雨腥风，但在五百年间，大家都遵守这一盟约。这是人类的大智慧。孔子希望天下安定，并且致力于创建一个幸福的社会，使百姓感受到人生的幸福；基于这个思想，他提出了'仁'。

"'仁'是孔子的核心思想，其根本要义是爱人，也就是尊重人、关心人。他把仁提升到哲学的高度，将其确定为人们的道德观念，这是很了不起的。当时还没有佛教、天主教、伊斯兰教，在那样的年代，孔子就认为人类会在未来建立理想中的和平社会，这就是我现在要思考的，要写的。"

巴老说："我回到上海以后，想读一读关于孔子的书，或者孔子写的东西。我小时候，每逢孔子的诞辰日，都要给孔子磕头；在私塾念书时，每天都要背

'四书五经',背不下来,老师就用竹板打手心。虽然要求背诵,但老师一点也不讲,只是死记硬背,根本不懂是什么意思。

"渐渐长大了,家人时常用孔子的话教训我。后来中国爆发了五四运动,开始提倡新文化,新文化运动号召打倒'孔家店',我很高兴,很兴奋。当时我很年轻,对反对封建礼教很赞成,对君君臣臣、父父子子很反感,在我的小说《家》中,年轻的主人公就有反孔的思想,我写《家》的时候二十七岁。当时的社会与现在完全不同了,井上靖先生刚才讲的我以前没有考虑过,现在我应该冷静地、客观地重新研究孔子,期望从井上靖先生的小说中再认识孔子。"

井上靖先生说:"长期以来,人们把孔子当作千古圣人、一代宗师、万世师表来顶礼膜拜,但我想把他当成一个普通人。两千多年来,孔子一会儿被肯定,一会儿被否定,我个人的思想也经历了这样的过程,但我现在肯定孔子,认为他是一位伟大的思想家。"

三

第三次听井上靖先生谈孔子是在 1989 年 5 月,在他家的客厅里。

一天,蒋子龙先生率领中国作家代表团(团员有管桦、林希、敖斯尔和我)去拜访井上靖先生。当时,他刚刚写完《孔子》,还处在创作的兴奋中,故而兴致勃勃地大谈孔子。他说:"经过多年的酝酿、构思,孔子的形象呼之欲出,我开始动笔写《孔子》。原来计划在文学杂志《新潮》上连载,之后再出单行本,而且约定了第一次交稿的时间,但天有不测风云,就在交稿的那一日,我因食道癌住院动手术,稿没交成,连受之父母的食道也被切除了。

"手术后的半年,有时住院,有时回家疗养,这期间我还去欧洲旅行两周,在瑞士过了八十岁的生日,目的是想看看自己身体恢复的情况,能否完成念念不忘的《孔子》。回国后,我马上动笔,从 1987 年夏至 1989 年春,我用一年半的时间写了五章约二十万字,分二十一回在《新潮》上连载。"

井上靖先生很感慨,继续说:"对一个年过古稀的老人来说,遇到孔子是幸运、是幸福。我在青少年时代并未接触过孔子,脑海中连一句'子曰'也没有。晚年时,一个偶然的机会我读到《论语》,一下子着了迷,近十年来爱不释手,思想在《论语》的天地间自由驰骋。到了八十岁,我又将《论语》改编为小说,但无论是写作时还是研读《论语》时,抑或到中国的山东、河南考察时,我的心情一直很愉悦。我能与孔子相遇,写《孔子》,是一种缘分、一大乐事,现在终于完成了,激动之情难以言表……"说着,他拿出珍藏的孔子像给我们看,说是唐代的吴道子所绘……

1989年9月,新潮社出版了《孔子》的单行本,到1990年3月已再版二十三次。一部纯文学的历史小说,不仅荣获"野间文艺奖",还成为畅销书,真是难能可贵,可喜可贺。

四

《孔子》的中译本约十四万字,1990年4月由人民日报出版社出版。

井上靖先生在《孔子》中文版《致中国读者》中说:"孔子是怎样一个人?如何评价他的人格教养?我认为可以归结为一句话:孔子是乱世造就的古代(公元前)学者、思想家、教育家。以研究论语著称的美国克里尔教授与我国和辻哲郎博士把孔子称为人类导师,这是最适当的评价。孔子的确是永恒的人类导师。"

井上靖先生原本计划在1990年秋天率日中文化交流协会代表团访华,并于10月27日到上海看望巴老。巴老闻讯很高兴,想在与老朋友见面前履行诺言,把《孔子》读完,所以他去杭州创作之家休养时随身带着《孔子》,有空就读一段。遗憾的是,井上靖先生因病未能成行,并于1991年1月29日病逝。

巴老在病床上听闻噩耗，非常悲痛。尽管因患帕金森拿不住笔，写字十分困难，他还是在 2 月 26 日完成了《怀念井上靖先生》一文，发表在 3 月 6 日的日本《产经新闻》上。

巴老在回忆与井上靖先生长达三十年的友情和最后一次见面时的情景说："一九八四年东京对谈，我还保留了一盒录音磁带。当时他在写关于孔子的小说，我们便谈起了孔子。我是五四运动的产儿，我的老师是打'孔家店'的英雄。我在封建大家庭中生活了十九年，从小在私塾中常常因为背不出孔子的书给打手心，长大成人又受不了要大家'君君臣臣、父父子子'恪守本分的那一套规矩，我总觉得人们抬着孔子的神像在压制我。在老友面前我讲了些过去的真实印象。先生不加反驳，始终带笑地谈下去。最后我答应他的书出版后要认真地读一读。

"在去年十月等待他最后一次访问的时候，他的书出版了，我得到一册中文译本，想起对谈中的诺言，争取时间读完了它，我不由得发出赞叹。他写的孔子也就是我幼小时候把'他'的著作和讲话读得烂熟的孔夫子，可是我到现在才明白这个孔子爱人民，行仁政，认为人民是国家之本！两千几百年以前就有这样一个人，真了不起！在我们这个时代，花这么多时间和精力，把孔子放在原来地位上描写出来，这就是井上文学。"

巴老最后说："他走了，留下很多美好的东西。三十年并不曾白白地过去，两个作家的友情也不会徒然地消亡，我们为之奋斗了半生的中日人民友好的事业将永放光芒。尊敬的井上先生，您永远活在我的心里。"

作者简介： 陈喜儒，作家，翻译家，中国作家协会对外联络部原副主任。

【书评】

书评

人生似幻化——简评梅崎春生小说集《幻化》

赵仲明

南京大学出版社出版的小说集《幻化》，收入了日本第一批战后派文学家梅崎春生的三部代表作品——《樱岛》《日落处》和《幻化》。梅崎春生的杰作首次以中文版面世，作为译者我深感荣幸。

这些作品出自梅崎春生这位二战亲历者之手，深深印刻上了作家本人，以及超越个体体验的时代和历史的痕迹。透过作品，我们感受了作者对那场战争的痛苦记忆、战争中的人性之殇，以及弥久难愈的肉体和精神伤痛。三部小说中，《樱岛》和《日落处》无疑是严格意义上的战争题材作品。《幻化》虽然是战后题材，但是故事跟随主人公跨时空的记忆展开，姑且可以将它视为战争题材延长线上的作品。

小说家梅崎春生，1915年出生于福冈县的军人家庭。17岁考入熊本第五高中，开始编辑杂志并进行诗歌创作。高中毕业时，原本志在京都帝国大学经济学部的梅崎春生，在同为五高出身的霜多正次（后以长篇小说《冲绳岛》等作品驰名文坛）劝诱下升入东京帝国大学文学部。大学期间，他与霜多正次等人创办同人文学杂志《寄港地》，在该杂志的第一期上发表了短篇小说《地图》。这篇被他自己调侃为"拙劣的散文诗般的小说"（梅崎春生：《忧郁的青春》），却得到了著名的《文艺》杂志（改造社）的评论，虽然批评言辞辛辣，但令他十分欣喜，这从另一个侧面印证了他出色的创作才华。1939年梅崎春生在《早稻田文学》新人创作特刊上发表小说《风宴》，其主题在该杂志的后一期中遭到了批评，因为它"描写了不符合时局的神经衰弱般的青春"，"过于阴暗"。青春时代的梅崎春生，抑郁是他的精神常态，并伴有幻听等功能性障碍。加上嗜酒，这种精神状态几乎成了他生涯的基调，也每每体现在他所创作的小说人物身上。

1940 年东大毕业后，梅崎春生进入东京市教育局教育研究所工作。次年应征入伍，进入对马重型炮兵部队，后因患支气管黏膜炎返乡疗养。1944 年他再次应征入海军佐世保海兵团，在鹿儿岛担任通信兵。

1945 年 8 月日本宣告投降，梅崎春生即于当年创作了中篇小说《樱岛》。次年 9 月该小说在《素直》创刊号上刊出，在社会上引起了强烈反响，梅崎春生也借此作品正式登上文坛。此后，他醉心于创作，在各种文学刊物上发表了大量作品，如《日落处》《饥饿的季节》《B 岛风物志》等，奠定了他在文坛上的地位。尤其是几经周折于 1947 年发表在《思索》杂志秋季刊上的短篇小说《日落处》，一经问世便好评如潮，梅崎春生也与野间宏、椎名麟三等人被并称为日本反战文学的代表作家。1954 年梅崎春生发表反映战后荒芜城市中的市民生活的长篇小说《破屋春秋》，获得直木奖。1955 年小说《砂时计》获新潮社文学奖。1964 年梅崎春生发表长篇小说《疯狂的风筝》，以内蒙古战场上服安眠药自杀的胞弟为原型，描写了一对孪生兄弟因战争家破人亡的故事，该小说获得文部大臣艺术奖。1965 年发表中篇小说《幻化》，获每日出版文化奖，该作品被誉为日本第一次战后派文学的巅峰之作。

中篇小说《樱岛》是以第一人称叙述的作品。

二战结束前夕，海军通信兵中村兵曹调离坊津前往鹿儿岛的樱岛赴任。在旅馆邂逅谈论"我想美丽地死去"的伤感的谷中尉，被右耳缺失的妓女追问"你会怎么死"，在樱岛的战壕里与性格乖张并恪守军规的吉良兵曹长产生激烈冲突，面对死于格鲁曼飞机扫射的瞭望哨士兵痛心疾首地哀号，在啼笑皆非的情报乌龙事件后终于迎来战败的"玉音放送"……一连串有关生死的话题，将年轻通信兵在战争与死亡面前紧张、焦虑、不甘、绝望的心境刻画得入木三分。

短篇小说《日落处》，故事发生的舞台是太平洋战争中的菲律宾战场，它来源于梅崎春生从战场生还的兄长梅崎光生所讲述的故事。

菲律宾北部群岛战役中，日军节节败退。在美军的炮火袭击中腿部受伤的花田军医趁机携情妇脱队逃跑，宇治中尉奉命带领射击高手高城伍长前往追杀。难以名状的嫉妒和愤懑令他无法原谅花田的行为。然而，深陷密林的孤独与恐惧感，以及极度疲意造成的生理极限，也让宇治萌生已久的懵懂的逃跑念头变得清晰起来，他的内心因此陷入了深深的矛盾纠葛……如果说，小说《樱岛》表达的是年轻军人对青春即将埋葬于战争的愤怒和恐惧，那么小说《日落处》则深刻揭示了年轻军官渴求"活下去"的厌战心理。

中篇小说《幻化》是梅崎春生的绝笔之作。

患有精神疾病的久住五郎，逃离沉闷的精神病院，坐上了从羽田飞往鹿儿岛的飞机。他在飞机上邂逅电影推销员丹尾。因亲人死于交通事故而同样有着强烈自杀倾向的丹尾与之惺惺相惜。两人乘车抵达枕崎后，五郎随即独自前往坊津。二十年前身为通信兵从坊津前往枕崎的五郎，为了确认曾经的青春，踏上了从枕崎前往坊津的旅途。淹死在海湾中的密码员阿福、妓院窗口望见的大学教授、棺木中香气四溢的曼陀罗花……记忆中的林林总总与现实中的幻觉、幻听交替出现。他不再记得眼前风景的细节，那些年的生活实感也荡然无存，映入眼帘的只有道路两旁茂盛的花草。五郎离开坊津，想起丹尾说过要去阿苏山，决定前往熊本。抵达阿苏山后，五郎在汽车站再次偶遇丹尾。两人登上可见火山口的高地，丹尾提议，自己沿火山口绕行一周，并和五郎打赌看自己会不会中途跳入火山口。五郎用望远镜望着走在火山口边缘的丹尾，喷火口就在他的下方。渐渐地，五郎分不清望远镜里的究竟是丹尾还是自己，他在心中高喊："好好走路。打起精神！"……

饱受战争创伤而最终得以生还的五郎、因亲人在交通事故中丧生而变得心灰意冷的丹尾，两个男人在故事的日常性和非日常性中穿梭，构成了表里关系。五郎亦是丹尾，丹尾亦是五郎，同样，他们也是《樱岛》中的村上兵曹，是作者梅崎春生本人。该小说被称为描绘"战争后遗症"的作品，其主题也贯穿于作者描写战后日常生活、被称为"市井小说"的作品群中。《幻化》是用"远离欲求得失，轻盈透明但并非轻薄的文体"（本多秋五：《梅崎春生》）向青春献祭的挽歌式的作品，它或来自作者对即将降临的死亡的预感，或源于作者抛弃对死的执念而重燃向死而生的欲望……作品中没有给出答案，为读者留下了无穷的回味。

梅崎春生之所以被文学界誉为"战后派作家的冠军"，是因为他在日本战后文坛兴起的西方现代派小说创作手法和遭到摈弃的大正时代以来的"私小说"创作手法之间，确立了其个人特征鲜明、独树一帜的创作风格。一方面，他继承了日本文学描绘现实真实的传统，在创作中融入强烈的个人生活体验；另一方面，他吸收了西方小说注重人物心理动机的创作手法，刻画人物内心世界的真实性。最终他在对"生存的不安和生存的危机"的揭示和从观念上探索人与世界的存在意义的追求中，获得了作品在传统和现代艺术创作手法上的完美统一。

文学评论家日沼伦太郎这样评价梅崎春生的文学和传统文学的关系：

> 被称为战后派作家的大多数人，他们有意无意地拒绝传统文学的影响。换言之，一种与传统文化的割裂感支撑着他们的文学。但是，梅崎先生的文学，全然没有这种割裂感。相反，说他的文学是在传统文学方法的土壤中成长起来的也不为过。
>
> ……但是，他的这些作品，不能等同于传统的"私小说"，在这一点上有着梅崎先生文学的特异性。简言之，他的文学，是从作品内部逐步改造日本"私小说"的文学，我认为这是他作为战后派作家所起的十分重要

的作用。(日沼伦太郎:《梅崎春生论》)

在创作方法上,梅崎春生十分刻意地回避传统"私小说"作家作品中的"我"与作者自身的"我"的胶着关系。他甚至在自述中特别强调作品的虚构性。他在《八年后访樱岛》一文中写道:"作品中除了地点和风景是真实的,创作的人物均为虚构。除了在调往岛赴任途中偶遇的谷中尉有真人原型,吉良兵曹长、瞭望哨士兵以及失去耳朵的妓女皆为本人创作。如果将这些视为实录,则令我困惑。"他将自己的创作方法定义为:"行动圈外"的"我"写"行动中"的"我"。这可以说是理解梅崎春生小说风格独特之处的一个重要切入点。限于篇幅,此处不展开讨论。

作为文学家,梅崎春生是出色而成功的探索者。小说对梅崎春生意味着什么?在谈到《樱岛》的创作时,梅崎春生写道:

> 小说用以确认人的存在,因此,小说与人共存。至少,它切实地与我共存这一意识,始终在支撑着我。尽管路途曲曲折折,我依然独步至今。我绝不重复被人走烂的路。从今往后我也只有继续独自前行。并且,对于通过"我"这一个点来捕捉呈现在自己眼睛里的人类世界,我依然没有感到绝望,将来恐怕也不会绝望吧。(梅崎春生:《〈樱岛〉"器宇轩昂"的后记》)

"幻化"一词取自陶渊明《归田园居》中的诗句"人生似幻化,终当归空无",可以说这也是梅崎春生对人世和人生的感悟。恰如印证作者所信奉的这一生命哲学一般,就在作品前半部分发表的一个月后,时年五十岁的梅崎春生便因肝硬化恶化撒手人寰,可谓英年早逝,生命无常。作品的后半部则在作者去世后问世。宛如梅崎春生的法号"幻化转生"所隐喻的那样,这一绝笔之作,在作者的肉身归于空无之后，以永恒的文学生命留在人间。

这也是这部小说集以《幻化》作为题名的原因。

作者简介：赵仲明，南京大学外国语学院日语系副教授，主要译著有《日本文化史》《日本的民俗与宗教》《童话心理学》《布鲁特斯的心脏》《哀歌》《幻化》《小偷家族》《生与死》等。

日语词汇认知加工新视野
——《日语屈折词形态表征机制研究》评介[①]

朱 虹

词汇研究是语言研究的四大主题之一，词汇加工研究关注词汇认知机制及其影响因素。目前以日语为载体的实验研究较为鲜见。张鹏所著《日语屈折词形态表征机制研究》一书以日语屈折词为研究对象，利用一系列计算机模拟仿真实验探讨了中国学习者在词形感知、产出两个阶段中的具体心理表征机制，对日语屈折词的变化规则性、复杂度、可预测性等语内因素及语言背景、加工通道等语外因素的作用机制进行了权重对比及综合研判，在此基础上构建了中国日语学习者的屈折词形在线表征加工模型。该书从理论上修正与补充了词汇加工双机制模型的跨语言适用性短板，实验研究结果将为面向我国日语学习者的高效动词形态教学法开发研究提供重要的实证数据支撑。

语音、形态、语法、篇章是语言学研究的主体，"如果将其比作一个人，那么语音就是构成生存基础的血脉，语法可视为支撑各器官正常工作的骨架，形态则是连接骨与血，使各部分机能得以充分展现的肌肉与皮肤"[②]。传统形态研究以词汇为切入点，关注词汇生成的规则与特性，随着20世纪末认知语言学的兴起及其在本世纪初与新兴实验技术的有效融合，使基于语言实验证据的词汇认知加工研究逐渐成为学科主流[③][④]。

[①] 本文受到国家社科基金（项目号：17WYS001）及江南大学基本科研青年基金（项目号：JUSRP12064）资金资助。
[②] 张鹏：《日语屈折词形态表征机制研究》，武汉：武汉大学出版社，2019年，序言第1页。
[③] 漆原朗子『形態論』、東京：朝倉書店、2016年、第113頁。
[④] Audring, J. & F. Masini. *The Oxford handbook of morphological theory*, Oxford: Oxford University Press, p3.

国内外现有词汇认知加工研究以英语为主要对象语言，探讨了母语及二语者在计算机模拟仿真环境下的词汇加工心理机制及其主要影响因素。随着语言类型学研究的深入，英语作为"典型语言"的地位受到挑战，以英语为原型建立起的词汇认知加工模型是否具有跨语言适用性，书写方式、字型体系、规则尺度、变化类型等语言个性特征是否影响加工机制选择等问题成为困扰研究者们的新课题[1][2]。鉴于此，张鹏的新著《日语屈折词形态表征机制研究》以日语为研究对象，综合运用多种在线实验范式，从感知与产出两方面解析了中国日语学习者的词汇认知加工机制，同时结合实验研究结果设计的高效动词形态教学法也为推进我国日语教学质量的提升做出了一定贡献。

《日语屈折词形态表征机制研究》一书由四大部分七个章节构成。第一部分为前两章，总括概述了日语屈折词的形态特征及形态表征机制研究成果；第二部分为第三、四章，介绍了针对日语母语者及我国二语学习者的形态感知实验结果；第三部分为第五、六章，报告了以母语、二语形态产出相关两个实验的具体流程及实验结果；第四部分即第七章，综合分析了日语屈折词形态感知与产生实验结果，在此基础上构建了基于母语及二语实验证据的日语屈折词形态表征模型。本文首先概述各章内容，随后进行简评。

一、内容简介

第一章主要概括了屈折词的形态构造、跨语言变化差异及日语中词汇屈折变化的基本特征。作者指出屈折性变化是词缀语素变化中的一种主要方式，起到为词根附加语法信息的作用。屈折性词缀及其构词法普遍存在于世界上诸多

---

[1] Gor, K., & S. Cook. Nonnative processing of verbal morphology: In search of regularity, *Language Learning*, 2010, 60: 88-126.
[2] 丛凤娇、陈宝国："第二语言学习者形态复杂词的加工机制"载《心理科学进展》2021年，第3期，第438—449页。

屈折语及黏着语中，但由于不同语言中的形态变化规则迥异，屈折词变化形式在各语言中又呈现多样性特征①，主要体现在形态变化规则、词缀接续方式及词形对应关系三方面。日语作为一种形态变化复杂的黏着语，其屈折变化呈现出"形态—音位不对称性""变化规则隐性化""形态对应唯一性""词缀分布不平衡性"四大特征。这些特征既表明日语屈折词形变化区别于其他语言，同时也反映了屈折词形变化存在跨语言共性特征。

第二章通过对词汇的记忆加工系统、屈折词形表征加工模型理论以及屈折词在线加工主要研究方法三方面的归纳总结，明确了建立日语屈折词形在线加工模型的理论意义与实践价值。作者首先提出词汇信息的加工在心理词典中存在储存和表征两个层次，屈折词作为形态复杂词的一个主要分支，在不同语言背景、语言水平使用者的不同加工阶段中特征迥异，研究者们试图总结屈折词的形态表征规律并提出了若干理论模型。在屈折词形态表征模型研究中，按照收集数据的种类不同可将研究方法分为"离线实验法""在线实验法"及"实时在线实验法"三种，并指出后两种方法是目前词汇形态加工研究的主流方法。鉴于此，作者提出应在上述研究成果基础上日语为研究对象，提升屈折词形态表征模型的适用广度与解释力度。

第三章利用跨通道启动范式下的词汇判别感知实验，探讨了中国学习者对规则变化及非规则变化动词日语屈折形态的在线处理机制。实验结果表明：（1）学习者主要通过语素表征的方式对日语屈折词进行识别与加工；（2）形态变化规则性与词形相似度是影响日语屈折形态处理的两大重要因素；（3）对于高词形相似度下的非规则变化屈折词而言，学习者倾向于选择基于联想记忆的整词表征方式。

第四章使用与第三章相似的实验设计，以影响屈折词形区分性表征机制

---

① 角田太作『世界の言語と日本語－言語類型論から見た日本語』、東京：くろしお出版、2009年、第6-7頁。

的"阻遏"效应为切入点，通过对日语母语者的形态感知实验再现了日语屈折词在线加工过程，探讨了日语母语者对不同变化类型屈折词的形态加工机制差异。实验结果证明，日语屈折词形态表征中普遍存在"阻遏"效应，且在形态特征相似的条件下，音位分布频度高的接辞范式将对"阻遏"效应的激活产生抑制作用。

第五章通过两项命名范式实验探究了二语者产出日语屈折词形的心理过程及其主要影响因素的作用机制。实验结果发现低认知负荷条件下，二语者对日语规则屈折词形的产生过程受规则复杂度及词汇频度双重作用影响呈现差异性加工机制，但语素表征仅表现为隐性加工趋势；高认知负荷条件下，二语者对高、低频度及简、繁规则屈折词的形态产出时间没有显著差异，屈折词形产出过程呈现完全依赖整词检索加工的倾向。

第六章采用了与第五章相同的命名实验范式，以词频为关键线索，模拟再现日语母语者对于过去式屈折词形的产出加工过程，以此验证双机制模型中提出的有关整词/语素两类表征机制并存的心理现实性问题。研究结果表明，对于低频屈折词，母语者主要采用语素分解加工的方式对词汇形态进行表征与处理，符合双机制假设对于规则屈折词形态表征机制的一般性假设。而对于高频屈折词，母语者则采用整词记忆加工机制，不仅不符合双机制模型对规则词加工的论断，还表现出显著的"反频加工"现象。

第七章在前述章节的基础上，一方面，明确阐述了基于实证数据的日语屈折词形态在线"感知—产出"全程路线图；另一方面，例举了引发日语屈折词形表征机制差异的各种语言内外部影响因素，最终在此基础上汇总构建起了日语屈折词的在线形态表征模型，并提出研究可在研究对象类型、实验方法选择、统计模型建构等方面做进一步探讨。

二、简评

该作以形态复杂词中变化最丰富、规则最复杂的屈折词为研究对象，探讨了日语母语者及中国日语学习者在包含感知及产出两过程在内的整个屈折词形在线加工过程中形态表征机制，构建了面向我国学习者的日语屈折词形全程在线加工模型。总体来说，该书有以下特点：

第一，冲破语种限制，完善现有理论。现有屈折词形态加工研究以及依据这些研究所建立起来的屈折词形态表征模型均以英语或其他印欧语系语言为对象。作为非字母语言文字的日语在形态变化方面与英语存在差异显著，体现出世界主要语言中屈折变化的一般共性特征。本书在屈折词形态表征相关研究中首次提出以日语为目标语，既弥补了现有研究中以字母语言文字为主要对象的不足，也明确了不同书写体系对屈折词形态加工过程及策略选择的影响。在为现存屈折词形态表征模型提供重要补充的同时，还将为探索屈折词形态加工中的一般规律创造条件。

第二，实验范式新颖，创建整体机制。屈折词的形态加工研究长期以来主要以离线实验为主要方法，对屈折词的形态下位分类标准及其在母语、二语者形态习得中的适用性进行验证。为数不多的在线实验研究也基本只运用了某些感知研究范式（如词汇形态合法性判断、词形启动等）对言语使用者的形态识别过程进行了探讨。该书为了明确日语屈折词形态加工的心理机制，对词汇形态加工过程进行了实时模拟，采用了在线实验的研究方法，较之离线实验范式不仅体现更高的信度，同时也更加接近语言加工实态。针对现有屈折词形表征模型研究中"重感知、轻产出"的偏向性，以及仅采用感知或产出的单一实验设计模式，该书注重屈折词形在线加工过程的整体性，综合运用感知与产出两类实验范式，分别对表征、产出两过程进行了基于时间线索的切分，对于建构基于完整加工过程的形态复杂词加工模型大有裨益。

第三，研究观点突出，展现全新视角。该书在第六章针对日语母语者的词形产出实验中发现，频度效应影响贯穿整个屈折词形产出加工过程，并在高频规则屈折词产出加工中发现了"反频加工"现象。这是这种特殊频度效应首次在英语之外的语言中被发现，高、低两类认知负荷环境下的"反频加工"现象的作用稳定性说明日语屈折词形态产出过程中的确存在整词/语素两类加工机制并存的现象，同时也表明双机制模型中对于规则词加工整体采用语素加工的论断存在例外。此外，该书还在日语屈折词形态感知实验中证明了"阻遏"效应的存在，并且进一步验证了其与日语屈折词本身的形态、语音特征间的密切联系，提出与英语等形态—语音一致性较高的语言相比，日语屈折词所具有的形态—语音的非对称性使语音特征成为影响"阻遏"效应程度及表征机制选择的重要参数。

第四，数据分析合理，统计方法全面。该书在多项实验的统计分析中均采用了基于项目的方差分析（analysis of variance by items）方法[①]。在以往语言学研究的数据分析中，多采用以被试作为随机变量的方差分析（analysis of variance by subjects），这种方法忽略了受试的个体差异性。为了使实验结果在所有项目中具有普遍意义，该书在实验的数据处理中均进行了两次F检验（即基于项目的方差分析和基于受试的方差分析），确保了实验结果的信度与效度。另外，该书在附录中还添加了日语自—他对应动词分类表、实验用词、图片命名范式中的"图—词"对应手册等，这些都可以为后续研究提供良好的实验素材。

该书是作者主持的教育部人文社会科学研究青年项目"日语屈折词形态表征机制研究"的最终结项成果，其他研究成果还分别刊载于《外语教学与研究》《解放军外国语学院学报》等国内外权威期刊，在理论上对以双机制假设为主

---

① 王才康："基于项目的方差分析探讨"，载《心理学报》，2000年第2期，第224—228页。

的词汇形态表征模型进行检验与修正，且多种影响因素的导入与验证也对多语种词汇形态加工的深入提供了一定的启示。

作者简介：朱虹，女，1986年8月生，博士，现任江南大学副教授、院长助理，主要研究领域为心理语言学、认知语言学。